高等职业教育新形态教材

经济应用数学
（第 2 版）

主 编 王 芳 黄孙琴

北京理工大学出版社
BEIJING INSTITUTE OF TECHNOLOGY PRESS

版权专有　侵权必究

图书在版编目（CIP）数据

经济应用数学／王芳，黄孙琴主编. -- 2 版.

北京：北京理工大学出版社，2024. 7（2024. 10 重印）.

ISBN 978 - 7 -5763 -4397 -7

Ⅰ．F224. 0

中国国家版本馆 CIP 数据核字第 2024A7A278 号

责任编辑：孟祥雪		**文案编辑**：孟祥雪	
责任校对：周瑞红		**责任印制**：李志强	

出版发行 / 北京理工大学出版社有限责任公司

社　　址 / 北京市丰台区四合庄路 6 号

邮　　编 / 100070

电　　话 / （010）68914026（教材售后服务热线）

　　　　　　（010）63726648（课件资源服务热线）

网　　址 / http://www. bitpress. com. cn

版 印 次 / 2024 年 10 月第 2 版第 2 次印刷

印　　刷 / 唐山富达印务有限公司

开　　本 / 710 mm×1000 mm　1/16

印　　张 / 13

字　　数 / 220 千字

定　　价 / 39. 80 元

图书出现印装质量问题，请拨打售后服务热线，负责调换

前　言

　　本教材根据高等院校的人才培养目标，结合高等院校应用数学的教学特点和当前高等数学课程改革经验，依照"定位高等，注重简洁直观，强化应用意识，融入数学思想"的原则编写，在符合教材自身逻辑的前提下，结合目前高等院校经济类专业学时少的特点，编写了三个模块（准备模块、理论模块、实践模块），力求语言准确、条理清晰，让教师在教学过程中引导学生跳出传统高等数学学习的误区，以便更容易掌握关键知识点，培养学生形成严谨的数学思维习惯，提升学生的整体职业素质.

　　本教材归纳起来主要有以下特点：

　　1. 从数学在经济领域中的应用出发，精选了多个案例，以数学建模贯穿全书，做到数学知识与实际问题的紧密结合，内容新颖，体现了培养应用型、实用型人才的需要.

　　2. 本教材特别强调学生学习方法的掌握，打破了以往高等教材的完备性、系统性和逻辑性，更注重学生基础概念的建立、基本方法的突破以及应用问题的分析和求解. 淡化数学概念的抽象描述，强化几何直观，突出实际应用. 让学生了解"强调本质、结构和强化分类"是突破基本方法的核心，真正做到简单高效地掌握基本的计算方法，有利于提高运用数学知识解决实际问题的能力.

　　3. 本教材精选了一些数学文化的素材，体现了通识必修课的文化功能，重视数学思想的融合和渗透，引导学生初步领会到数学的精神实质和思想方法，有利于发挥数学课程的育人功能，激发学生的学习兴趣和提升数学应用的能力.

　　4. 本教材在实践模块中介绍了数学软件 Mathematica 的应用，详细讲述了该软件的一般功能和各种操作技巧，使学生能初步掌握数学软件的基本用法，锻炼学生的操作技能，从而提高学生运用数学软件解决实际问题的能力.

　　5. 本教材配备了微课视频，学生可以随时随地扫描二维码进行观看，方便学生课前预习与课后复习，巩固知识，加深理解.

　　6. 本教材每个应用后配备了基础练习、提高练习和应用练习，以帮助学生进一步消化知识. 不同层次的练习有助于教师进行层次教学，对学生进行递进训练.

　　本教材由王芳、黄孙琴任主编，并参考其他教师的意见和建议，最后由王芳统稿、定稿.

在本教材的编写过程中，得到北京理工大学出版社提供的大力帮助，在此表示感谢！

编写教材是一项影响深远的教育工作，我们深感责任重大. 但由于编者的水平有限，书稿中恐仍有许多不尽如人意、不合教学之处，衷心期待专家和广大读者批评指正！

编　者

目 录

函数与数学模型

构建函数模型

随着科学技术的进步，数学的应用已不再局限于自然科学，它已大量应用于经济学、管理学、信息科学、环境科学等各个领域，大到国民经济，小到公司管理、个人规划等均离不开数学这个工具. 许多以定性为基础的学科正逐步走上定量化的道路. 数学在搞好经济管理、发展生产以及自然学科或社会学科中的重要性已为越来越多的人所认识. 通过本部分的学习，学生将初步了解数学建模的过程和方法，领略如何用数学来描述自然现象、社会现象的变化规律，并用它来解决问题.

数学模型是针对现实世界的某一特定对象，为了一个特定的目的，根据特有的内在规律，做出必要的简化和假设，运用适当的数学工具，采用形式化语言，概括或近似地表述出来的一种数学结构. 它能解释特定对象的现实状态，或能预测特定对象的未来状态，或能提供处理特定对象的最优决策或控制. 函数关系可以看作一种变量相互依存关系的数学模型. 通过举例，了解如何运用学过的函数解决一些简单的实际例子，从而初步了解建立数学模型的过程. 学好数学最有效的方法是通过数学模型方法去认识基本的实际问题. 数学模型方法示意如图 0-1 所示.

图 0-1

数学模型的构建和解决实际问题的步骤如下：

（1）科学地识别与剖析实际问题；

（2）形成数学模型（分析问题中哪些是变量，哪些是常量，分别用不同的字母表示；根据所给的条件，运用相关知识，确定一个满足这些关系的函数或图形）；

（3）求解数学模型；

（4）研究算法，并尽量使用计算机；

（5）回到实际中去，解释结果.

● 问题 0.1　面包的最佳定价应为多少

学院为了培养学生的创业能力，鼓励学生在校开展各种营销活动. 为了探索创业途径，学生张三利用业余时间在学院超市内打工. 经过一段时间的统计，他发现某种面包以每个 8 元的价格销售时，每天能卖 400 个. 价格每提高 5 角，每天就少卖 20 个. 另外，柜台每天的固定开销为 400 元，每个面包的成本为 4 元. 此后，张三决定独自经营面包柜台，问：张三怎样确定面包的价格，才能使获得的利润最大？

问题 0.1　分析与解答

（1）分析：根据信息可以作如下假设：

①随着面包价格上涨，销售量呈线性下降；

②假设每天准备的面包可以全部卖完.

（2）建立数学模型. 根据题意，设 y 表示获得的利润，x 为利润最大时面包的定价.

因为价格每提高 5 角，每天就少卖 20 个，所以当定价为 x 元时，销售量为 $400 - \dfrac{x-8}{0.5} \times 20 = 720 - 40x$，所以每天的利润为

$$y = (x-4)(720-40x) - 400 = -40x^2 + 880x - 3\,280$$

（3）求解模型. 由二次函数的性质可知，当 $x = 11$ 元时，y 取得最大值 1 560 元.

（4）说明. 当面包定价为 11 元时面包的销售量只有 280 个. 所以假设当天准备的面包个数是 280 个，那么面包的价格定为 11 元，可以获得最大利润 1 560 元.

● 问题 0.2　工薪人员的收入和个税

随着人们生活水平的提高，从 2018 年 8 月 31 日起个人所得税的起征点调至 5 000 元，表 0 - 1 所示为现行的 7 级税率.

工薪人员的收入和
个税——分段函数

表 0 - 1

级数	全月应纳税所得额（月收入 -5 000 元部分）	税率/%
1	不超过 3 000 元的部分	3
2	超过 3 000 元至 12 000 元的部分	10
3	超过 12 000 元至 25 000 元的部分	20
4	超过 25 000 元至 35 000 元的部分	25
5	超过 35 000 元至 55 000 元的部分	30
6	超过 55 000 元至 80 000 元的部分	35
7	超过 80 000 元的部分	45

（1）试表示应缴税款 y 和月收入额 x 之间的关系.

（2）小李扣除五险一金后月收入额为 10 000 元，请问：小李每月应缴税多少元?

（3）小张上个月缴了 1 650 元的税款，请问：小张上个月的收入是多少?

问题 0.2　分析与解答

（1）这里不同收入范围应缴税率和税额都是不一样的，所以所列函数必然是一个分段函数. 由表 0 - 1 中所列数据可得分段函数如下（＊）：

$$y = \begin{cases} 0, & 0 \leq x \leq 5\ 000, \\ (x - 5\ 000) \times 3\%, & 5\ 000 < x \leq 8\ 000, \\ (x - 8\ 000) \times 10\% + 90, & 8\ 000 < x \leq 17\ 000, \\ (x - 17\ 000) \times 20\% + 900 + 90, & 17\ 000 < x \leq 30\ 000, \\ (x - 30\ 000) \times 25\% + 990 + 2\ 600, & 30\ 000 < x \leq 40\ 000, \\ (x - 40\ 000) \times 30\% + 3\ 590 + 2\ 500, & 40\ 000 < x \leq 60\ 000, \\ (x - 60\ 000) \times 35\% + 6\ 090 + 6\ 000, & 60\ 000 < x \leq 85\ 000, \\ (x - 85\ 000) \times 45\% + 12\ 090 + 8\ 750, & x > 85\ 000 \end{cases} \quad (＊)$$

（2）对照式（＊），小李的月收入 10 000 元在 8 000 < x ≤ 17 000 范围内，所以应缴税 $y(10\ 000) = (10\ 000 - 8\ 000) \times 10\% + 90 = 290$（元）.

（3）对照式（＊），小张的税款 1 650 元与基数 990 比较接近，所以可以推测其月收入应在 17 000 < x ≤ 30 000，根据 $(x - 17\ 000) \times 20\% + 990 = 1\ 650$，得 $x = 21\ 300$，即小张月收入为 21 300 元.

定义 1　在定义域内，当自变量在不同的范围内取值时，需用不同的数学式子表示的函数，通常称为**分段函数**.

注意：分段函数的定义域为各部分取值范围的并集.

例 1　设函数 $f(x) = \begin{cases} \cos x, & -4 \leq x < 2, \\ 1, & 2 \leq x < 3, \\ 4x + 1, & x \geq 3. \end{cases}$

求 $f(-\pi)$，$f(2)$，$f(3.5)$ 及函数的定义域.

解　因为 $-\pi \in [-4,2)$，所以 $f(-\pi) = \cos(-\pi) = -1$；

因为 $2 \in [2,3)$，所以 $f(2) = 1$；

因为 $3.5 \in [3,+\infty)$，所以 $f(3.5) = 4 \times (3.5) + 1 = 15$；

函数 $f(x)$ 的定义域为 $[-4,+\infty)$.

⚙ 砥节砺行

　　每个人的成长过程也可以看作一个分段函数. "人生如竹"，每一节都有其自身的特色和使命. 大学阶段是人生黄金季节，我们最重要的任务是学习. 因此，我们应充分利用好这段时期，为自己的人生结下一个个坚实的竹节，打下坚实的基础.

●问题0.3　抵押贷款问题

设某小区二室一厅商品房价值为 1 000 000 元，李某自筹了 400 000 元，要购房还需贷款 600 000 元，贷款月利率为 0.5%，条件是每月还一些，25 年内还清，假如还不起，房子归债权人. 请问：李某具有多少还款能力才能贷款购房呢？

问题0.3　分析与解答

分析：起始贷款 600 000 元，贷款月利率 $r = 0.005$，贷款 n 月 $= 25 \times 12 = 300$ 月，每月还 x 元，y_n 表示第 n 个月仍欠债主的钱.

建立模型：$y_0 = 600\ 000$

$y_1 = y_0(1+r) - x$

$y_2 = y_1(1+r) - x = y_0(1+r)^2 - x[(1+r)+1]$

$y_3 = y_2(1+r) - x = y_0(1+r)^3 - x[(1+r)^2+(1+r)+1]$

$\vdots$

$y_n = y_0(1+r)^n - x[(1+r)^{n-1}+(1+r)^{n-2}+\cdots+(1+r)+1]$

$\quad = y_0(1+r)^n - \dfrac{x[(1+r)^n - 1]}{r}$

当贷款还清时，$y_n = 0$，可得 $x = \dfrac{y_0 r(1+r)^n}{(1+r)^n - 1}$.

把 $n = 300$，$r = 0.005$，$y_0 = 600\ 000$ 代入得 $x \approx 3\ 865.8$，即李某如不具备每月还款 3 866 元的能力，就不能贷款.

知识拓展

函数在数学建模中常常被应用，高等数学是以函数为主要研究对象的一门数学课程，所以我们有必要来回顾复习一下学过的主要函数.

1. 函数的定义

定义 2 设 x 和 y 是两个变量，若当变量 x 在非空数集 D 内任取一数值时，变量 y 依照某一规则 f 总有一个确定的数值与之对应，则称变量 y 为变量 x 的函数，记作 $y = f(x)$. 这里，x 称为自变量，y 称为**因变量或函数**. 集合 D 称为函数的定义域，相应的 y 值的集合则称为函数的值域. f 是函数符号，它表示 y 与 x 的对应规则.

当自变量 x 在其定义域内取定某确定值 x_0 时，因变量 y 按照所给函数关系 $y = f(x)$ 求出的对应值 y_0 叫作当 $x = x_0$ 时的函数值，记作 $y|_{x=x_0}$ 或 $f(x_0)$.

2. 函数的表示法

常用的函数表示法有三种：

● 解析法（又称公式法）：用数学式子表示函数. 如一次函数 $y = kx + b$ 和二次函数 $y = ax^2 + bx + c$ 等，其优点是便于理论推导和计算.

● 表格法：以表格形式表示函数，如对数表、国内生产总值表等. 其优点是所求函数值可以直接查表获得.

● 图形法：用图形表示函数，如我国人口出生率变化曲线等. 其优点是形象直观，可看到函数的变化趋势.

例 2 求函数 $f(x) = \sqrt{3 + 2x - x^2} + \ln(x - 2)$ 的定义域.

解 该函数为偶次根式和对数式的代数和，此时函数的定义域应为这两部分定义域的交集，即满足不等式组

$$\begin{cases} 3 + 2x - x^2 \geq 0, \\ x - 2 > 0 \end{cases}$$

的 x 值的全体.

解此不等式组，得其定义域为 $(2, 3]$.

注意：以数学式子表示的函数，其定义域是使数学式子有意义的自变量的一切实数值所组成的数集. 常见的定义域约束情况有分母不能为零、偶次根式的被开方式为非负、对数的真数大于零等. 若数学式子中同时出现多种约束情况，需要同时考虑并求出它们的交集. 而实际问题中的函数关系式，其定义域由实际意义确定.

例 3 已知 $f(x) = \dfrac{1-x}{1+x}$，求：$f(0)$，$f(-x)$.

解 $f(0) = \dfrac{1-0}{1+0} = 1$，

$f(-x) = \dfrac{1-(-x)}{1+(-x)} = \dfrac{1+x}{1-x}$.

例 4 判断函数 $f(x) = x + 1$ 和函数 $g(x) = \dfrac{x^2-1}{x-1}$ 是否为同一函数.

解 $f(x)$ 的定义域是 $(-\infty, +\infty)$，而 $g(x)$ 的定义域是 $(-\infty, 1) \cup (1, +\infty)$，

两者定义域不同，故它们不是同一函数.

注意：构成函数的要素是定义域 D 及对应法则 f. 如果两个函数的定义域相同，对应法则也相同，那么这两个函数就是相同的，否则就是不同的.

3. 函数的几种特性

（1）单调性：设函数 $y = f(x)$ 在区间 (a, b) 内有定义，如果对于 (a, b) 内的任意两点 x_1 和 x_2，当 $x_1 < x_2$ 时，有 $f(x_1) < f(x_2)$（或 $f(x_1) > f(x_2)$），则称函数 $f(x)$ 在 (a, b) 内是单调增加（或单调减少）的. 单调增加函数与单调减少函数统称为单调函数.

单调增加函数的图形沿 x 轴的正向上升，如图 0-2（a）所示，单调减少函数的图形沿 x 轴的正向下降，如图 0-2（b）所示.

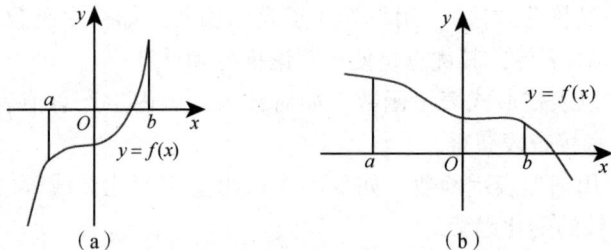

图 0-2

（2）奇偶性：设函数 $y = f(x)$ 在集合 D 上有定义，如果对任意的 $x \in D$，恒有 $f(-x) = f(x)$（或 $f(-x) = -f(x)$），则称 $f(x)$ 为偶函数（或奇函数）.

偶函数的图形是关于 y 轴对称的，如图 0-3（a）所示，奇函数的图形是关于原点对称的，如图 0-3（b）所示.

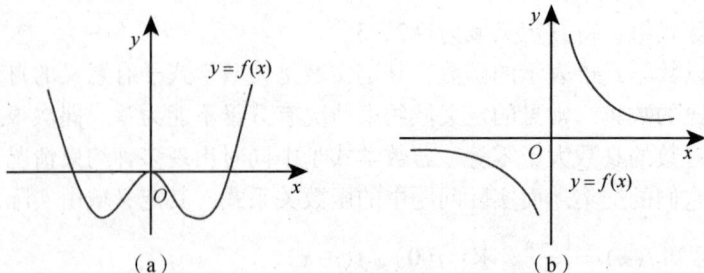

图 0-3

（3）周期性：对于函数 $y = f(x)$，如果存在非零常数 T，使 $f(x) = f(x + T)$ 恒成立，则称此函数为周期函数，T 称为周期.

若 T 为函数 $y = f(x)$ 的周期，则 $kT(k \in \mathbf{Z})$ 也是函数 $y = f(x)$ 的周期. 我们把满足 $f(x) = f(x + T)$ 的最小正数 T_0 称为最小正周期.

周期函数的图形每经过一个周期重复出现一次.

（4）有界性：$y = f(x)$ 在集合 D 上有定义，如果存在一个正数 M，对于所有的 $x \in D$，恒有 $|f(x)| \leqslant M$，则称函数 $f(x)$ 在 D 上是有界的．如果不存在这样的正数 M，则称 $f(x)$ 在 D 上是无界的．

函数 $y = f(x)$ 在区间 (a, b) 内有界的几何意义：曲线 $y = f(x)$ 在区间 (a, b) 内被限制在两条平行于 x 轴的直线 $y = M$ 与 $y = N$ 之间，如图 0-4 所示．

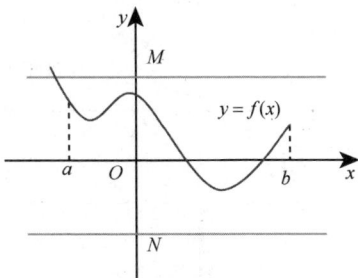

图 0-4

注意：①当一个函数 $y = f(x)$ 在 D 上有界时，正数 M 的取法是不唯一的．如 $f(x) = \sin x$ 在 $(-\infty, +\infty)$ 内是有界的，$|\sin x| \leqslant 1$，但我们也可以取 $M = 2$，即 $|\sin x| < 2$．事实上，M 可以取大于等于 1 的一切实数．

②有界性依赖于区间．如函数 $f(x) = \dfrac{1}{x}$ 在区间 $(1, 2)$ 内是有界的，而在开区间 $(0, 1)$ 内是无上界的．

4. 基本初等函数

我们将已学过的常数函数、幂函数、指数函数、对数函数、三角函数和反三角函数统称为基本初等函数．它们的定义域、值域、图像和性质见表 0-2.

表 0-2

函数	定义域与值域	图像	性质
常数函数 $y = C$	$x \in (-\infty, +\infty)$ $y \in \{C\}$		①函数是偶函数；②函数在定义域内有界
幂函数 $y = x^a$	随 a 而不同		①当 $a > 0$ 时，在 $(0, +\infty)$ 内单调增加；②当 $a < 0$ 时，在 $(0, +\infty)$ 内单调减少

续表

函数	定义域与值域	图像	性质
指数函数 $y = a^x$ $(a > 0,\ a \neq 1)$	$x \in (-\infty, +\infty)$ $y \in (0, +\infty)$		①过点 $(0,1)$；②图形均在 x 轴上方；③当 $a > 1$ 时，单调增加；④当 $0 < a < 1$ 时，单调减少；⑤曲线以 x 轴为渐近线
对数函数 $y = \log_a x$ $(a > 0,\ a \neq 1)$	$x \in (0, +\infty)$ $y \in (-\infty, +\infty)$		①过点 $(1,0)$；②图形均在 y 轴右侧；③当 $a > 1$ 时，单调增加；④当 $0 < a < 1$ 时，单调减少
三角函数 正弦函数 $y = \sin x$	$x \in (-\infty, +\infty)$ $y \in [-1, 1]$		①函数是奇函数；②周期为 2π；③在定义域内有界
余弦函数 $y = \cos x$	$x \in (-\infty, +\infty)$ $y \in [-1, 1]$		①函数是偶函数；②周期为 2π；③在定义域内有界
正切函数 $y = \tan x$	$x \neq k\pi + \dfrac{\pi}{2}$ $(k \in \mathbf{Z})$ $y \in (-\infty, +\infty)$		①函数是奇函数；②周期为 π；③在每一个连续区间内单调增加；④以直线 $x = k\pi + \dfrac{\pi}{2}$ $(k \in \mathbf{Z})$ 为渐近线
余切函数 $y = \cot x$	$x \neq k\pi$ $(k \in \mathbf{Z})$ $y \in (-\infty, +\infty)$		①函数是奇函数；②周期为 π；③在每一个连续区间内单调减少；④以直线 $x = k\pi$ $(k \in \mathbf{Z})$ 为渐近线

	函数	定义域与值域	图像	性质
三角函数	正割函数 $y = \sec x$		$y = \sec x = \dfrac{1}{\cos x}$	
	余割函数 $y = \csc x$		$y = \csc x = \dfrac{1}{\sin x}$	
反三角函数	反正弦函数 $y = \arcsin x$	$x \in [-1, 1]$ $y \in \left[-\dfrac{\pi}{2}, \dfrac{\pi}{2}\right]$		①函数是奇函数；②在定义域内单调增加；③在定义域内有界
	反余弦函数 $y = \arccos x$	$x \in [-1, 1]$ $y \in [0, \pi]$		①在定义域内单调减少；②在定义域内有界
	反正切函数 $y = \arctan x$	$x \in (-\infty, +\infty)$ $y \in \left(-\dfrac{\pi}{2}, \dfrac{\pi}{2}\right)$		①函数是奇函数；②在定义域内单调增加；③在定义域内有界；④以直线 $y = \pm\dfrac{\pi}{2}$ 为渐近线

续表

函数	定义域与值域	图像	性质
反三角函数 反余切函数 $y = \text{arccot } x$	$x \in (-\infty, +\infty)$ $y \in (0, \pi)$		①在定义域内单调减少； ②在定义域内有界； ③以直线 $y = 0$，$y = \pi$ 为渐近线

5. 复合函数

定义3 设 y 是 u 的函数 $y = f(u)$，u 是 x 的函数 $u = \varphi(x)$. 如果 $u = \varphi(x)$ 的值域或其部分包含在 $y = f(u)$ 的定义域中，则 y 通过中间变量 u 构成 x 的函数，称为 x 的**复合函数**，记作

$$y = f[\varphi(x)]$$

其中，x 是自变量；u 称作中间变量.

例如，$y = \sin^2 x$ 是由 $y = u^2$ 和 $u = \sin x$ 复合而成的；$y = \sqrt{1-x^2}$ 是由 $y = \sqrt{u}$ 和 $u = 1 - x^2$ 复合而成的.

要认识复合函数的结构，必须认识其复合过程，也要理解复合函数如何进行分解. 通常采取由外层到内层分解的办法，将 $y = f[\varphi(x)]$ 拆成若干基本初等函数或简单函数的复合. 习惯上，我们将基本初等函数经过有限次四则运算所得到的函数称为简单函数.

复合函数分解为简单函数的步骤：

第一步：确定外层函数 $y = f(u)$（y 是 u 的函数）；

第二步：确定内层函数 $u = \varphi(x)$（u 是 x 的函数）.

复合函数分解为简单函数的标准：

（1）基本初等函数（常数函数、幂函数、指数函数、对数函数、三角函数及反三角函数）；

（2）基本初等函数的四则运算；

（3）特别注意多项式函数，如一次多项式函数 $ax + b$，二次多项式函数 $ax^2 + bx + c$ 等.

例5 指出下列函数的复合过程：

（1）$y = \sin(x^3 + 4)$； （2）$y = 5^{\sin x^2}$.

解 （1）$y = \sin(x^3 + 4)$ 由 $y = \sin u$，$u = x^3 + 4$ 复合而成.

（2）$y = 5^{\sin x^2}$ 由 $y = 5^u$，$u = \sin v$，$v = x^2$ 三个函数复合而成.

例6 设 $f(x) = x^3$，$g(x) = \ln x$，求：（1）$f[g(x)]$；（2）$g[f(x)]$.

解　（1）$f(x) = x^3$ 定义域为 **R**，$g(x) = \ln x$ 值域为 **R**，它们的交集非空，因而可以复合，所以

$$f[g(x)] = [g(x)]^3 = (\ln x)^3 = \ln^3 x$$

（2）$g(x) = \ln x$ 定义域为 $(0, +\infty)$，$f(x) = x^3$ 值域为 **R**，它们的交集非空，因而可以复合，所以

$$g[f(x)] = \ln[f(x)] = \ln x^3$$

6. 初等函数

定义 4　由基本初等函数经过有限次的四则运算及有限次的复合而成的函数叫作**初等函数**，一般来说，初等函数都可以用一个解析式子表示.

例如 $y = \arctan \sqrt{\dfrac{1 + \sin x}{1 - \sin x}}$，$y = \sqrt[5]{\ln \cos^3 x}$，$y = e^{\operatorname{arccot} \frac{x}{3}}$，$y = \dfrac{3^x + \sqrt[3]{x^2 + 5}}{\log_2(3x - 1) - x\sec x}$ 都是初等函数. 而

$$y = 1 + x + x^2 + x^3 + \cdots$$

$$y = \begin{cases} 1, & x > 0, \\ 0, & x = 0, \\ -1, & x < 0 \end{cases}$$

都不是初等函数.

【基础练习 0 - 1】

1. 已知 $f(x) = \begin{cases} x + 3, & x < 2, \\ 2^x - 3, & x \geq 2, \end{cases}$ 求函数的定义域和 $f(1)$，$f(2)$，$f(4) - f(0)$.

2. 求下列函数的定义域：

（1）$y = \dfrac{x}{x^2 - 1}$；　　　（2）$y = \ln(1 - x)$；　　　（3）$y = \arcsin \dfrac{2 - x}{3}$.

3. 指出下列函数的复合过程：

（1）$y = \sqrt{x + 2}$；　　　（2）$y = \cos^2(2x + 1)$；　　　（3）$y = \sin x^2$；

（4）$y = \ln(\tan 2x)$；　　　（5）$y = e^{\arcsin \frac{1}{x}}$；　　　（6）$y = \operatorname{arccot} \dfrac{1}{\sqrt{1 + x}}$.

【应用练习 0 - 1】

1. **【快递邮费】** 某快递公司规定：寄送到某地的物件，当物件不超过 20 kg 时，按基本邮费每千克 3 元计算；当超过 20 kg 时，超过部分按每千克 4.5 元计算. 试求寄送到某地的物件的邮费 y（元）与物件质量 x（kg）之间的函数关系.

2. **【出租车收费问题】** 某城市出租车收费情况如下：起价 10 元（4 km 以内）；行程不足 15 km，大于等于 4 km 部分，每公里车费 1.6 元；行程大于等于 15 km 部分，每公里车费 2.4 元，计价器每 0.5 km 计一次价. 建立车费与行程的函数关系式. 若分别行驶 12 km 和 23.7 km，分别应付多少车费？

3. 【租车费用】A 汽车租赁公司的某款汽车每天租金为 200 元，每千米附加费为 1.2 元．B 汽车租赁公司提供的同款汽车每天租金为 250 元，每千米附加费为 0.8 元，问：（1）分别写出两家公司出租一天这款汽车的费用与行驶里程的函数关系；（2）在同一坐标系上画出这两个函数的图像；（3）问：租哪一家公司的车比较合算？

4. 【币值兑换】小林住在美国，有一次她想去加拿大旅游，就把美元兑换成了加元，币面数值增加了 12%．后来因故未去成，于是她又把加元兑换成美元，这时币面数值减少了 12%．问：小林亏了还是赚了？亏（或赚）了多少？

5. 【公寓出租的最大利润】某房地产公司有 50 套公寓要出租．当租金定为每月 500 元时，公寓会全部租出去；当月租金增加 20 元时，就有一套公寓租不出去，而租出去的房子每月要花费 60 元的维护费．试问：房租定为多少可获最大收入？

6. 【贷款和分期付款】叶同学了解到：某数码城对笔记本电脑进行分期付款销售．每台售价为 4 000 元的笔记本电脑，如果分 36 个月付款，每月只需付 150 元．同时，来自银行的贷款信息：5 000 元以下的贷款，在 3 年内还清，年利率为 15%．那么，他应该向银行贷款，还是分期付款来购得这种笔记本电脑？

【数学文化聚焦 0 – 1】 数学模型与求解实际问题的描述

数学家在数学建模的第一阶段并没有起到明显的作用，起作用的通常是研究这类问题的科学家、工程师、医生，甚至是企业家，正是这些人认识到了问题的重要性和与数学方法的可结合性. 近年来，数学的应用已引起广泛关注，因此，往往在提出系统的理论以前，有关数据的收集，经验性的结论已完成，所缺少的是数学家的介入. 一旦有数学家介入，问题将会发生质的变化.

第二阶段是整个建模过程中最困难且最关键的部分. 它最富有创造性，由具有数学知识的科学家参与，或由数学家与科学家共同参与，模型的建立由仔细地理解问题，区分主次和选取合适的数学结构所组成. 模型有两个方面：一个是数学结构；另一个是实际概念与数学结构间的对应. 基于对同一问题的观察和研究提出的数学模型可能有几种不同的数学结构. 不同的数学结构可能反映问题的不同侧面，例如，光的物理模型有两个：一个是波动说；另一个是粒子说，它们都是有用的.

第三阶段是求解数学问题. 这个阶段的研究在表面上与纯数学的研究没有区别，只是动机不同而已. 然而，数学问题与实际问题有密切的联系，这是很重要的一点.

第四阶段是计算. 为了加深对原问题的理解，计算是必不可少的，但是，由于实际问题的复杂性，大部分计算结果不能借助手工来完成，所以算法的研究以及计算机的使用是必需的.

最后的阶段是依照原问题去解释和评价所得结果. 这时可能出现各种情况，我们需要针对不同的情况仔细分析，而分析的结论则能推动我们去进一步完善模型.

微积分

应用一　常见经济函数

经济分析中，常常要用数学方法来分析经济变量间的关系，即先建立变量间的函数关系，然后用微积分等知识分析这些经济函数的特性．本节我们将学习一些常见的经济函数，初步学习市场规律的分析和计算方法．

●问题 1.1.1　需求、价格和供给之间的关系

某种商品的市场饱和需求量为 200 套，当价格每上升 1（百元）时，市场需求量将减少 5 套，投放量将增加 10 套．另外，从企业角度考虑，需生产 100 套供应外地市场．你能求出市场需求量和价格、企业供给量与价格之间的关系吗？

常用
经济函数

分析：市场需求量与企业供给量随价格变化的规律可以帮助我们及时把握市场动态，以便作出合理的决策．

相关知识：需求量与需求函数；供给量与供给函数

需求量是指在特定时间内消费者打算并能够购买的某种商品的数量，用 Q 表示．影响需求的因素很多，主要有商品的价格 p．通常，降低商品价格会使需求量增加，而提高商品价格会使需求量减少．如果不考虑其他因素的影响，需求量 Q 可以看作价格 p 的一元函数，称为需求函数，记为

$$Q = Q(p)$$

一般来说，需求函数为价格 p 的单调减少函数．

根据市场统计资料，常见的需求函数有以下几种类型：

(1) 线性需求函数：$Q = a - bp(a > 0, b > 0)$；

(2) 二次需求函数：$Q = a - bp - cp^2(a > 0, b > 0, c > 0)$；

（3）指数需求函数：$Q = ae^{-bp}(a > 0, b > 0)$．

需求函数 $Q = Q(p)$ 的反函数，就是价格函数，记作 $P = P(q)$，也反映商品的需求与价格的关系．

供给量是指在特定时间内，厂商愿意并且能够出售的某种商品的数量，用 S 表示．影响供给的主要因素也是商品的价格 p，价格上涨将刺激生产者向市场提供更多的产品，使供给量增加；反之，价格下降将使供给量减少．供给量 S 也可看成商品价格 p 的一元函数，称为供给函数．记为

$$S = S(p)$$

供给函数为价格 p 的单调增加函数．

常见的供给函数有线性函数、二次函数、幂函数、指数函数等．其中，线性供给函数为

$$S = -c + dp \quad (c > 0, d > 0)$$

问题 1.1.1　解答

设市场商品价格为 p（百元/套），市场需求量为 Q（套），企业供给量为 S（套），由题意可得

市场需求量与价格之间的关系为 $Q = 200 - 5p$，$0 < p < 40$．当 $p \geqslant \dfrac{200}{5} = 40$ 时，市场上已无人购买．

企业供给量与价格之间的关系为 $S = 10p - 100$，$p > 10$．当 $p \leqslant \dfrac{100}{10} = 10$ 时，企业已不投放产品至本地市场．

●问题 1.1.2　供求平衡与价格

已知某商品的需求函数和供给函数分别为 $Q = 14.5 - 1.5p$，$S = -7.5 + 4p$．试问：供求平衡时的价格（均衡价格）与供需量（均衡数量）分别是多少？

分析：均衡能够描述经济量变动的方向，它作为引导经济变量力图达到的阶段性"理想"状态的依托，对经济分析具有重要意义．

相关知识：供求平衡与均衡价格

在一定价格或交换比例下，一种商品的供应速度（或量）与销售速度（或量）相等，就是供求平衡．也就是说，当 $Q = S$ 时，市场处于平衡状态．若把需求曲线和供给曲线（供给函数的图形）画在同一坐标系中（见图 1-1-1），则由于需求函数 Q 是单调减少函数，供给函数 S 是增加函数，它们将相交于一点 (P_0, Q_0)，这里的 P_0 就是供需平衡的价

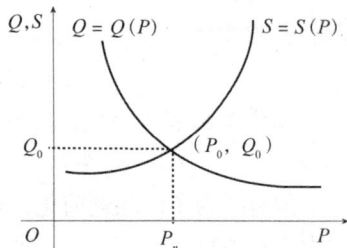

图 1-1-1

格，称为均衡价格；Q_0 就是均衡数量.

当供应速度大于销售速度（供过于求）时，这种商品就要积累，就要过剩，逼迫价格下降，使原来买不起的人也买得起，这样销售速度就要增大，又可以达到新的平衡. 当供应速度小于销售速度（供不应求）时，就是抢购现象，商品的价格就要提高，以使原来买得起的人中有一些人买不起，这样销售速度就要减慢，又会达到新的平衡，真正的供求平衡是很少存在的，多数都是基本平衡，而且均衡并非总是静止不变的.

问题 1.1.2 解答

由供需均衡条件 $Q = S$，可得 $14.5 - 1.5p = -7.5 + 4p$，因此，均衡价格为 $p_0 = 4$. 将均衡价格代入求得均衡数量为 $Q_0 = 8.5$.

●问题 1.1.3 寻找麦奇音响的盈亏平衡点

麦奇音响公司专业生产汽车高档音响设备，在市场上的需求函数为 $Q = 1\,200 - 5p$（单位：Q——套；p——元），公司的固定成本是 14\,000 元，每生产 1 套产品，需要增加 80 元的成本，该公司的最大生产能力是 600 套. 请问：该公司盈亏平衡点是多少？此时价格为多少？公司的盈亏情况如何？

分析：从经济学角度来看，"盈亏平衡"就是总成本与收益大致相等，所以盈亏平衡点就是"成本 = 收益"时的产量，因此，本问题可以转化为求成本与收益所涉及的利润问题，当我们认识了成本、收益和利润的相关知识时，就能很好地理解类似的问题了.

相关知识：总成本函数；收入函数；利润函数

在生产和产品的经营活动中，人们总希望尽可能降低成本而提高收入和利润. 成本、收入和利润这些经济变量都与产品的产量或销售量 q 密切相关，它们都可以看作 q 的函数，分别称为总成本函数，记为 $C(q)$；收入函数，记为 $R(q)$；利润函数，记为 $L(q)$.

总成本由固定成本 C_1 和可变成本 $C_2(q)$ 两部分组成. 固定成本与产量 q 无关，如设备维修费、企业管理费等；可变成本随产量 q 的增加而增加，如原材料费、劳力费等. 即

$$C(q) = C_1 + C_2(q)$$

总成本函数 $C(q)$ 是 q 的单调增加函数. 最典型的成本函数是三次函数：

$$C = a_0 + a_1 q - a_2 q^2 + a_3 q^3 \qquad (a_i > 0, i = 0,1,2,3)$$

但有时为了使问题简化，也常常采用线性成本函数 $C = a + bq(a > 0, b > 0)$ 及二次成本函数.

只给出总成本不能说明企业生产的好坏，为了评价企业的生产状况，需要计算

产品的平均成本，即生产 q 件产品时，单位产品成本平均值，记作 $\bar{C}$，则

$$\bar{C} = \frac{C(q)}{q} = \frac{C_1}{q} + \frac{C_2(q)}{q}$$

其中，$\frac{C_2(q)}{q}$ 称为平均可变成本．如果产品的单位售价为 p，销售量为 q，则收入函数为

$$R(q) = pq$$

利润等于总收入与总成本的差，于是总利润函数为 $L(q) = R(q) - C(q)$．

一般情况下，收入随着销售量的增加而增加，而利润并不总是随着销售量的增加而增加．

生产某种产品的总成本总是产量 q 的增加函数．但是，对产品的需求量 q，由于受到价格及社会诸多因素的影响，往往不是总是增加的．也就是说，对某种商品而言，销售的总收入 $R(q)$，有时增长显著，有时增长缓慢，可能达到顶点，继续销售，利润反而下降．因此，利润函数 $L(q)$ 出现了三种情形：

（1）$L(q) = R(q) - C(q) > 0$，此时称为有盈余生产，即生产处于有利润状态；

（2）$L(q) = R(q) - C(q) < 0$，此时称为亏损生产，即生产处于亏损状态，利润为负；

（3）$L(q) = R(q) - C(q) = 0$，此时称为无盈亏生产，即盈亏平衡，我们把无盈亏生产时的产量记为 q_0，称为盈亏平衡点．盈亏平衡分析常用于企业（经营）管理和经济学中各种定价和生产决算．

问题 1.1.3　解答

盈亏平衡点就是方程 $L(q) = R(q) - C(q) = 0$ 的解．

由麦奇音响的"需求函数为 $Q = 1\,200 - 5p$"，可知此商品的价格函数为 $p = 240 - 0.2q$，由此可确定收入函数：

$$R(q) = pq = (240 - 0.2q)q = 240q - 0.2q^2$$

成本函数：　　　　$C(q) = 14\,000 + 80q$

利润函数：

$$L(q) = R(q) - C(q) = -0.2q^2 + 160q - 14\,000 = -0.2(q - 700)(q - 100).$$

令 $L(q) = 0$，得盈亏平衡点 $q = 100$（$q = 700$ 舍去），此时价格 $p = 220$．

当 $100 < q < 600$ 时，$L(q) > 0$，此时盈利；当 $q < 100$ 时，$L(q) < 0$，此时亏损；当 $q = -\dfrac{160}{2 \times (-0.2)} = 400$ 时，利润最大为 $L(400) = 1\,800$．

●问题 1.1.4　库存函数

某工厂生产某型号车床，年产量为 a 台，分若干批进行生产，每批生产准备费

为 b 元. 设产品均匀投入市场, 且上一批用完后立即生产下一批, 即平均库存量为批量的一半. 设每年每台库存费为 c 元. 显然, 生产批量大则库存费高; 生产批量少则批数增多, 因此准备费高. 为了选择最优批量, 试求出一年中库存费与生产准备费之和与批量的函数关系.

问题 1.1.4 解答

设批量为 x 台, 库存费与生产准备费之和为 $P(x)$ 元. 因年产量为 a 台, 所以每年生产的批数为 $\dfrac{a}{x}$ 批, 已知每批生产准备费为 b 元, 则每年生产准备费为 $b \cdot \dfrac{a}{x}$ 元. 因库存量为 $\dfrac{x}{2}$ 台, 故库存费为 $c \cdot \dfrac{x}{2}$ 元. 因此可得一年中库存费与生产准备费之和与批量的函数关系为 $P(x) = \dfrac{ab}{x} + \dfrac{cx}{2}$.

这个函数称为库存函数, 它是产品均匀投放市场之类问题的特定的数学模型.

推广与应用:

库存函数不仅适用于生产, 也适用于销售. 对于销售来说, a 表示年销售量, x 表示每次进货量, c 表示单位商品库存成本, $\dfrac{a}{x}$ 表示总共进货次数, $b \cdot \dfrac{a}{x}$ 表示总的进货费, $\dfrac{x}{2}$ 表示每批平均库存量, $P(x)$ 则表示订购与库存总成本.

【应用练习 1-1】

1. **【需求函数】** 新华书店售书, 当某本图书的售价为 18 元/本时, 每天销量为 100 本, 售价每提高 0.1 元, 销量则减少 5 本. 试求图书的需求函数.

2. **【鸡蛋的供给】** 当鸡蛋收购价为 4.5 元/千克时, 某收购站每月能收购 5 000 千克. 若收购价每千克提高 0.1 元, 则收购量可增加 400 千克, 求鸡蛋的线性供给函数.

3. **【均衡价格】** 已知需求函数为 $Q = \dfrac{200}{3} - \dfrac{1}{3}p$, 供给函数 $S = -20 + 10p$, 求市场均衡价格 p_0.

4. **【成本和平均成本】** 已知某产品的总成本函数为 $C(q) = 100 + q + \dfrac{1}{100}q^2$, 求生产 300 个该产品的总成本和平均成本.

5. **【收入函数】** 某厂生产某种产品 1 600 吨, 定价为 150 元/吨, 销售量在不超过 800 吨时, 按原价出售, 超过 800 吨时, 超过部分按八折出售. 试求销售收入和销售量之间的函数关系.

6. **【利润函数】** 已知生产某种商品 q 件时的总成本为 $C(q) = 12 + 3q + q^2$（单位: 万元）, 如果该商品的销售单价为 11 万元, 试求:

（1）该商品的利润函数；

（2）生产 5 件该商品时的总利润和平均利润；

（3）生产 8 件该商品时的利润．

7.【盈亏平衡】里昂混凝土公司是阿肯色州北部唯一供应混凝土的垄断企业，企业的混凝土需求函数为 $q = 27.5 - 0.25p$，公司的固定成本为 400，每生产 1 个单位的混凝土需增加 10 个单位的成本，该公司的最大生产能力是 18，请问：该公司盈亏平衡点处的产量是多少？价格是多少？盈亏情况如何？

8.【库存函数】某工厂每年生产零件 6 000 件，分批生产，每批生产的准备费为 500 元．设零件均匀投放市场（即平均库存量为批量的一半），每件零件每年库存费为 40 元，试求出一年中库存费与生产准备费之和与批量的函数关系．

9.【库存总费用】某商店半年可均匀销售 500 件商品，为节约库存费，分批进货，每批进货费用（运费、差旅费等）80 元，每件商品的库存费 0.4 元，试求出半年的总费用（库存费与进货费之和）与批量之间的函数关系．

10.【最佳订购批量和批次】假设你打算几年后经营一家电脑销售店，每年的销量为 3 600 台．库存一台电脑的费用为 80 元．为了再订购，需付 1 000 元的固定成本以及每台电脑另加 80 元的费用．为了最小化存货成本，你的店铺每年应订购电脑几次？每次批量是多少台？

【数学文化聚焦】陈希孺院士赠言学好数学重在多做习题

学习物理、化学、生物这类实证科学，离不开实验．数学好像没有实验．其实不然，数学的实验就是习题．如果说学好数学有什么经验，那么多做习题就是最重要的一条．

数学习题大体上可分为两类：一类属于"复习"的性质，大都比较容易．其目的是帮助学习者温习教材内容（公式、定理、方法等）．中学阶段布置的作业大都属于这类．另一类我称之为"研究"型的，难度比较大．解决这类问题，除要求对教材内容有切实的掌握外，还要求能灵活运用，甚至有别出心裁的想法．这类题在参考书中较多．二者不能偏废，或更确切地说，第一类题是一个初级阶段，不能跨越，但不能止于此．要学好数学，必须经历大量的第二类习题的训练，才能收到登堂入室的功效．有的学生不理解这一层意思，觉得花那么多时间去想一些较难的题，是否有用和值得，有的有畏难情绪，这属于意志问题．人容易产生惰性，它使人倾向于避难就易．不克服这种惰性，事业难望有成．不论学习什么，入门容易，精通很难，好比切菜，人人都会，但要练出一手好的刀工，则非有多年的努力不可．

我国老一辈的数学大师都非常重视这方面的训练，他们深厚的学术根底与杰出的科研成就，得益于在这方面所下的功夫．复旦大学名誉校长苏步青院士有一个故事：抗战时他在重庆，敌机常来轰炸，为了避免躲防空洞浪费时间，就利用这段时间做习题．几年下来，做了上万道题．华罗庚院士也是靠自学才成为一代宗师的．他早年学习数学时，不是把一本书的定理公式都看懂了就算完事，而是要自己亲自"做"一遍．他常说：人家在没有这个定理时还能发现它，现在如果已摆在面前，你还做不出，那岂不是愧对前人，又怎能谈到超越前人，有所创新呢？这就是多做习题对学好数学的重要性．

我个人也有一点经验和教训，在中学时代，课程不重，我生性又偏好逻辑思维方面的东西，因此课余的大量时间都花在阅读数学方面的参考书上（尤其是其中有大量较难的习题）．我也做过大量的题，这使我获益匪浅．因此我的数学成绩在中学时代一直名列前茅．上大学后，我在这方面的努力放松了，我把时间主要花在读书上，觉得读书能增长新知识，就这样，中学时代好做习题的习惯丢掉了不少．大学毕业工作后，逐渐显示了自己由于大学阶段忽视做习题而带来的后果．表现在碰到问题时办法少，克服难点的能力弱．这其中的根源，就在于因少做习题而使所学的东西流于表面，未能融会贯通，不能为己所用．意识到这一点以后，我进行了一些"补课"：选择几本权威著作，把其中的习题做一遍，共写了十多个本子，这些本子至今我还留着，有的还曾出版．后来我在学习的理论研究领域里能取得一些微小的成绩，部分与此有关．

做习题是一件费时和费脑的事，不易坚持．首先要解决两个问题：一是有足够的时间，这需要养成爱惜光阴的习惯，不把时间浪费在一些无益的事情上；二是不断增进对这个问题的认识，把做习题由一种负担转变为一种乐趣．正如古人所说：

知之者不如好之者，好之者不如乐之者．当然，这个境界的达到，也是从实际的努力中得来的．

　　另外，做习题和阅读参考书，二者不可偏废．实际上，大多数好的习题来自各种参考书．好的参考书对教材中因时间关系没有讲透的方法，通过例子加以介绍，对于学生很有启发性．多读这类好书，对提高自己解题的能力大有帮助．

应用二　经济活动中的预测——极限与连续

任何事物都在变化，其变化趋势是很值得我们关心的重要问题．为了掌握变量的变化规律，往往需要通过它的变化过程来判断它的变化趋势，这就需要引入极限的概念．极限是微积分中的基础概念，指的是变量在一定的变化过程中，总体逐渐趋于稳定的一种变化趋势以及所趋向的数值．微积分中几乎所有基本概念都建立在极限概念的基础之上．

●问题 1.2.1　价格预测——市场动态平衡价格

设某商品的市场价格 $p = p(t)$ 随时间 t 变动，其需求函数为 $Q_d = b - ap$（a, $b > 0$），供给函数为 $Q_s = -d + cp$（c, $d > 0$），又设价格 p 随时间 t 的变化率与超额需求（$Q_d - Q_s$）成正比，则价格与时间的函数关系为 $p(t) = \dfrac{b+d}{a+c} + Ae^{-k(a+c)t}$，试对该商品的长期价格作出预测．

分析："长期"没有涉及具体数值，表示时间 t 趋于很大很大的数，这种"无限趋向"的运算在数学里就是极限的运算．

相关知识：极限的概念与运算

1. 数列的极限

考查以下三个数列：

(1) $\left\{\dfrac{1}{n}\right\}$，即数列 1, $\dfrac{1}{2}$, $\dfrac{1}{3}$, $\dfrac{1}{4}$, $\cdots$, $\dfrac{1}{n}$, $\cdots$；

(2) $\left\{1 + \dfrac{1}{2^n}\right\}$，即数列 $1 + \dfrac{1}{2}$, $1 + \dfrac{1}{4}$, $1 + \dfrac{1}{8}$, $\cdots$, $1 + \dfrac{1}{2^n}$, $\cdots$；

(3) $\{(-1)^n n\}$，即数列 -1, 2, -3, 4, $\cdots$, $(-1)^n n$, $\cdots$．

当 n 无限增大（即 $n \to \infty$）时，数列 $\left\{\dfrac{1}{n}\right\}$ 无限接近于 0；第二个数列无限接近于确定的常数 1；数列 $\{(-1)^n n\}$ 不接近于任何确定常数．

一般地，有如下定义：

定义 1.2.1　对于数列 $\{x_n\}$，如果当 n 无限增大时，数列的一般项 x_n 无限地接近于某一确定的常数 A，则称常数 A 是数列 $\{x_n\}$ 的极限，或称数列 $\{x_n\}$ 收敛于 A. 记为 $\lim\limits_{n \to \infty} x_n = A$ 或 $x_n \to A$（$n \to \infty$）．

如果数列没有极限，就说数列是发散的．

例如以上两个数列的极限可以分别记为 $\lim\limits_{n \to \infty} \dfrac{1}{n} = 0$ 和 $\lim\limits_{n \to \infty}\left(1 + \dfrac{1}{2^n}\right) = 1$，或者说数

列 $\left\{\dfrac{1}{n}\right\}$ 收敛于 0，数列 $\left\{1+\dfrac{1}{2^n}\right\}$ 收敛于 1. 数列 $\left\{(-1)^n n\right\}$ 没有极限，就说数列 $\left\{(-1)^n n\right\}$ 是发散的.

2. 函数的极限

对于函数 $f(x)$，自变量 x 的变化趋势有以下六种情形：

(1) 当 $x>0$ 且无限增大时，记为 $x\rightarrow+\infty$；

(2) 当 $x<0$ 且 x 的绝对值无限增大时，记为 $x\rightarrow-\infty$；

(3) 当 x 的绝对值无限增大时，记为 $x\rightarrow\infty$；

(4) 当 x 从 x_0 的右侧趋近于 x_0 时，记为 $x\rightarrow x_0^+$；

(5) 当 x 从 x_0 的左侧趋近于 x_0 时，记为 $x\rightarrow x_0^-$；

(6) 当 x 趋近于 x_0 时，记为 $x\rightarrow x_0$.

类似于数列极限的定义，给出函数极限的定义.

定义 1.2.2　设函数 $y=f(x)$，如果当自变量 x 具有某种变化趋势 $(x\rightarrow\square)$ 时，函数 $f(x)$ 趋于一个常数 A，则称当 x 具有某种变化趋势（即 $x\rightarrow\square$）时，函数 $f(x)$ 以 A 为极限，记作

$$\lim_{x\rightarrow\square} f(x)=A \text{ 或 } f(x)\rightarrow A\ (x\rightarrow\square)$$

否则，称当 x 具有某种变化趋势（即 $x\rightarrow\square$）时，函数的极限不存在.

观察基本初等函数图像可得，$\lim\limits_{x\rightarrow+\infty} e^x$ 不存在；$\lim\limits_{x\rightarrow-\infty}\sin x$ 不存在；$\lim\limits_{x\rightarrow 0}\dfrac{1}{x}$ 不存在；

$\lim\limits_{x\rightarrow\frac{\pi}{2}^+}\cos x=0$；$\lim\limits_{x\rightarrow 0^-}\dfrac{1}{x}$ 不存在；$\lim\limits_{x\rightarrow 0} e^x=1$.

定理 1.2.1　$\lim\limits_{x\rightarrow\infty} f(x)=A$ 的充要条件是 $\lim\limits_{x\rightarrow+\infty} f(x)=\lim\limits_{x\rightarrow-\infty} f(x)=A$.

例如，$\lim\limits_{x\rightarrow-\infty}\dfrac{1}{x}=0$，$\lim\limits_{x\rightarrow+\infty}\dfrac{1}{x}=0$，则 $\lim\limits_{x\rightarrow\infty}\dfrac{1}{x}=0$.

◎ 砥节砺行

　　$\lim\limits_{x\rightarrow\infty} f(x)=A$ 诠释的是永远运动，无限接近的过程，就如同我们每个人追逐梦想的样子，不忘初心，砥砺前行，无限接近，方得始终. 我们要学会像函数极限一样设定自己的人生目标，并且设立唯一的目标，这样才能把所有的精力集中到一点，确定正确的航行路线，并为此付出不懈的努力和汗水，一步一步靠近梦想.

定理 1.2.2　$\lim\limits_{x\rightarrow x_0} f(x)=A\Leftrightarrow\lim\limits_{x\rightarrow x_0^+} f(x)=\lim\limits_{x\rightarrow x_0^-} f(x)=A$.

例如，$\lim\limits_{x\rightarrow 0^+} e^x=1$，$\lim\limits_{x\rightarrow 0^-} e^x=1$，则 $\lim\limits_{x\rightarrow 0} e^x=1$.

定义 1.2.3 若函数 $y = f(x)$ 在自变量 x 的某个变化过程中以零为极限，则称在该变化过程中，$f(x)$ 为无穷小量，简称无穷小.

无穷小量与
无穷大量

例如，$\lim\limits_{x \to \infty} \dfrac{1}{x^2} = 0$，则当 $x \to \infty$ 时，$\dfrac{1}{x^2}$ 是一个无穷小量.

定义 1.2.4 如果在自变量 x 的某个变化过程中,对应的函数值的绝对值 $|f(x)|$ 无限增大,就称函数 $f(x)$ 为在自变量 x 的这个变化过程中的无穷大量，简称无穷大，记为 $\lim f(x) = \infty$.

例如，当 $x \to \infty$ 时，x^2 无限增大，称为无穷大量，记为 $\lim\limits_{x \to \infty} x^2 = \infty$.

注：（1）有限个无穷小的代数和仍为无穷小.

（2）有界函数乘无穷小仍为无穷小.

例 1 求 $\lim\limits_{x \to 0} x \sin \dfrac{1}{x}$.

解 因为 $\left| \sin \dfrac{1}{x} \right| \leqslant 1$，所以 $\sin \dfrac{1}{x}$ 是有界函数.

又因为当 $x \to 0$ 时，x 是无穷小量，由性质 2 知，乘积 $x \sin \dfrac{1}{x}$ 是无穷小量，即

$$\lim\limits_{x \to 0} x \sin \dfrac{1}{x} = 0$$

（3）$f(x)$ 是否为无穷小量或无穷大量依赖于自变量的变化过程，如 $y = \dfrac{1}{x}$，当 $x \to 0$ 时为无穷大量；但是当 $x \to \infty$ 时，其极限为 0，此时，它是无穷小量.

（4）在自变量的同一变化过程中，若 $f(x)$ 是无穷大量，则 $\dfrac{1}{f(x)}$ 为无穷小量；若 $f(x)$ 是无穷小量，且 $f(x) \neq 0$，则 $\dfrac{1}{f(x)}$ 为无穷大量.

例 2 求 $\lim\limits_{x \to 0^+} 2^{-\frac{1}{x}}$.

解 因为 $\lim\limits_{x \to 0^+} \dfrac{1}{x} = +\infty$，$\lim\limits_{x \to 0^+} 2^{\frac{1}{x}} = +\infty$，而 $2^{-\frac{1}{x}} = \dfrac{1}{2^{\frac{1}{x}}}$.

由无穷大量与无穷小量的关系知，$\lim\limits_{x \to 0^+} 2^{-\frac{1}{x}} = 0$.

常见函数的极限：

（1）$\lim C = C$；

（2）$\lim\limits_{x \to \infty} \dfrac{1}{x} = 0$；

（3）$\lim\limits_{x \to \infty} x^n = \infty \ (n > 0)$；

（4）$\lim\limits_{x \to +\infty} a^x = +\infty$，$\lim\limits_{x \to -\infty} a^x = 0 \ (a > 1)$，

$\lim\limits_{x \to +\infty} a^x = 0$，$\lim\limits_{x \to -\infty} a^x = +\infty \ (0 < a < 1)$；

(5) $\lim\limits_{x\to+\infty}\ln x=+\infty$，$\lim\limits_{x\to0^+}\ln x=-\infty$，$\lim\limits_{x\to1}\ln x=0$；

(6) $\lim\limits_{x\to\infty}\sin x$ 不存在，$\lim\limits_{x\to\infty}\cos x$ 不存在；

(7) $\lim\limits_{x\to+\infty}\arctan x=\dfrac{\pi}{2}$，$\lim\limits_{x\to-\infty}\arctan x=-\dfrac{\pi}{2}$，$\lim\limits_{x\to-\infty}\text{arccot}\,x=\pi$，$\lim\limits_{x\to+\infty}\text{arccot}\,x=0$.

3. 极限的运算

极限的四则运算法则：

若 $\lim u(x)=A$，$\lim v(x)=B$，则

(1) $\lim[u(x)\pm v(x)]=\lim u(x)\pm\lim v(x)=A\pm B$.

(2) $\lim[u(x)\cdot v(x)]=\lim u(x)\cdot\lim v(x)=A\cdot B$.

特别地，有 $\lim[c\cdot u(x)]=c\cdot\lim u(x)=cA$，$c$ 为常数；

$\qquad\lim[u(x)]^n=[\lim u(x)]^n=A^n$，$n$ 为正整数.

(3) $\lim\dfrac{u(x)}{v(x)}=\dfrac{\lim u(x)}{\lim v(x)}=\dfrac{A}{B}(B\neq0)$.

注意：(1) 自变量的变化过程包括 $x\to\begin{cases}\infty\\+\infty\\-\infty\end{cases}$ 和 $x\to\begin{cases}x_0\\x_0^+\\x_0^-\end{cases}$ 六种极限形式；

(2) 定理中参与运算的所有函数的极限一定要存在；

(3) 运算法则 (1) 和法则 (2) 可推广到有限多个函数的代数和及乘法的情况.

例3　求 $\lim\limits_{x\to1}(2x^3-3x^2+2)$.

解　$\lim\limits_{x\to1}(2x^3-3x^2+2)=\lim\limits_{x\to1}(2x^3)-\lim\limits_{x\to1}(3x^2)+\lim\limits_{x\to1}2=2\lim\limits_{x\to1}(x^3)-3\lim\limits_{x\to1}x^2+2$

$\qquad=2(\lim\limits_{x\to1}x)^3-3(\lim\limits_{x\to1}x)^2+2=2\times1^3-3\times1^2+2=1$.

观察发现，多项式 $f(x)=2x^3-3x^2+2$ 在点 $x\to1$ 的极限恰好等于它在点 $x=1$ 的函数值，这不是巧合，而是必然结果.

例4　证明：多项式 $P(x)=a_0x^n+a_1x^{n-1}+\cdots+a_{n-1}x+a_n$ 当 $x\to x_0$ 时的极限值就是其在点 x_0 处的函数值，即 $\lim\limits_{x\to x_0}P(x)=P(x_0)$.

证明　$\lim\limits_{x\to x_0}P(x)=\lim\limits_{x\to x_0}(a_0x^n+a_1x^{n-1}+\cdots+a_{n-1}x+a_n)$

$\qquad=a_0\lim\limits_{x\to x_0}x^n+a_1\lim\limits_{x\to x_0}x^{n-1}+\cdots+a_{n-1}\lim\limits_{x\to x_0}x+\lim\limits_{x\to x_0}a_n$

$\qquad=a_0(\lim\limits_{x\to x_0}x)^n+a_1(\lim\limits_{x\to x_0}x)^{n-1}+\cdots+a_{n-1}\lim\limits_{x\to x_0}x+\lim\limits_{x\to x_0}a_n$

$\qquad=a_0x_0^n+a_1x_0^{n-1}+\cdots+a_{n-1}x_0+a_n=P(x_0)$，证毕.

例5　求 $\lim\limits_{x\to2}\dfrac{x^2-x+4}{2x+1}$.

解　先求分母极限.

因为 $\lim\limits_{x\to 2}(2x+1)=4+1=5\neq 0$，所以 $\lim\limits_{x\to 2}\dfrac{x^2-x+4}{2x+1}=\dfrac{2^2-2+4}{2\times 2+1}=\dfrac{6}{5}$.

一般地，当 $\lim\limits_{x\to x_0}Q(x)=Q(x_0)\neq 0$ 时，有 $\lim\limits_{x\to x_0}\dfrac{P(x)}{Q(x)}=\dfrac{P(x_0)}{Q(x_0)}$. 但是当 $\lim\limits_{x\to x_0}Q(x)=$
$Q(x_0)=0$ 时，商式的极限运算法则就不能使用了，需要用其他方法求解.

例 6　求 $\lim\limits_{x\to -1}\dfrac{x^2-1}{x+1}$.

分析：$\lim\limits_{x\to -1}(x^2-1)=0$，$\lim\limits_{x\to -1}(x+1)=0$，此极限为 $\dfrac{0}{0}$ 型，不能使用商式的极限运算法则. 可以通过消去分子、分母中的零因子进行求解.

解　$\lim\limits_{x\to -1}\dfrac{x^2-1}{x+1}=\lim\limits_{x\to -1}\dfrac{(x-1)(x+1)}{x+1}=\lim\limits_{x\to -1}(x-1)=-2$.

例 7　求 $\lim\limits_{x\to \infty}\dfrac{2x^3+3x^2+5}{7x^3+4x^2-1}$.

分析：$\lim\limits_{x\to \infty}(2x^3+3x^2+5)=\infty$，$\lim\limits_{x\to \infty}(7x^3+4x^2-1)=\infty$，分子、分母的极限都不存在，极限的四则运算法则不适用. 可以采用分子、分母消去无穷大因子进行求解.

解　$\lim\limits_{x\to \infty}\dfrac{2x^3+3x^2+5}{7x^3+4x^2-1}=\lim\limits_{x\to \infty}\dfrac{2+\dfrac{3}{x}+\dfrac{5}{x^3}}{7+\dfrac{4}{x}-\dfrac{1}{x^3}}=\dfrac{2+0+0}{7+0-0}=\dfrac{2}{7}$.

一般地，当 $x\to \infty$ 时，有理分式 $\dfrac{a_0x^n+a_1x^{n-1}+\cdots+a_n}{b_0x^m+b_1x^{m-1}+\cdots+b_m}$（$a_0\neq 0$，$b_0\neq 0$）的极限有以下结果：

$$\lim_{x\to \infty}\frac{a_0x^n+a_1x^{n-1}+\cdots+a_n}{b_0x^m+b_1x^{m-1}+\cdots+b_m}=\begin{cases}0,&n<m,\\[2mm]\dfrac{a_0}{b_0},&n=m,\\[2mm]\infty,&n>m\end{cases}\qquad（抓大头准则）$$

问题 1.2.1　解答

"长期"可以考虑成时间 t 趋于很大很大的数，即 $t\to +\infty$. 要对商品的长期价格作出预测，就是要知道当 $t\to +\infty$ 时 $p(t)$ 的变化趋势即 $p(t)$ 的极限值. 所以该商品的长期价格为当 $t\to +\infty$ 时的价格：

$$\lim_{t\to +\infty}p(t)=\lim_{t\to +\infty}\left[\frac{b+d}{a+c}+A\mathrm{e}^{-k(a+c)t}\right]=\frac{b+d}{a+c}$$

这里的 $\dfrac{b+d}{a+c}$ 为市场均衡价格，即当 $t\to +\infty$ 时，价格逐步趋向于均衡价格.

4. 两个重要极限

（1）第一个重要极限：$\lim\limits_{x\to 0}\dfrac{\sin x}{x}=1$.

列表考察当 $x\to 0$ 时函数 $f(x)=\dfrac{\sin x}{x}$ 的变化趋势，如表 2-1 所示.

第一重要极限

表 2-1

x	± 0.5	± 0.1	± 0.01	± 0.001	± 0.0001	$\cdots$	$\to 0$
$\dfrac{\sin x}{x}$	0.958 851	0.998 334	0.999 983	0.999 999	0.999 999	$\cdots$	$\to 1$

从表 2-1 中可以看出，无论 $x\to 0^+$ 还是 $x\to 0^-$，$\dfrac{\sin x}{x}$ 都无限接近于 1，即

$$\lim\limits_{x\to 0}\frac{\sin x}{x}=1$$

这个重要极限属于 $\dfrac{0}{0}$ 型，常形象地表示为 $\lim\limits_{f(x)\to 0}\dfrac{\sin f(x)}{f(x)}=1$.

例 8 求 $\lim\limits_{x\to 0}\dfrac{\tan x}{x}$.

解 $\lim\limits_{x\to 0}\dfrac{\tan x}{x}=\lim\limits_{x\to 0}\dfrac{\sin x}{x}\cdot\dfrac{1}{\cos x}=\lim\limits_{x\to 0}\dfrac{\sin x}{x}\cdot\lim\limits_{x\to 0}\dfrac{1}{\cos x}=1.$

例 9 求 $\lim\limits_{x\to 0}\dfrac{\sin 2x}{3x}$.

解 令 $2x=t$，则当 $x\to 0$ 时，$t\to 0$，于是有

$$\lim\limits_{x\to 0}\frac{\sin 2x}{3x}=\lim\limits_{x\to 0}\left(\frac{2}{3}\cdot\frac{\sin 2x}{2x}\right)=\lim\limits_{t\to 0}\left(\frac{2}{3}\cdot\frac{\sin t}{t}\right)=\frac{2}{3}\lim\limits_{t\to 0}\frac{\sin t}{t}=\frac{2}{3}.$$

也可以直接写成：$\lim\limits_{x\to 0}\dfrac{\sin 2x}{3x}=\lim\limits_{x\to 0}\left(\dfrac{2}{3}\cdot\dfrac{\sin 2x}{2x}\right)=\dfrac{2}{3}\lim\limits_{x\to 0}\dfrac{\sin 2x}{2x}=\dfrac{2}{3}.$

例 10 求 $\lim\limits_{x\to 0}\dfrac{\sin 5x}{\sin 6x}$.

解 $\lim\limits_{x\to 0}\dfrac{\sin 5x}{\sin 6x}=\lim\limits_{x\to 0}\dfrac{\dfrac{\sin 5x}{5x}\cdot 5x}{\dfrac{\sin 6x}{6x}\cdot 6x}=\dfrac{5}{6}\lim\limits_{x\to 0}\dfrac{\dfrac{\sin 5x}{5x}}{\dfrac{\sin 6x}{6x}}=\dfrac{5}{6}.$

第二重要极限

（2）第二个重要极限：$\lim\limits_{x\to\infty}\left(1+\dfrac{1}{x}\right)^x=e$.

由表 2-2 考察当 $x\to+\infty$ 及 $x\to-\infty$ 时，函数 $\left(1+\dfrac{1}{x}\right)^x$ 的变化趋势.

表 2 - 2

x	10	100	1 000	10 000	100 000	1 000 000	⋯
$\left(1+\dfrac{1}{x}\right)^x$	2.593 74	2.704 81	2.716 92	2.718 15	2.718 27	2.718 28	⋯
x	−10	−100	−1 000	−10 000	−100 000	−1 000 000	⋯
$\left(1+\dfrac{1}{x}\right)^x$	2.867 97	2.732 00	2.719 64	2.718 42	2.718 30	2.718 28	⋯

由表 2 - 2 可以看出，当 x 无限增大时，函数 $\left(1+\dfrac{1}{x}\right)^x$ 变化的大致趋势．可以证明当 $x\to\infty$ 时，$\left(1+\dfrac{1}{x}\right)^x$ 的极限确实存在，它的值为 e = 2.718 281 828 459 045⋯，即

$$\lim_{x\to\infty}\left(1+\frac{1}{x}\right)^x = e$$

与无理数 π 一样，数 e 也是一个无理数，它们是数学中最重要的两个常数．1747 年，欧拉（L. Euler，瑞士人，1707—1783 年，18 世纪最伟大的数学家之一）首先用字母 e 表示了这个无理数．指数函数 $y = e^x$ 以及对数函数 $y = \ln x$ 中的底 e 就是这个常数．

注意：（1）该极限对数列也成立，即 $\lim\limits_{n\to\infty}\left(1+\dfrac{1}{n}\right)^n = e$；

（2）公式还可以写成 $\lim\limits_{x\to0}(1+x)^{\frac{1}{x}} = e$；

（3）$\lim\limits_{f(x)\to\infty}\left[1+\dfrac{1}{f(x)}\right]^{f(x)} = e$ 和 $\lim\limits_{f(x)\to0}[1+f(x)]^{\frac{1}{f(x)}} = e$ 仍成立．

例 11　求 $\lim\limits_{x\to\infty}\left(1+\dfrac{4}{x}\right)^x$．

解　$\lim\limits_{x\to\infty}\left(1+\dfrac{4}{x}\right)^x = \lim\limits_{x\to\infty}\left(1+\dfrac{1}{\frac{x}{4}}\right)^x = \lim\limits_{x\to\infty}\left(1+\dfrac{1}{\frac{x}{4}}\right)^{\frac{x}{4}\times4}$

$$= \lim_{x\to\infty}\left[\left(1+\frac{1}{\frac{x}{4}}\right)^{\frac{x}{4}}\right]^4 = \left[\lim_{\frac{x}{4}\to\infty}\left(1+\frac{1}{\frac{x}{4}}\right)^{\frac{x}{4}}\right]^4 = e^4.$$

例 12　求 $\lim\limits_{x\to0}(1+\tan x)^{\cot x}$．

解　$\lim\limits_{x\to0}(1+\tan x)^{\cot x} = \lim\limits_{x\to0}(1+\tan x)^{\frac{1}{\tan x}} = e.$

一般地，可以有下面的结论：

$$\lim_{x\to\infty}\left(1+\frac{a}{x}\right)^{bx+c} = e^{ab}, \quad \lim_{x\to0}(1+ax)^{\frac{b}{x}+c} = e^{ab}$$

此结论可以作为公式使用.

例 13 求下列极限.

（1）$\lim\limits_{x \to \infty} \left(1 + \dfrac{1}{5x}\right)^{4x+3}$；　　　　（2）$\lim\limits_{x \to 0}(1-x)^{\frac{2}{x}+5}$；　　　　（3）$\lim\limits_{x \to \infty} \left(\dfrac{2x-1}{2x+3}\right)^{3x+1}$.

解　（1）因为 $a = \dfrac{1}{5}$，$b = 4$，所以 $\lim\limits_{x \to \infty} \left(1 + \dfrac{1}{5x}\right)^{4x+3} = e^{\frac{1}{5} \times 4} = e^{\frac{4}{5}}$；

（2）因为 $a = -1$，$b = 2$，所以 $\lim\limits_{x \to 0}(1-x)^{\frac{2}{x}+5} = e^{(-1) \times 2} = e^{-2}$；

（3）$\lim\limits_{x \to \infty} \left(\dfrac{2x-1}{2x+3}\right)^{3x+1} = \lim\limits_{x \to \infty} \left(\dfrac{\frac{2x-1}{2x}}{\frac{2x+3}{2x}}\right)^{3x+1} = \dfrac{\lim\limits_{x \to \infty}\left(1 - \dfrac{1}{2x}\right)^{3x+1}}{\lim\limits_{x \to \infty}\left(1 + \dfrac{3}{2x}\right)^{3x+1}} = \dfrac{e^{(-\frac{1}{2}) \times 3}}{e^{\frac{3}{2} \times 3}} = e^{-6}$.

●问题 1.2.2　存款利息问题

有一笔存款的本金为 A_0，年利率为 r，分别计算下列条件下 k 年后该存款的本利和 A_k 为多少.

（1）单利计算；

（2）一年计一次利息的复利计算；

（3）一年分 n 期计息的复利计算；

（4）连续复利计息.

问题 1.2.2　解答

（1）单利计息.

满 1 年时的本利和为 $A_1 = A_0 + A_0 r = A_0(1 + r)$；

满 2 年时的本利和为 $A_2 = A_1 + A_0 r = A_0(1+r) + A_0 r = A_0(1 + 2r)$；

可推知，k 年后该存款的本利和为 $A_k = A_0(1 + kr)$.

（2）复利计息.复利计息就是将前一个利息和本金之和作为第二期的本金，依次反复计算，就是利滚利.

1 年后的本利和为 $A_1 = A_0 + A_0 r = A_0(1 + r)$；

2 年后的本利和为 $A_2 = A_1 + A_1 r = A_1(1+r) = A_0(1+r)^2$；

…

k 年后该存款的本利和为 $A_k = A_0(1+r)^k$.

（3）若一年分 n 期计息，即一年中结算 n 次，年利率仍为 r，则每期利率为 $\dfrac{r}{n}$，于是

1 年后的本利和为 $A_1 = A_0\left(1 + \dfrac{r}{n}\right)^n$；

2 年后的本利和为 $A_2 = A_0\left(1 + \dfrac{r}{n}\right)^{2n}$；

...

k 年后该存款的本利和为 $A_k = A_0\left(1 + \dfrac{r}{n}\right)^{kn}$.

（4）连续复利就是计息期数无限大，即结算次数无限增大，也就是立即变现，则 k 年后该存款的本利和为 $A_k = \lim\limits_{n\to\infty} A_0\left(1 + \dfrac{r}{n}\right)^{nk} = A_0\mathrm{e}^{rk}$.

在上述问题中，相同的利率（称为名义利率），由于复利种类不同，产生不同的利息，即产生不同的实际利率（也称为有效收益率），用 r_e 表示.

设存期为 k 年，年名义复利率为 r，每年结算 n 次，相应的实际年复利率为 r_e，则

$$A_0\left(1 + r_e\right)^k = A_0\left(1 + \frac{r}{n}\right)^{kn}$$

$$1 + r_e = \left(1 + \frac{r}{n}\right)^n$$

$$r_e = \left(1 + \frac{r}{n}\right)^n - 1$$

若以相同的年名义利率计算连续复利，则

$$A_0\left(1 + r_e\right)^k = A_0\mathrm{e}^{rk}$$

$$r_e = \mathrm{e}^r - 1$$

例如，设投资 1 000 元，年利率为 6%，若半年复利一次，则实际年利率为 $r_e = \left(1 + \dfrac{0.06}{2}\right)^2 - 1 = 0.060\,9 = 6.09\%$；若计算连续复利，实际年利率为 $r_e = \mathrm{e}^{0.06} - 1 \approx 0.061\,8 = 6.18\%$.

●问题 1.2.3　教育投资应投多少？

假定你为了孩子的教育，打算在一家投资担保证券公司（GIC）投入一笔资金. 你需要这笔投资 10 年后价值为 12 000 美元. 如果 GIC 以年利率 9%、每年支付复利 4 次的方式付息，你应该投资多少美元？如果复利是连续的，应投资多少美元？

相关知识：贴现

以 A_0 元存入银行，年复利率为 r，k 年后变为 $A_k = A_0(1 + r)^k$ 元. 称 $A_k = A_0(1 + r)^k$ 为本金 A_0 的终值；反之，若要 k 年后有 A_k 元，现在只需存入银行 $A_0 = A_k(1 + r)^{-k}$ 元，即 k 年后的 A_k 元只相当于现在的 $A_0 = A_k(1 + r)^{-k}$ 元，称 $A_0 = A_k(1 + r)^{-k}$ 为 k 年后资金 A_k 的现值，此时，r 也称为贴现率.

例如，你现在有 1 元钱（现值），银行的年利率是 3%，那么你存入银行后一

年可得 $1 \times (1 + 3\%) = 1.03$（元）（终值）；如果在同等情况下，你想一年后的收入为 1 元，则现在要存入 $\frac{1}{1.03} = 0.97$（元），0.97 元就是现值，一年后的 1 元就是终值，3% 就是贴现率．

若一年计算复利 n 次，则本金 A_0 在 k 年后的终值为 $A_0\left(1 + \dfrac{r}{n}\right)^{kn}$；$k$ 年后的资金 A 的现值为 $A\left(1 + \dfrac{r}{n}\right)^{-kn}$．

若计算连续复利，则本金 A_0 在 k 年后的终值为 $A_0 e^{rk}$；k 年后的资金 A 的现值为 $A e^{-rk}$．

问题 1.2.3　解答

若每年复利 4 次，则 10 年后 12 000 美元的现值为

$$P = 12\,000 \times \left(1 + \frac{0.09}{4}\right)^{-40} \approx 4\,927.75 \text{（美元）}$$

如果是连续复利，则 10 年后 12 000 美元的现值为

$$P = 12\,000 e^{-10 \times 0.09} = 12\,000 e^{-0.9} \approx 4\,878.84 \text{（美元）}$$

在两种复利方式下，分别应投资 4 927.75 美元和 4 878.84 美元．

●问题 1.2.4　是否值得投资？

设一笔 10 000 元投资可以用 3 年，第 1 年提供的收益为 5 000 元，第 2 年提供的收益为 4 000 元，第 3 年提供的收益为 2 000 元．

（1）如果年利率为 6%，则这笔投资所提供的未来三年中收益的现值是多少？是否值得投资？

（2）如果年利率为 4%，则这笔投资所提供的未来三年中收益的现值是多少？是否值得投资？

分析：这里是否值得投资需要看净现值（收益现值 − 投资成本）．厂商进行某项投资的净现值代表了该项投资对厂商价值或股东财富的贡献．净现值是否为正值成为投资决策关键，即净现值大于零则值得投资；净现值小于零则不值得投资．

问题 1.2.4　解答

（1）投资 $A_0 = 10\,000$，年利率为 $r = 0.06$，则

第 1 年提供的收益为 $A_1 = 5\,000$ 元折算成的现值，即

$$A_1 = A_1 (1 + r)^{-1} = 5\,000 \times (1 + 0.06)^{-1} = 4\,717 \text{（元）}$$

第 2 年提供的收益为 $A_2 = 4\,000$ 元折算成的现值，即

$$A_2 = A_2 (1 + r)^{-2} = 4\,000 \times (1 + 0.06)^{-2} = 3\,560 \text{（元）}$$

第 3 年提供的收益为 $A_3 = 2\,000$ 元折算成的现值，即

$$A_3 = A_3 (1 + r)^{-3} = 2\,000 \times (1 + 0.06)^{-3} = 1\,679(元)$$

则这笔投资所提供的未来三年总收益的现值为 $A_0 = A_1 + A_2 + A_3 = 9\,956(元)$.

这时，净现值 = 收益总现值 − 投资成本 = 9\,956 − 10\,000 = −46(元) < 0，不值得投资．也就是说，这 10\,000 元投资带来的三年总收益折算成的现值只有 9\,956 元，低于原来的投资价值，即当初只需投资 9\,956 元就可以获得同样多的收益，所以这个投资是不值得的．

（2）若投资 $A_0 = 10\,000$，年利率为 $r = 0.04$，则未来三年提供的收益的现值分别为

$$A_1 = 5\,000 \times (1 + 0.04)^{-1} = 4\,808(元)$$

$$A_2 = 4\,000 \times (1 + 0.04)^{-2} = 3\,698(元)$$

$$A_3 = 2\,000 \times (1 + 0.04)^{-3} = 1\,778(元)$$

则这笔投资所提供的未来三年总收益的现值为 $A_0 = A_1 + A_2 + A_3 = 10\,284$ (元)．这时，净现值 = 收益总现值 − 投资成本 = 10\,284 − 10\,000 = 284(元) > 0，值得投资．也就是说，这 10\,000 元投资带来的三年总收益折算成的现值有 10\,284 元，高于原来的投资价值，所以这个投资是值得的．

知识拓展

1. 常见极限类型及解法

（1）$\dfrac{A}{B}(B \neq 0)$ 型．

方法：直接代入法．

例 14　$\lim\limits_{x \to -1} \dfrac{5x^2 - 4x + 1}{x - 1} = \dfrac{5 \times (-1)^2 - 4 \times (-1) + 1}{-1 - 1} = -5$．

例 15　$\lim\limits_{x \to 1} \dfrac{x^2 - 3x + 2}{4x - 3} = \dfrac{1^2 - 3 \times 1 + 2}{4 \times 1 - 3} = \dfrac{0}{4 - 3} = 0$．

（2）$\dfrac{A}{0}$ 型．

方法：倒数法．

例 16　$\lim\limits_{x \to 1} \dfrac{4x - 3}{x^2 - 3x + 2} = \dfrac{1}{\lim\limits_{x \to 1} \dfrac{x^2 - 3x + 2}{4x - 3}} \xlongequal{\frac{1}{无穷小}} \infty$．

（3）$\dfrac{0}{0}$ 型．

方法一：约去零因子法．

例 17　$\lim\limits_{x \to 4} \dfrac{(x - 4)^2}{x^2 - 16} \xlongequal{\frac{0}{0}} \lim\limits_{x \to 4} \dfrac{(x - 4)^2}{(x + 4)(x - 4)} = \lim\limits_{x \to 4} \dfrac{x - 4}{x + 4} = 0$．

方法二：分子（或分母）有理化法．

例 18　$\lim\limits_{x\to 0}\dfrac{\sqrt{1+x}-1}{x}\overset{\frac{0}{0}}{=}\lim\limits_{x\to 0}\dfrac{(\sqrt{1+x}-1)(\sqrt{1+x}+1)}{x(\sqrt{1+x}+1)}=\lim\limits_{x\to 0}\dfrac{1}{\sqrt{1+x}+1}=\dfrac{1}{2}.$

方法三：利用第一重要极限法.

例 19　$\lim\limits_{x\to 0}\dfrac{\sin(kx)}{x}=\lim\limits_{x\to 0}\dfrac{k\sin(kx)}{kx}=k\cdot\lim\limits_{kx\to 0}\dfrac{\sin(kx)}{kx}=k\cdot 1=k.$

例 20　$\lim\limits_{x\to 0}\dfrac{1-\cos x}{x^{2}}=\lim\limits_{x\to 0}\dfrac{2\sin^{2}\dfrac{x}{2}}{x^{2}}=2\lim\limits_{x\to 0}\left(\dfrac{\sin\dfrac{x}{2}}{x}\right)^{2}$

$$=2\left(\lim\limits_{x\to 0}\dfrac{\sin\dfrac{x}{2}}{x}\right)^{2}=2\times\left(\dfrac{1}{2}\right)^{2}=\dfrac{1}{2}.$$

例 21　$\lim\limits_{x\to 0}\dfrac{\tan 3x}{\tan 2x}=\lim\limits_{x\to 0}\dfrac{\tan 3x}{3x}\cdot\dfrac{2x}{\tan 2x}\cdot\dfrac{3}{2}=\dfrac{3}{2}.$

例 22　$\lim\limits_{x\to 0}\dfrac{\sin(ax)}{\sin(bx)}=\lim\limits_{x\to 0}\dfrac{\dfrac{\sin(ax)}{x}}{\dfrac{\sin(bx)}{x}}=\dfrac{\lim\limits_{x\to 0}\dfrac{\sin(ax)}{x}}{\lim\limits_{x\to 0}\dfrac{\sin(bx)}{x}}=\dfrac{a}{b}.$

在以后的学习中，例 19、例 22 的结果可以作为公式使用，在这两个例子中，用正切函数任意替换正弦函数，结果仍成立.

例 23　求下列函数的极限：

（1）$\lim\limits_{x\to 0}\left(\dfrac{\tan 3x-\sin 7x}{\tan 2x}\right)$；

（2）$\lim\limits_{x\to\infty}x\sin\dfrac{3}{x}.$

解　（1）$\lim\limits_{x\to 0}\left(\dfrac{\tan 3x-\sin 7x}{\tan 2x}\right)=\lim\limits_{x\to 0}\left(\dfrac{\tan 3x}{\tan 2x}-\dfrac{\sin 7x}{\tan 2x}\right)$

$$=\lim\limits_{x\to 0}\dfrac{\tan 3x}{\tan 2x}-\lim\limits_{x\to 0}\dfrac{\sin 7x}{\tan 2x}=\dfrac{3}{2}-\dfrac{7}{2}=-2.$$

（2）$\lim\limits_{x\to\infty}x\sin\dfrac{3}{x}=\lim\limits_{\frac{1}{x}\to 0}\dfrac{\sin\dfrac{3}{x}}{\dfrac{1}{x}}=3.$

方法四：洛必达法则（将在后面讲述）.

（4）$\dfrac{\infty}{\infty}$ 型.

方法一：抓大头准则法.

利用公式

$$\lim_{x \to \infty} \frac{a_0 x^n + a_1 x^{n-1} + \cdots + a_n}{b_0 x^m + b_1 x^{m-1} + \cdots + b_m} = \begin{cases} 0, & n < m, \\ \dfrac{a_0}{b_0}, & n = m, \\ \infty, & n > m \end{cases}$$

例24 $\lim\limits_{x \to \infty} \dfrac{x^2 + 6x - 3}{3x^3 + 7} = 0$. （ $m > n$ ）

例25 $\lim\limits_{x \to \infty} \dfrac{x^5 - 3x^3 - 7}{9x^3 + 3} = \infty$. （ $n > m$ ）

例26 $\lim\limits_{x \to \infty} \dfrac{(x^2 - 17)(x + 1)}{2 - 6x^3} = -\dfrac{1}{6}$. （ $n = m$ ）

方法二：洛必达法则（将在后面讲述）.

（5） $\infty - \infty$ 型.

方法：通分法.

例27 $\lim\limits_{x \to 3} \left(\dfrac{1}{x - 3} - \dfrac{6}{x^2 - 9} \right) = \lim\limits_{x \to 3} \dfrac{x + 3 - 6}{x^2 - 9} = \lim\limits_{x \to 3} \dfrac{1}{x + 3} = \dfrac{1}{6}$.

例28 $\lim\limits_{x \to 2} \left(\dfrac{1}{x - 2} - \dfrac{12}{x^3 - 8} \right) = \lim\limits_{x \to 2} \dfrac{x^2 + 2x - 8}{x^3 - 8}$

$$= \lim_{x \to 2} \frac{(x - 2)(x + 4)}{(x - 2)(x^2 + 2x + 4)} = \lim_{x \to 2} \frac{x + 4}{x^2 + 2x + 4} = \frac{1}{2}.$$

（6） 1^∞ 型.

方法：利用第二重要极限法.

例29 $\lim\limits_{x \to \infty} \left(1 + \dfrac{6}{x} \right)^x = \lim\limits_{x \to \infty} \left[\left(1 + \dfrac{6}{x} \right)^{\frac{x}{6}} \right]^6 = e^6$

例30 $\lim\limits_{x \to \infty} \left(1 + \dfrac{1}{5x} \right)^{4x+3} = e^{\frac{1}{5} \times 4} = e^{\frac{4}{5}}$. $\left(\lim\limits_{x \to \infty} \left(1 + \dfrac{a}{x} \right)^{bx+c} = e^{ab} \right)$

例31 $\lim\limits_{x \to 0} (1 - x)^{\frac{2}{x}+5} = e^{(-1) \times 2} = e^{-2}$. $\left(\lim\limits_{x \to 0} (1 + ax)^{\frac{b}{x}+c} = e^{ab} \right)$.

2. 无穷小量的比较

我们已经知道两个无穷小量的和、差、积仍为无穷小量，但两个无穷小量的商却不一定是无穷小量. 例如，当 $x \to 0$ 时，$2x$，x^2，$\sin x$ 都是无穷小量，但是

$$\lim_{x \to 0} \frac{x^2}{2x} = 0 , \quad \lim_{x \to 0} \frac{\sin x}{x^2} = \infty , \quad \lim_{x \to 0} \frac{\sin x}{2x} = \frac{1}{2}$$

可见，两个无穷小量之比的极限有各种不同的情况，这是因为无穷小量在趋于零时"快慢"程度不同. 就上例而言，在 $x \to 0$ 的过程中，$2x \to 0$ 比 $x^2 \to 0$ 的速度慢些，反之，$x^2 \to 0$ 比 $2x \to 0$ 的速度快些，而 $2x \to 0$ 和 $\sin x \to 0$ 的速度差不多. 下面，我们就上面三种情况来说明无穷小量之间的比较.

定义 1.2.5　设 α，β 是同一变化过程中的两个无穷小量.

（1）若 $\lim \dfrac{\alpha}{\beta} = 0$，则称 α 是比 β **高阶**的**无穷小量**，也称 β 是比 α **低阶**的**无穷小量**；

（2）若 $\lim \dfrac{\alpha}{\beta} = c \neq 0$，则称 α 和 β 是**同阶无穷小量**. 特别地，若 $c = 1$，则称 α 和 β 是**等价无穷小量**，记为 $\alpha \sim \beta$.

应当注意的是，上述的 α 和 β 都是在同一自变量的变化过程中的无穷小量，且 $\beta \neq 0$.

通俗地说，先趋近于零的就叫高阶无穷小，后趋近于零的就叫低阶无穷小，如果趋近于零的速度差不多就叫同阶无穷小，同时趋近于零的就叫等价无穷小.

在上述例子中，当 $x \to 0$ 时，x^2 是比 $2x$ 高阶的无穷小量，反之 $2x$ 是比 x^2 低阶的无穷小量，而 $\sin x$ 和 $2x$ 是同阶无穷小量.

关于等价无穷小有以下性质：

定理 1.2.3　设 $\alpha \sim \alpha_2$，$\beta_1 \sim \beta_2$，且 $\lim \dfrac{\alpha_2}{\beta_2}$ 存在，则 $\lim \dfrac{\alpha_1}{\beta_1}$ 也存在，且 $\lim \dfrac{\alpha_1}{\beta_1} = \lim \dfrac{\alpha_2}{\beta_2}$.

这个性质表明，求两个无穷小量之比的极限时，分子、分母可以分别用它们的等价无穷小量来代替，这种方法称为等价无穷小替换法.

常用的等价无穷小如下：当 $x \to 0$ 时，$\sin x \sim x$，$\tan x \sim x$，$\arcsin x \sim x$，$1 - \cos x \sim \dfrac{1}{2}x^2$，$\arctan x \sim x$，$\ln(1+x) \sim x$，$\mathrm{e}^x - 1 \sim x$.

例 32　求 $\lim\limits_{x \to 0} \dfrac{\sin 2x}{\tan 5x}$.

解　因为当 $x \to 0$ 时，$\sin 2x \sim 2x$，$\tan 5x \sim 5x$，所以 $\lim\limits_{x \to 0} \dfrac{\sin 2x}{\tan 5x} = \lim\limits_{x \to 0} \dfrac{2x}{5x} = \dfrac{2}{5}$.

例 33　求 $\lim\limits_{x \to 0} \dfrac{\tan x - \sin x}{x^3}$.

解　因为当 $x \to 0$ 时，$\tan x \sim x$，$1 - \cos x \sim \dfrac{1}{2}x^2$，所以

$$\lim_{x \to 0} \frac{\tan x - \sin x}{x^3} = \lim_{x \to 0} \frac{\tan x (1 - \cos x)}{x^3} = \lim_{x \to 0} \frac{x \cdot \dfrac{1}{2}x^2}{x^3} = \frac{1}{2}$$

注意：在利用等价无穷小替换法求极限时，所求极限中只有相乘或相除的无穷小才能用其等价无穷小量来替换，相加或相减的无穷小量则不能随意替换，否则会引起计算错误.

3. 函数的连续性

定义 1.2.6 设函数 $y = f(x)$ 在点 x_0 的某个领域内有定义，如果当 $x \to x_0$ 时，函数 $f(x)$ 的极限存在且等于 $f(x)$ 在点 x_0 处的函数值 $f(x_0)$，即

$$\lim_{x \to x_0} f(x) = f(x_0)$$

则称函数 $y = f(x)$ 在点 x_0 连续.

由此可知，函数在点 x_0 连续必须同时满足以下三个条件：

(1) $f(x)$ 在点 x_0 有定义；

(2) $f(x)$ 在点 x_0 的极限 $\lim\limits_{x \to x_0} f(x)$ 存在；

(3) $\lim\limits_{x \to x_0} f(x) = f(x_0)$.

定义 1.2.7 若 $\lim\limits_{x \to x_0^-} f(x) = f(x_0)$，则称 $y = f(x)$ 在点 x_0 处**左连续**；若 $\lim\limits_{x \to x_0^+} f(x) = f(x_0)$，则称 $y = f(x)$ 在点 x_0 处**右连续**.

由此可见，函数在某点连续的充要条件是**函数在该点处既左连续又右连续**.

定义 1.2.8 若函数 $y = f(x)$ 在区间 (a,b) 内每一点都连续，则称函数 $y = f(x)$ 在区间 (a,b) 内连续. 若函数 $y = f(x)$ 在区间 (a,b) 内连续，且它在左端点 a 处右连续，在右端点 b 处左连续，则称函数 $y = f(x)$ 在闭区间 $[a,b]$ 上连续. 从几何上看，在某个区间内连续的函数，其图形是一条连续不断的曲线.

基本初等函数在其定义域内连续. 初等函数在其定义区间内是连续的.

⚙ 砥节砺行

　　函数具有连续性，因变量随着自变量的变化而变化. 同样，生活中很多事物的变化也是连续的，如植物的生长、温度的变化、知识的积累等. 对于这些变化，我们不能急于求成，要遵循它的客观规律. 例如，知识的积累需要付出时间和努力，妄图寻求捷径的想法是不可取的. 因此，我们做事应脚踏实地，不能揠苗助长，急于求成.

定义 1.2.9 若函数 $y = f(x)$ 在点 x_0 处不连续，则称函数 $y = f(x)$ 在点 x_0 处间断，并称 x_0 为函数的间断点.

根据函数连续的定义可知，点 x_0 是函数 $y = f(x)$ 的间断点至少属于下列三种情形之一：

(1) $f(x)$ 在点 x_0 没有定义；

(2) $f(x)$ 在点 x_0 有定义，但极限 $\lim\limits_{x \to x_0} f(x)$ 不存在；

(3) $f(x)$ 在点 x_0 有定义，$\lim\limits_{x \to x_0} f(x)$ 也存在，但 $\lim\limits_{x \to x_0} f(x) \neq f(x_0)$.

定义 1.2.10 设点 x_0 是函数 $y = f(x)$ 的间断点，若当 $x \to x_0$ 时，$f(x)$ 的左、右极

限都存在，则称点 x_0 为 $f(x)$ 的第一类间断点；否则，称点 x_0 为 $f(x)$ 的第二类间断点.

若点 x_0 为 $f(x)$ 的第一类间断点，则

(1) 当 $\lim\limits_{x \to x_0^+} f(x) = \lim\limits_{x \to x_0^-} f(x)$，即 $\lim\limits_{x \to x_0} f(x)$ 存在时，称点 x_0 为 $f(x)$ 的可去间断点；

(2) 当 $\lim\limits_{x \to x_0^+} f(x) \neq \lim\limits_{x \to x_0^-} f(x)$ 时，称点 x_0 为 $f(x)$ 的跳跃间断点.

例34 求极限 $\lim\limits_{x \to 3} \sqrt{16 - x^2}$.

解 因为 $\sqrt{16 - x^2}$ 是初等函数，其定义区间为 $[-4, 4]$，而 $3 \in [-4, 4]$，所以在 $x = 3$ 处连续，即 $\lim\limits_{x \to 3} \sqrt{16 - x^2} = \sqrt{16 - 3^2} = \sqrt{7}$.

例35 求下列函数的间断点.

$$(1)\, f(x) = \frac{1}{x}; \qquad (2)\, f(x) = \begin{cases} x - 1, & x < 0, \\ 0, & x = 0, \\ x + 1, & x > 0. \end{cases}$$

解 (1) 因为 $f(x) = \frac{1}{x}$ 在 $x = 0$ 处没有定义，所以点 $x = 0$ 是 $f(x) = \frac{1}{x}$ 的间断点.

(2) 因为初等函数在其定义区间内都是连续的，所以当 $x < 0$ 时，函数 $f(x) = x - 1$ 是连续的；当 $x > 0$ 时，函数 $f(x) = x + 1$ 是连续的；虽然 $f(x)$ 在 $x = 0$ 处有定义 $f(0) = 0$，但

$$\lim\limits_{x \to 0^-} f(x) = \lim\limits_{x \to 0^-} (x - 1) = -1, \, \lim\limits_{x \to 0^+} f(x) = \lim\limits_{x \to 0^+} (x + 1) = 1$$

即 $f(x)$ 在 $x = 0$ 处左、右极限不相等，所以 $f(x)$ 在 $x = 0$ 处极限不存在. 因此 $x = 0$ 是 $f(x)$ 的间断点.

4. 闭区间上连续函数的性质

闭区间上的连续函数具有一些重要性质. 现在，我们将这些性质列在下面. 从几何上看，这些性质都是十分明显的，但是要严格证明它们，还需要其他知识，在这我们就不加以证明了.

性质1（具有最大（最小）值） 闭区间 $[a, b]$ 上的连续函数 $f(x)$ 在 $[a, b]$ 上必有最大值和最小值. 即在 $[a, b]$ 上至少有两个点 x_1 和 x_2，使得对 $[a, b]$ 上的一切 x，有

$$f(x_1) \leqslant f(x) \leqslant f(x_2)$$

这里 $f(x_1)$ 和 $f(x_2)$ 分别是 $f(x)$ 在 $[a, b]$ 上的最小值 $m = f(x_1)$ 和最大值 $M = f(x_2)$（见图 $1 - 2 - 1$）.

性质2（零点存在定理） 若 $f(x)$ 在 $[a, b]$ 上连续，且 $f(a)$ 和 $f(b)$ 异号，则至少存在一点 $\xi \in (a, b)$，使得 $f(\xi) = 0$（见图 $1 - 2 - 2$）.

性质3（介值定理） 闭区间 $[a, b]$ 上的连续函数 $f(x)$ 可以取其最小值和最大值之间的一切值. 即设 $f(x)$ 在 $[a, b]$ 上的最小值为 m，最大值为 M，那么，对于任何 $c\,(m < c < M)$，至少存在一点 $\xi \in (a, b)$，使得 $f(\xi) = c$（见图 $1 - 2 - 3$）.

图 1-2-1

图 1-2-2

图 1-2-3

【基础练习1-2】

1. 判断下列数列的敛散性.

(1) $\left\{2 + \dfrac{1}{n^2}\right\}$ ；

(2) $\left\{(-1)^{n+1} \dfrac{1}{2^n}\right\}$ ；

(3) $\left\{(-1)^n \left(1 + \dfrac{1}{n}\right)\right\}$ ；

(4) $\left\{\dfrac{2n+1}{n-1}\right\}$.

2. 求下列函数的极限.

(1) $\lim\limits_{x \to \infty} \dfrac{\sin x}{x}$ ；

(2) $\lim\limits_{x \to 0} x\cos \dfrac{1}{x}$ ；

(3) $\lim\limits_{x \to \infty} \dfrac{\arctan x}{x}$.

3. 求下列函数的极限：

(1) $\lim\limits_{x \to 3} \dfrac{x^2 + 5}{x^2 - 3}$ ；

(2) $\lim\limits_{x \to 4} \dfrac{x^2 - 6x + 8}{x^2 - 5x + 4}$ ；

(3) $\lim\limits_{x \to 2} \dfrac{x^3 + 2x^2}{(x - 2)^2}$ ；

(4) $\lim\limits_{x \to 0} \dfrac{\sqrt{x + 4} - 2}{x}$ ；

(5) $\lim\limits_{x \to \infty} \dfrac{x^2 + 1}{x^4 - 9x + 6}$ ；

(6) $\lim\limits_{x \to \infty} \dfrac{x^2 + x + 1}{x - 1}$ ；

(7) $\lim\limits_{x \to \infty} \dfrac{1 - x - x^3}{x + x^3}$ ；

(8) $\lim\limits_{x \to 1} \left(\dfrac{1}{x - 1} - \dfrac{2}{x^2 - 1}\right)$ ；

(9) $\lim\limits_{x \to 1} \left(\dfrac{1}{1 - x} - \dfrac{3}{1 - x^3}\right)$ ；

(10) $\lim\limits_{x \to 0} \dfrac{\sin 7x}{\sin 6x}$ ；

(11) $\lim\limits_{x \to 0} \dfrac{\sin 3x}{\tan 6x}$ ；

(12) $\lim\limits_{x \to 0} \dfrac{\tan 3x - \sin 5x}{x}$ ；

(13) $\lim\limits_{x \to \pi} \dfrac{\sin 2(x - \pi)}{x - \pi}$ ；

(14) $\lim\limits_{x \to \infty} x\sin \dfrac{5}{x}$ ；

(15) $\lim\limits_{x \to 1} \dfrac{\sin(x^2 - 1)}{x - 1}$ ；

(16) $\lim\limits_{x \to \infty} \left(1 + \dfrac{3}{x}\right)^{5x}$ ；

(17) $\lim\limits_{x \to 0} (1 - 4x)^{\frac{5}{2x} + 1}$ ；

(18) $\lim\limits_{x \to 0} \left(\dfrac{5 - 2x}{5}\right)^{\frac{4}{x} + 3}$ ；

(19) $\lim\limits_{x \to \infty} \left(\dfrac{x}{1 + x}\right)^x$ ；

(20) $\lim\limits_{x \to \infty} \left(\dfrac{3x + 2}{3x + 1}\right)^{4x + 7}$.

4. 求下列函数的间断点：

（1）$f(x) = \dfrac{x^2 - x}{x^2 - 3x + 2}$；

（2）$f(x) = \dfrac{\sin 2x}{x}$；

（3）$f(x) = \begin{cases} x^2, & 0 \leqslant x < 1, \\ 2 + x, & 1 \leqslant x \leqslant 2; \end{cases}$

（4）$f(x) = \begin{cases} 2 + x^2, & x \leqslant 0, \\ \dfrac{\sin x}{x}, & x > 0. \end{cases}$

【提高练习 1 - 2】

1. 极限 $\lim\limits_{x \to \infty}(\sqrt{x^2 + x} - x)$ 的结果是（　　）．

A. 0　　　　　　　B. $\dfrac{1}{2}$　　　　　　　C. ∞　　　　　　　D. 不存在

2. 极限 $\lim\limits_{x \to 1} \dfrac{x - 1}{|x - 1|}$ 的值是（　　）．

A. 1　　　　　　　B. -1　　　　　　　C. 0　　　　　　　D. 不存在

3. 极限 $\lim\limits_{x \to 1} \arctan \dfrac{1}{1 - x}$ 的值是（　　）．

A. $\dfrac{\pi}{2}$　　　　　　　B. $-\dfrac{\pi}{2}$　　　　　　　C. 0　　　　　　　D. 不存在

4. 当 $x \to 0$ 时，$x^2 \cos \dfrac{1}{x} + 1$ 是（　　）．

A. 无穷大量　　　B. 无穷小量　　　C. 有界变量　　　D. 无界变量

5. 函数 $y = f(x)$ 在点 x_0 处有定义是函数 $y = f(x)$ 在点 x_0 处有极限的（　　）．

A. 充分条件　　　　　　　　　　B. 必要条件

C. 充要条件　　　　　　　　　　D. 既不充分也不必要条件

6. 函数 $y = f(x)$ 在点 x_0 处有定义是函数 $y = f(x)$ 在点 x_0 处连续的（　　）．

A. 充分条件　　　　　　　　　　B. 必要条件

C. 充要条件　　　　　　　　　　D. 既不充分也不必要条件

7. 若 $f(x) = \begin{cases} \dfrac{\ln(1 - x)}{x}, & x < 0, \\ a + 1, & x \geqslant 0 \end{cases}$ 在 $x = 0$ 处连续，则 $a = $ ＿＿＿＿＿．

8. 设函数 $f(x) = \begin{cases} \dfrac{\sin 2x + e^{2ax} - 1}{x}, & x \neq 0 \\ a, & x = 0 \end{cases}$ 在 $(-\infty, +\infty)$ 内连续，则 $a = $ ＿＿＿＿．

9. 已知 $\lim\limits_{x \to 0} \dfrac{\sin x}{e^x - a}(\cos x - b) = 5$，则 $a = $ ＿＿＿＿，$b = $ ＿＿＿＿．

10. 已知 $\lim\limits_{x \to +\infty}\left(\dfrac{1}{2}x - \sqrt{ax^2 + bx - 2}\right) = -1$，则 $a = $ ＿＿＿＿，$b = $ ＿＿＿＿．

11. 求下列函数的极限：

(1) $\lim\limits_{x\to 1}\dfrac{\sqrt[3]{x}-1}{\sqrt{x}-1}$；

(2) $\lim\limits_{x\to 1}\dfrac{x+x^2+\cdots+x^n-n}{x-1}$；

(3) $\lim\limits_{x\to 1}\dfrac{\sin(\pi x)}{x^2-3x+2}$；

(4) $\lim\limits_{x\to 0}(\cos x)^{\frac{1}{x^2}}$；

(5) $\lim\limits_{x\to 0}\dfrac{\sin x-\tan x}{3^x+\sqrt{1-x}-2}$；

(6) $\lim\limits_{x\to 0}\left(\dfrac{\sin x}{x}\right)^{\frac{1}{x^2}}$.

【应用练习 1 -2】

1. 【理财收益】某人用 100 万元购买年报酬率为 20% 的股票，分别以按年结算和连续复利结算两种方式计算 5 年和 10 年后的收益.

2. 【还款问题】某人用分期付款的方式从银行贷款 50 万元用于购买商品房，设贷款期限为 10 年，年利率为 4%. 按连续复利计算，10 年后还款的本利和为多少？

3. 【销售预测】推出一种新的电子游戏光盘时，在短期内销售量会迅速增加，然后下降，其函数关系为 $y=\dfrac{200t}{t^2+100}$，试对该产品的长期销售作出预测.

4. 【利息问题】设本金为 1 万元，年利率为 10%，存款 1 年.（1）按复利计算；（2）按连续复利计算.1 年后的本利和各为多少？

5. 【哪一种投资方案合算】某人有 1 万元，想进行投资，现有两种投资方案：

(1) 一年支付一次红利，年利率是 12%；一年分 12 个月按复利支付红利，月利率 1%，哪一种投资方案合算？

(2) 若另按连续复利支付红利又是多少？

6. 【贷款还款总额】某医院 2000 年 5 月 20 日从美国进口一台彩色超声波诊断仪，贷款 20 万美元，以复利计息，年利率 4%，2009 年 5 月 20 日到期一次还本付息，试确定贷款到期时还款总额.

(1) 若一年计息 2 期；

(2) 若按连续复利计息.

7. 【传染病传染的人数】假定某种传染病流行 t 天后，感染的人数由下式给出：

$$N=\dfrac{1\,000\,000}{1+5\,000\mathrm{e}^{-0.1t}}$$

问：(1) 如果不加以控制，从长远考虑，将有多少人感染上这种病？

(2) 有可能到某天为止，共有 100 万人染上这种病吗？50 万人呢？25 万人呢？

【数学文化聚焦】祖冲之与圆周率

祖冲之（429—500 年），我国南北朝时期的伟大科学家、数学家，自幼受家庭书墨熏陶，酷爱天文与数学．他天资聪颖，勤奋好学，除了汲取古籍精华之外，又亲身观测实验．史书上记载他"亲量圭尺，躬察仪漏，目尽毫厘，心穷筹策．"

在数学方面，祖冲之求出圆周率 π 在 3.141 592 6 与 3.141 592 7 之间．据数学史界推测，这一结果可能是祖冲之进一步应用刘徽的割圆术求得的，达到很高精确度，保持了 900 多年，直到 15 世纪，才被阿拉伯数学家卡西突破．祖冲之还提出了约率 $\frac{22}{7}$ 和密率 $\frac{355}{113}$，密率 $\frac{355}{113} \approx 3.141\ 592\ 92$ 的精度之高令后人惊叹，比荷兰工程师安托尼兹的同一发现早 1 000 多年．数学家华罗庚深入分析了逼近的最优分数序列 $\frac{22}{7}$，$\frac{333}{106}$，$\frac{335}{113}$，$\frac{103\ 993}{33\ 102}$，$\frac{104\ 348}{33\ 215}$，…，$\frac{355}{113}$ 之后要到 $\frac{103\ 993}{33\ 102}$ 才是另一次最优有理分数．祖冲之的著作《缀术》在当时因"学官莫能究其深奥，是故废而不理．"

在生产应用方面，祖冲之改造了指南车，制作了水碓磨、千里船、漏钟等．他兴趣广泛，才华横溢，在哲学、文学、音乐等方面均有很深的造诣，曾注释《易经》《论语》等，还撰写小说《述异记》十卷．

祖冲之的杰出成就是世界科学史上的光辉篇章，他的伟大贡献备受后人瞩目，月球上发现的重要山脉中有"祖冲之山"，以纪念这位伟大的中国科学家．

应用三　边际分析和弹性分析——导数与微分

边际分析和弹性分析是导数在经济分析中的重要应用，两者都是经济分析中最基本的分析方法.

边际分析源于数学中的增量分析，是考察一个或几个自变量发生微小变动时，因变量如何随之变动. 边际分析把导数引入了经济学，从此，许多经济现象开始由定性分析转入定量分析. 西方经济学家非常重视边际分析方法，把边际分析方法的发现和应用看成一场"边际革命". 自 19 世纪 70 年代"边际革命"兴起后，边际概念和边际分析方法立刻广泛传播，并构成西方经济学的重要组成部分.

在这个应用中，先来学习边际分析方法，以帮助我们科学理性地分析经济现象，把握经济规律，从而为我们做出最优决策提供依据.

●问题 1.3.1　增产 1 吨，利润如何变化？

如果某产品投放市场获得的利润 L 是日产量 q（吨）的函数 $L(q) = 240q - 3q^2 - 1500$，问：

(1) 当日产量为 30 吨时，再增产 1 吨，利润如何变化？

(2) 当日产量为 39 吨时，再增产 1 吨，利润如何变化？

(3) 当日产量为 40 吨时，再增产 1 吨，利润如何变化？

(4) 当日产量为 45 吨时，再增产 1 吨，利润如何变化？

(5) 日产量为多少吨时利润最大？

(6) 当日产量为 q_0 吨时，再增产 1 吨，利润的变化情况如何？

问题 1.3.1　解答

(1) 产量为 30 吨时再增产 1 吨就是 31 吨，求利润变化就是求 $\Delta L = L(31) - L(30)$ 的值，$\Delta L = L(31) - L(30) = 3057 - 3000 = 57$.

(2) 产量为 39 吨时再增产 1 吨就是 40 吨，求利润变化就是求 $\Delta L = L(40) - L(39)$ 的值，$\Delta L = L(40) - L(39) = 3300 - 3297 = 3$.

(3) 产量为 40 吨时再增产 1 吨就是 41 吨，求利润变化就是求 $\Delta L = L(41) - L(40)$ 的值，$\Delta L = L(41) - L(40) = 3297 - 3300 = -3$.

(4) 产量为 45 吨时再增产 1 吨就是 46 吨，求利润变化就是求 $\Delta L = L(46) - L(45)$ 的值，$\Delta L = L(46) - L(45) = 3192 - 3225 = -33$.

(5) 由（2）和（3）知：当日产量为 40 吨时少生产 1 吨或多生产 1 吨，利润都将减少 3，所以日产量 40 吨是个限值，超过或低于这个产量利润都会减少，也就是说，当日产量为 40 吨时，利润最大.

也可由二次函数 $L(q) = 240q - 3q^2 - 1500$，得 $q = -\dfrac{240}{2 \times (-3)} = 40$ 时，利润函

数的最大值为 L（40）＝3 300.

（6）当日产量 q_0 吨时，再增产 1 吨，利润的变化为 $\Delta L = L(q_0 + 1) - L(q_0) = 237 - 6q_0$.

上述问题计算了产量每变化 1 个单位时利润的变化情况，这在经济学上就是边际利润问题，也就是边际分析.

相关知识：导数的定义；导数的几何意义；导数运算；边际函数

1. 导数的定义

定义 1.3.1 设函数 $y = f(x)$ 在点 x_0 的某个邻域内有定义，当自变量在点 x_0 处取得改变量 Δx（$\neq 0$）时，函数 $f(x)$ 取得相应的改变量 $\Delta y = f(x_0 + \Delta x) - f(x_0)$. 如果当 $\Delta x \to 0$ 时，$\lim\limits_{\Delta x \to 0} \dfrac{\Delta y}{\Delta x} = \lim\limits_{\Delta x \to 0} \dfrac{f(x_0 + \Delta x) - f(x_0)}{\Delta x}$ 存在，则称此极限值为函数 $y = f(x)$ 在点 x_0 的**导数**，记作 $f'(x_0)$，或 $y'|_{x = x_0}$，或 $\dfrac{\mathrm{d}y}{\mathrm{d}x}|_{x = x_0}$，或 $\dfrac{\mathrm{d}f}{\mathrm{d}x}|_{x = x_0}$，也称函数 $f(x)$ 在点 x_0 可导；如果 $\lim\limits_{\Delta x \to 0} \dfrac{\Delta y}{\Delta x}$ 不存在，则称函数在点 x_0 不可导.

若 $f(x)$ 在区间 (a, b) 内可导，则对于区间 (a, b) 内的每一个 x，都有一个导数值 $f'(x)$ 与之对应，所以 $f'(x)$ 也是 x 的函数，叫做 $f(x)$ 的**导函数**，简称**导数**. 记作 $f'(x)$，或 y'，或 $\dfrac{\mathrm{d}y}{\mathrm{d}x}$，或 $\dfrac{\mathrm{d}f}{\mathrm{d}x}$. 导数描述了函数随自变量变化而变化的快慢程度，即函数的变化率.

2. 导数的几何意义

设曲线 L 是函数 $y = f(x)$ 的图形. M_0 是 L 上的一个定点，它的横坐标是 x_0，求曲线 L 在点 M_0 处的切线.

在曲线 L 上另取一点 M，则它的横坐标可以表示为 $x_0 + \Delta x$，作割线 $M_0 M$，作 $M_0 R$ 平行于 x 轴，则 $\angle M M_0 R$ 等于割线 $M_0 M$ 与 x 轴的夹角，记作 φ，如图 1-3-1 所示，于是 $M_0 M$ 的斜率为

图 1-3-1

$$\tan \varphi = \frac{\Delta y}{\Delta x} = \frac{f(x_0 + \Delta x) - f(x_0)}{\Delta x}$$

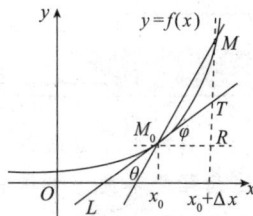

现在使点 M 沿曲线 L 移动，逐渐移近点 M_0，则割线 $M_0 M$ 的位置也随着变动，当点 M 趋向于点 M_0 时，割线的极限位置为 $M_0 T$，直线 $M_0 T$ 称为曲线 L 在点 M_0 处的切线. 这时，φ 也趋向于 $M_0 T$ 与 x 轴的夹角 θ，因而切线 $M_0 T$ 的斜率为

$$k = \tan \theta = \lim_{\varphi \to \theta} \tan \varphi = \lim_{\Delta x \to 0} \frac{\Delta y}{\Delta x} = \lim_{\Delta x \to 0} \frac{f(x_0 + \Delta x) - f(x_0)}{\Delta x}$$

因此函数 $y = f(x)$ 在点 x_0 处的导数 $f'(x_0)$ 就是曲线 $y = f(x)$ 在点 $M_0(x_0, y_0)$ 处

的切线 M_0T 的斜率，$k = \tan\theta = f'(x_0)$. 这就是导数的几何意义.

例1 求曲线 $y = x^2$ 在点 $(1,1)$ 处的切线方程和法线方程.

解 由导数的几何意义得，$k = y'\big|_{x=1} = 2x\big|_{x=1} = 2$.

切线方程为 $y - 1 = 2(x-1)$，整理得 $2x - y - 1 = 0$.

法线方程为 $y - 1 = -\dfrac{1}{2}(x-1)$，整理得 $x + 2y - 3 = 0$.

3. 导数运算

我们要熟悉以下常用的导数计算公式和运算法则.

基本初等函数的导数公式归纳如表 1-3-1 所示.

基本初等函数
求导公式

表 1-3-1

常数函数	(1) $(c)' = 0$ (c 为常数)	
幂函数	(2) $(x^\alpha)' = \alpha x^{\alpha-1}$ （α 为任意实数）	
指数函数	(3) $(a^x)' = a^x \ln a$ $(a>0,\ a \neq 1)$	(4) $(e^x)' = e^x$
对数函数	(5) $(\log_a x)' = \dfrac{1}{x \ln a}$ $(a>0,\ a \neq 1)$	(6) $(\ln x)' = \dfrac{1}{x}$
三角函数	(7) $(\sin x)' = \cos x$	(8) $(\cos x)' = -\sin x$
	(9) $(\tan x)' = \sec^2 x = \dfrac{1}{\cos^2 x}$	(10) $(\cot x)' = -\csc^2 x = -\dfrac{1}{\sin^2 x}$
	(11) $(\sec x)' = \sec x \cdot \tan x$	(12) $(\csc x)' = -\csc x \cdot \cot x$
反三角函数	(13) $(\arcsin x)' = \dfrac{1}{\sqrt{1-x^2}}$	(14) $(\arccos x)' = -\dfrac{1}{\sqrt{1-x^2}}$
	(15) $(\arctan x)' = \dfrac{1}{1+x^2}$	(16) $(\text{arccot}\, x)' = -\dfrac{1}{1+x^2}$

⚙ 砥节砺行

　　在讲解导数时，我们常会碰到一个特殊函数 $y = e^x$. 它的求导结果可以描述为始终不变. 如果将求导看成人生中的一次挫折，那么我们在面对挫折时，应该像 e^x 那样，坚定信念，百折不挠，始终坚持自己的理想，勇敢地面对困难，如党的十九大报告中提出的，不忘初心，方得始终.

导数的四则运算法则如下：

定理 1.3.1 设函数 $u(x)$ 和 $v(x)$ 在点 x 处可导，则

(1) 代数和的导数：

　　$u(x) \pm v(x)$ 在点 x 处也可导，且 $(u \pm v)' = u' \pm v'$.

导数的
四则运算法则

上面的公式可推广到任意有限多个函数的代数和求导，即
$$(u_1 \pm u_2 \pm \cdots \pm u_n)' = u_1' \pm u_2' \pm \cdots \pm u_n'$$

（2）乘积的导数：
$$u(x) \cdot v(x) \text{在点 } x \text{ 处也可导，且} (uv)' = u'v + uv'.$$
特别地，当其中有一个函数为常数 c 时，则有 $(cu)' = cu'$.
上面的公式可推广到任意有限多个可导函数的乘积，例如：
$$(uvw)' = u'vw + uv'w + uvw'$$

（3）商的导数：
$$\frac{u(x)}{v(x)} \text{在点 } x \text{ 处也可导，且} \left(\frac{u}{v}\right)' = \frac{u'v - uv'}{v^2}.$$

例 2 设 $y = 5x^2 + \dfrac{3}{x^3} - 2^x + 4\cos x - e$，求 y'.

解 $y' = 5(x^2)' + 3(x^{-3})' - (2^x)' + 4(\cos x)' - (e)'$

$\qquad = 5 \times 2x + 3 \times (-3) \cdot x^{-4} - 2^x \ln 2 + 4(-\sin x) - 0$

$\qquad = 10x - \dfrac{9}{x^4} - 2^x \ln 2 - 4\sin x.$

例 3 设 $y = x \sin x \ln x$，求 $\dfrac{dy}{dx}$.

解 $\dfrac{dy}{dx} = (x)' \sin x \ln x + x(\sin x)' \ln x + x \sin x (\ln x)'$

$\qquad = 1 \cdot \sin x \ln x + x \cos x \ln x + x \sin x \cdot \dfrac{1}{x}$

$\qquad = \sin x \ln x + x \cos x \ln x + \sin x.$

例 4 已知 $f(x) = \dfrac{x^2 - x + 2}{x + 3}$，求 $f'(1)$.

解 $f'(x) = \dfrac{(x^2 - x + 2)'(x + 3) - (x^2 - x + 2)(x + 3)'}{(x + 3)^2}$

$\qquad = \dfrac{(2x - 1)(x + 3) - (x^2 - x + 2) \cdot 1}{(x + 3)^2} = \dfrac{x^2 + 6x - 5}{(x + 3)^2}.$

$f'(1) = \dfrac{1^2 + 6 \times 1 - 5}{(1 + 3)^2} = \dfrac{1}{8}.$

例 5 求 $y = \tan x$ 的导数.

解 因为 $y = \dfrac{\sin x}{\cos x}$，所以

$$y' = \frac{(\sin x)' \cos x - \sin x (\cos x)'}{(\cos x)^2} = \frac{\cos^2 x + \sin^2 x}{\cos^2 x} = \frac{1}{\cos^2 x} = \sec^2 x$$

即
$$(\tan x)' = \frac{1}{\cos^2 x} = \sec^2 x$$

用同样方法可以得到

$$(\cot x)' = -\frac{1}{\sin^2 x} = -\csc^2 x$$

4. 边际函数

定义 1.3.2　设经济函数 $f(x)$ 可导，则导函数 $f'(x)$ 在经济学上称为**边际函数**. 而 $f'(x_0)$ 是 $f(x)$ 在 $x = x_0$ 处的**边际函数值**.

当自变量 x 在点 x_0 处变化 1 个单位即 $\Delta x = 1$ 时，函数的改变量（增量）为 $f(x_0 + 1) - f(x_0)$. 由于在实际的经济问题中，x 一般是一个比较大的量，而 $\Delta x = 1$ 就可以看作一个相对较小的量，因此，可以用平均意义上的边际 $\Delta y / \Delta x$ 近似地代替在点 x_0 处的边际，即 $\Delta y = f(x_0 + 1) - f(x_0) \approx f'(x_0)$ ①.

式①表明，当点 x 在点 x_0 处产生 1 个单位的变化时，y 将近似改变 $f'(x_0)$ 个单位. 在应用中解释边际函数值的实际意义时，常略去"近似"二字，即边际函数值 $f'(x_0)$ 表示在点 x_0 处，当 x 产生 1 个单位的变化时，y 将改变 $f'(x_0)$ 个单位.

在经济学中常用到以下边际函数：

1）边际成本

设某产品产量为 q 单位时所需的总成本为 $C = C(q)$. 总成本 $C(q)$ 关于产量 q 的导数 $C'(q)$ 称为边际成本，其经济含义：当产量为 q 时，再多生产一个单位产品（$\Delta q = 1$）所增加的成本.

2）边际收入

设某产品的销售量为 q 时的收入函数为 $R = R(q)$. 总收入函数 $R(q)$ 关于销售量 q 的导数 $R'(q)$ 称为边际收入. 其经济含义：当销售量为 q 时，再多销售一个单位产品（$\Delta q = 1$）所增加的收入.

3）边际利润

设某产品的销售量为 q 时的利润函数为 $L = L(q)$，称 $L'(q)$ 为销售量为 q 时的边际利润，其经济含义：当销售量为 q 时，再多销售一个单位产品（$\Delta q = 1$）所增加的利润.

$L'(q) = R'(q) - C'(q)$，即边际利润为边际收入与边际成本之差.

在问题 1.3.1 中，当日产量为 $q = 40$ 时所获利润，此时边际利润 $L'(40) = 240 - 6 \times 40 = 0$，这表明：当 $L'(q) = 0$ 即 $R'(q) = C'(q)$ 时所获利润最大. 由此得到经济学中的一条著名定律：当边际收入（MR）等于边际成本（MC）时利润最大.

4）边际需求

设某产品的价格为 p 时的需求函数为 $Q = Q(p)$，当 $Q(p)$ 可导时，称 $Q'(p)$ 为价格为 p 时的边际需求，其经济含义：当价格为 p 时，价格上涨（或下降）1 个单位，需求量将减少（或增加）的数量.

● **问题 1.3.2　总成本、平均成本与边际成本**

某产品产量为 q（单位：吨）时，总成本函数（单位：元）为 $C(q) =$

$1\,000 + 7q + 50\sqrt{q}.$

求：（1）产量为 100 吨时的总成本；

（2）产量为 100 吨时的平均成本；

（3）产量从 100 吨增加到 225 吨时，总成本的平均变化率；

（4）产量为 100 吨时，总成本的变化率（边际成本）.

问题 1.3.2　解答

（1）产量为 100 吨时的总成本为

$$C(100) = 1\,000 + 7 \times 100 + 50\sqrt{100} = 2\,200 \text{（元）}$$

（2）产量为 100 吨时的平均成本为

$$\bar{C}(100) = \frac{C(100)}{100} = 22 \text{（元/吨）}$$

（3）产量从 100 吨增加到 225 吨时，总成本的平均变化率为

$$\frac{\Delta C}{\Delta q} = \frac{C(225) - C(100)}{225 - 100} = \frac{3\,325 - 2\,200}{125} = 9 \text{（元/吨）}$$

（4）产量为 100 吨时，总成本的变化率即边际成本为

$$C'(100) = (1\,000 + 7q + 50\sqrt{q})' \Big|_{q=100} = \left(7 + \frac{25}{\sqrt{q}}\right)\Bigg|_{q=100} = 9.5 \text{（元）}$$

这个结论的经济含义：当产量为 100 吨时，再多生产 1 吨所增加的成本为 9.5 元.

●问题 1.3.3　需求的变化速度与边际收入

某产品由一企业垄断生产，其产品的需求函数为 $q = 100 - 5p$. 求：

（1）需求的变化速度并说明其经济含义；

（2）边际收入函数，以及 $q = 49$，50，51 时的边际收入并说明其经济含义；

（3）企业产量为多少时收入最大？

问题 1.3.3　解答

（1）需求的变化速度就是需求的变化率，即边际需求 $q' = -5$，其经济含义：当价格为 p 时，价格上涨 1 单位，需求量将减少 5 单位.

（2）收入函数为 $R(q) = pq$，式中的销售价格 p 需要从需求函数中反解出来，即 $p = \dfrac{1}{5}(100 - q)$，于是收入函数为 $R(q) = \dfrac{1}{5}(100 - q)q$，边际收入函数为 $R'(q) = \dfrac{1}{5}(100 - 2q)$.

$R'(49) = 0.4$，其经济含义：当产量为 49 时，再增加 1 单位产量收入将增加 0.4 单位.

$R'(50) = 0$，其经济含义：当产量为 50 时，再增加 1 单位产量收入将保持不变.

$R'(51) = -0.4$，其经济含义：当产量为 51 时，再增加 1 单位产量收入将减少 0.4 单位.

当 $q < 50$ 时，$R'(q) > 0$，此时产量增加使收入增加；当 $q > 50$ 时，$R'(q) < 0$，此时产量增加使收入减少. 由此可见，当产量为 50 时收入最大.

在边际分析中，我们讨论的函数的改变量（增量）和函数变化率实际上是绝对改变量（增量）和绝对变化率. 但在经济活动中，仅仅用绝对改变量（增量）和绝对变化率还不能对问题进行更深入的分析.

●问题 1.3.4　哪种商品降价多？

冰箱与服装价格变化对比如表 1-3-2 所示.

表 1-3-2

调价前单价→调价后单价	绝对改变量	相对改变量
冰箱 2 900 元→2 780 元	2 780 - 2 900 = -120(元)	降幅 120/2 900 ≈ 4%
某品牌服装 300 元→180 元	180 - 300 = -120(元)	降幅 120/300 = 40%

根据表 1-3-2 中数据，你认为冰箱与服装哪个降价多？

相关知识：绝对改变量与相对改变量

设变量 t 由初值 t_0 改变到终值 t_1，则 $\Delta t = t_1 - t_0$ 称为变量 t 在点 t_0 处的绝对改变量，$\dfrac{\Delta t}{t_0}$ 称为变量 t 在点 t_0 处的相对改变量. 不难看出，绝对改变量指的是改变量的具体数值. 而相对改变量则描述了改变量相对于初始值的变化幅度（后者常常用百分数来表示）. 从某种意义上说，相对改变量更能反映变化的实质.

问题 1.3.4　解答

显然这个问题不能一概而论. 从绝对改变量看，两种商品的价格下降数量是一样的，但从相对改变量来看，服装的下降幅度比冰箱的下降幅度要大得多.

从上面这个问题看，我们有必要研究函数的相对改变量（增量）和相对变化率. 在经济活动中，如果两个经济变量间存在一定的函数关系，我们亦需考虑一个经济变量的变化对另一个经济变量的影响程度，这个影响程度就是弹性. 弹性是经济学中的另一个重要概念，用来描述一个经济变量对另一个经济变量变化的敏感程度，即一个经济变量变动 1% 会使另一个变量变动百分之几.

下面开始学习弹性分析方法，以帮助我们科学理性地分析经济现象，把握经济规律，从而为做出最优决策提供依据.

相关知识：弹性的定义；需求价格弹性；收益价格弹性

1. 弹性的定义

定义 1. 3. 3　设函数 $y = f(x)$ 在点 x_0 处可导且 $f(x_0) \neq 0$，函数在点 x_0 处的相对

改变量 $\dfrac{\Delta y}{y_0} = \dfrac{f(x_0 + \Delta x) - f(x_0)}{f(x_0)}$ 与自变量的相对改变量 $\dfrac{\Delta x}{x_0}$ 之比 $\dfrac{\Delta y/y_0}{\Delta x/x_0}$ 称为函数 $y = f(x)$ 在点 x_0 与 $x_0 + \Delta x$ 之间的**平均相对变化率**，又称为**两点间的弹性**或**弧弹性**.

如果极限 $\lim\limits_{\Delta x \to 0} \dfrac{\Delta y/y_0}{\Delta x/x_0} = \lim\limits_{\Delta x \to 0} \dfrac{x_0}{f(x_0)} \cdot \dfrac{\Delta y}{\Delta x}$ 存在，则称此极限值为函数 $y = f(x)$ 在点 x_0 处的**相对变化率**，又称为**点弹性**，记作 $E_x \big|_{x = x_0}$ 或 $\dfrac{E_y}{E_x}\bigg|_{x = x_0}$ 或 $\dfrac{E}{E_x} f(x)\bigg|_{x = x_0}$，即

$$E_x \big|_{x = x_0} = \frac{x_0}{f(x_0)} \cdot f'(x_0)$$

如果函数 $y = f(x)$ 在区间 (a, b) 内的每一点处都存在弹性，则称函数 $y = f(x)$ 在区间 (a, b) 内有弹性，它是 x 的函数，一般记作 $E_x = \dfrac{x}{f(x)} \cdot f'(x)$，称为函数 $y = f(x)$ 在区间 (a, b) 内的**点弹性函数**，简称**弹性函数**.

弹性函数 E_x 与任何度量单位无关. 函数 $y = f(x)$ 在点 x 处的弹性反映了自变量 x 的变化幅度 $\dfrac{\Delta x}{x}$ 对因变量 y 的变化幅度 $\dfrac{\Delta y}{y}$ 的影响大小，也就是函数 $y = f(x)$ 对 x 的变化反应的强烈程度或灵敏度.

弹性的经济学意义如下：

当 Δx 充分小时，$E_x \approx \dfrac{\Delta y/y}{\Delta x/x}$，即 $\dfrac{\Delta y}{y} \approx E_x \cdot \dfrac{\Delta x}{x}$，此式说明如果自变量在点 x 处的相对改变量（增量）为 $\dfrac{\Delta x}{x}\% = 1\%$，则因变量 y 的相对改变量（增量）近似为 $E_x\%$. 习惯上，在应用经济问题中解释弹性的具体意义时，常常略去“近似”二字. 另外，在经济学中，经常需要在不同量之间进行比较，而这些量使用的计量单位未必一定相同，例如，边际是有量纲的量，对于不同质的商品之间不便于比较. 由弹性的定义可以看出，弹性是一个量纲为 1 的量，因此，它便于分析有多种商品的市场，可用于考察经济量的变动敏感度.

2. 需求价格弹性

定义 1. 3. 4　设某商品的需求函数 $Q = Q(P)$ 可导，称

$$E_d(P) = \lim_{\Delta P \to 0} \frac{\Delta Q}{\Delta P} \cdot \frac{P}{Q} = \frac{P}{Q} \cdot \frac{\mathrm{d}Q}{\mathrm{d}P}$$

为需求函数在价格 P 处的**需求价格弹性**，简称**需求弹性**.

需求弹性 E_d 表示某商品需求量 Q 对价格 P 变动的敏感程度. 一般情况下，由于

$P > 0$，$Q(P) > 0$，而 $Q'(P) < 0$（需求函数为价格的单调减少函数），因此 $E_d < 0$. 在经济学上，常用 $|E_d|$ 表示价格 P 变动时需求量 Q 的变化幅度，即 $|E_d| = -\dfrac{P}{Q} Q'(P)$.

需求弹性 E_d 的经济意义表示在价格为 P 时，如果价格提高（或降低）1%，需求 Q 将减少（或增加）$|E_d|$%.

需求价格弹性的特点：

（1）$|E_d| = 0$：完全无弹性——价格再怎样变动，需求量都不会变动（如火葬、特效药等）.

（2）$|E_d| = \infty$：弹性无穷大——在既定价格上，需求量无限；一旦高于该价格，需求量为 0（商品严重短缺时）.

（3）$|E_d| = 1$：单位弹性——需求量与价格按同一比率变动而总收益不会随价格的变动而变动. 此时价格没有必要调整.

（4）$|E_d| < 1$：缺乏弹性或低弹性——需求量变动的比率小于价格变动的比率，价格提高（或降低）1% 所引起的需求减少（或增加）的幅度不会超过 1%，该商品的需求对价格波动的反应不敏感（如生活必需品），此时总收益与价格的变动方向相同，可适当提价以增加收益.

（5）$|E_d| > 1$：富有弹性——需求量变动的比率大于价格变动的比率，即价格提高（或降低）1% 所引起的需求减少（或增加）的幅度将超过 1%，该商品的需求对价格波动的反应是敏感的（如奢侈品）. 此时，总收益与价格的变动方向相反，应降价促销以增加收益.

3. 收益价格弹性

在商品经济中，商品经营者关心的是价格的变化对销售总收益的影响. 利用需求弹性的概念可以分析价格变动是如何影响销售收益的，并由此得出相应的销售策略.

定义 1.3.5 设某商品的销售收益函数 $R = R(P)$ 可导，称

$$E_r(P) = \lim_{\Delta P \to 0} \frac{\Delta R}{\Delta P} \cdot \frac{P}{R} = \frac{P}{R} \cdot \frac{\mathrm{d}R}{\mathrm{d}P}$$

为收益函数在价格 P 处的**收益价格弹性**，简称**收益弹性**.

由于 $R(P) = P \cdot Q$，则 $\dfrac{\mathrm{d}R}{\mathrm{d}P} = \dfrac{\mathrm{d}(PQ)}{\mathrm{d}P} = Q + P\dfrac{\mathrm{d}Q}{\mathrm{d}P}$，因此收益弹性为

$$E_r = \frac{P}{R} \cdot \frac{\mathrm{d}R}{\mathrm{d}P} = \frac{P}{PQ} \cdot \left(Q + P\frac{\mathrm{d}Q}{\mathrm{d}P} \right) = 1 + \frac{P}{Q} \cdot \frac{\mathrm{d}Q}{\mathrm{d}P} = 1 + E_d$$

收益弹性的特点如下：

（1）$E_r > 0$（即 $|E_d| < 1$，商品是低弹性的）：收益随价格同向变动，价格提升，收益增长，应采用提价策略.

（2）$E_r = 0$（即 $|E_d| = 1$，商品是单位弹性的）：收益不随价格的变动而变动，

因此，没有调整价格的必要，此时获得的收益最大.

（3）$E_r < 0$（即$|E_d| > 1$，商品是高弹性的）：收益随价格反向变动，价格降低，收益增长，应采用降价策略.

●问题 1.3.5 如何定价收益最大？

某商品由一企业垄断生产，产品的需求函数为 $Q = 12 - 0.5P$，在 $P = 6$ 及 $P = 18$ 时，若价格上涨 1%，总收益如何变化？价格定为多少时，总收益最大？

问题 1.3.5 分析

价格上涨 1%，相应的总收入增加或减少多少个百分点的问题就是求收益的弹性问题.

问题 1.3.5 解答

需求价格弹性为 $E_d = \dfrac{P}{Q} Q'(P) = \dfrac{P}{12 - 0.5P}(-0.5) = \dfrac{P}{P - 24}$，则收益价格弹性为

$$E_r = 1 + E_d = 1 + \frac{P}{P - 24} = \frac{2P - 24}{P - 24}.$$

所以 $E_r(6) = \dfrac{2 \times 6 - 24}{6 - 24} = \dfrac{2}{3} \approx 0.7$，$E_r(18) = \dfrac{2 \times 18 - 24}{18 - 24} = -2$，即当价格为 6 时，若价格上涨 1%，总收益增加 0.7%；而当价格为 18 时，若价格上涨 1%，总收益减少 2%.

当 $E_r = 0$ 时，总收益最大，即 $\dfrac{2P - 24}{P - 24} = 0$，解得 $P = 12$，故当价格为 12 时总收益最大.

在经济学中，除需求价格弹性、收益价格弹性外，还有供给价格弹性、需求收入弹性、供给收入弹性、产量的资本投入弹性、产量的劳动投入弹性等弹性概念，我们可以根据上面介绍的需求价格弹性，对其他经济变量的弹性进行类似分析.

知识拓展

1. 复合函数求导

定理 1.3.2 设函数 $y = f(u)$ 在点 u 处有导数 $\dfrac{dy}{du} = f'(u)$，函数 $u = \varphi(x)$ 在点 x 处有导数 $\dfrac{du}{dx} = \varphi'(x)$，则复合函数 $y = f[\varphi(x)]$ 在该点 x 处也有导数，且

复合函数
求导法则

$$\frac{dy}{dx} = f'(u) \cdot \varphi'(x) \quad 或 \quad y'_x = y'_u \cdot u'_x \quad 或 \quad \frac{dy}{dx} = \frac{dy}{du} \cdot \frac{du}{dx}.$$

例 6 求下列函数的导数：

（1）$y = \sin^3 x$；   （2）$y = \cos x^2$.

解　（1）因为函数 $y = \sin^3 x$ 是由 $u = \sin x$，$y = u^3$ 复合而成的，则 $y'_x = y'_u \cdot$
$u'_x = 3u^2 \cdot \cos x = 3\sin^2 x \cos x$；

（2）因为函数 $y = \cos x^2$ 是由 $u = x^2$，$y = \cos u$ 复合而成的，则 $y'_x = y'_u \cdot u'_x =$
$-\sin u \cdot 2x = -2x \sin x^2$.

例7　求函数 $y = 2^{\tan\frac{1}{x}}$ 的导数.

解　设 $y = 2^u$，$u = \tan v$，$v = \dfrac{1}{x}$，则

$$y'_x = y'_u \cdot u'_v \cdot v'_x = 2^u \ln 2 \cdot \frac{1}{\cos^2 v} \cdot \left(-\frac{1}{x^2}\right) = -\frac{2^{\tan\frac{1}{x}} \ln 2}{x^2 \cos^2 \frac{1}{x}}$$

注意：用复合函数的求导法则求出来的结果，必须把引进的中间变量回代成原
来自变量的式子. 复合函数求导法则好像链条一样一环扣一环，又称之为链式法则.
运用这个法则的关键是要分清复合函数的层次和结构，即要看清它是怎样由外层到内
层复合而成的，然后由外向内逐层求导数再相乘，既不能重复，也不要遗漏.

在求导的计算过程中，有时除了使用复合函数的求导法则外，可能需要同时使
用导数的四则运算.

例8　求下列函数的导数：

（1）$y = (x+1)\sqrt{3-4x}$；

（2）$y = \left(\dfrac{x}{x^2-3}\right)^n$.

解　（1）$y' = (x+1)'\sqrt{3-4x} + (x+1)(\sqrt{3-4x})'$

$$= \sqrt{3-4x} + (x+1) \cdot \frac{-4}{2\sqrt{3-4x}}$$

$$= \frac{3-4x-2x-2}{\sqrt{3-4x}} = \frac{1-6x}{\sqrt{3-4x}};$$

（2）$y' = n\left(\dfrac{x}{x^2-3}\right)^{n-1} \cdot \left(\dfrac{x}{x^2-3}\right)'$

$$= n\left(\frac{x}{x^2-3}\right)^{n-1} \cdot \frac{(x)'(x^2-3) - x(x^2-3)'}{(x^2-3)^2}$$

$$= n\left(\frac{x}{x^2-3}\right)^{n-1} \cdot \frac{x^2-3-2x^2}{(x^2-3)^2}$$

$$= -\frac{nx^{n-1}(3+x^2)}{(x^2-3)^{n+1}}.$$

隐函数的导数

2. 隐函数求导

把函数 y 直接表示成自变量 x 的函数 $y = f(x)$，称为显函数；由未解出因变量
的方程 $F(x,y) = 0$ 所确定的 y 与 x 之间的函数关系为隐函数. 例如，$x^2 + y^2 = 4$，

$xy = e^{\frac{x}{y}}$，$\sin(x^2 y) - 5x = 0$，$e^x + e^y - xy = 0$，$2x^2 - y + 4 = 0$ 等.

隐函数求导的方法：方程两端同时对 x 求导，遇到含有 y 的项，先对 y 求导，再乘以 y 对 x 的导数 y'，得到一个含有 y' 的方程式，然后从中解出 y' 即可.

例 9 求由方程 $x^2 + y^2 = 4$ 所确定的隐函数 y 的导数 y'.

解 因为方程 $x^2 + y^2 = 4$ 确定 y 为 x 的函数，记为 $y = f(x)$，即方程可写成
$$x^2 + f^2(x) = 4$$
其中 $f^2(x)$ 是通过中间变量 y 对 x 的复合函数，恒等式两边对 x 求导，得
$$(x^2)' + [f^2(x)]' = (4)'$$
即
$$2x + 2f(x) \cdot f'(x) = 0$$
所以
$$y' = f'(x) = -\frac{x}{y}$$

注：若 y 确定为 x 的隐函数，则只需等式两边同时对 x 求导，而在此过程中，把 y 视为中间变量.

例 10 求由方程 $e^y = xy$ 所确定的隐函数 y 的导数.

解 方程两边同时对 x 求导，得 $e^y \cdot y' = x'y + xy'$，即 $e^y \cdot y' = y + xy'$，$y' = \frac{y}{e^y - x}$.

例 11 求曲线 $xy + \ln y = 1$ 在点 $M(1,1)$ 处的切线方程.

解 先求由 $xy + \ln y = 1$ 所确定的隐函数的导数. 方程两边同时对 x 求导，得 $(xy)' + (\ln y)' = (1)'$，即
$$y + xy' + \frac{1}{y} \cdot y' = 0$$
解出 y'，得
$$y' = \frac{-y}{x + \frac{1}{y}} = -\frac{y^2}{xy + 1}$$
在点 $M(1,1)$ 处，
$$y'\Big|_{\substack{x=1 \\ y=1}} = -\frac{1}{2}$$
于是，在点 $M(1, 1)$ 处的切线方程为
$$y - 1 = -\frac{1}{2}(x - 1)$$
即
$$x + 2y - 3 = 0$$

我们也经常遇到这样情形，虽然给定的函数是显函数，但直接求它的导数很困难或很麻烦，例如一种因子之幂的连乘积的函数和幂指函数 $y = u^v$（其中 u、v 都是 x 的函数，且 $u > 0$）. 对于这两类函数，可以通过两边取对数，转化成隐函数，然后按隐函数的求导方法求出导数 y'，这种方法称为取对数求导法，可以使计算简单得多.

例 12 求函数 $y = \sqrt[3]{\frac{x(3x-1)^2}{(5x+3)(2-x)}}$ $\left(\frac{1}{3} < x < 2\right)$ 的导数.

解 两边取对数，有

$$\ln y = \frac{1}{3}\left[\ln x + 2\ln(3x-1) - \ln(5x+3) - \ln(2-x)\right]$$

方程两边同时对 x 求导，可得

$$\frac{1}{y} \cdot y' = \frac{1}{3}\left(\frac{1}{x} + 2 \cdot \frac{3}{3x-1} - \frac{5}{5x+3} - \frac{-1}{2-x}\right)$$

即

$$y' = \frac{1}{3}\sqrt[3]{\frac{x(3x-1)}{(5x+3)(2-x)}}\left(\frac{1}{x} + \frac{6}{3x-1} - \frac{5}{5x+3} + \frac{1}{2-x}\right)$$

例 13 求 $y = x^{\sin x}$ 的导数 $(x>0)$.

解 两边取对数，有

$$\ln y = \ln x^{\sin x} = \sin x \ln x$$

两边同时对 x 求导，可得

$$\frac{1}{y} \cdot y' = (\sin x)'\ln x + \sin x(\ln x)' = \cos x \cdot \ln x + \sin x \cdot \frac{1}{x}$$

即

$$y' = x^{\sin x}\left(\cos x \ln x + \frac{1}{x}\sin x\right)$$

3. 高阶导数

一般地，如果 $f'(x)$ 在点 x 处对 x 的导数 $[f'(x)]'$ 存在，则称 $[f'(x)]'$ 为 $f(x)$ 在点 x 处的二阶导数，记作 $f''(x)$，y''，$\dfrac{\mathrm{d}^2 y}{\mathrm{d}x^2}$ 或 $\dfrac{\mathrm{d}^2 f}{\mathrm{d}x^2}$.

高阶导数

相应地，把 $y = f(x)$ 的导数 $y' = f'(x)$ 称为函数 $y = f(x)$ 的一阶导数.

类似地，二阶导数 $f''(x)$ 的导数称为 $f(x)$ 的三阶导数，记作 $f'''(x)$，y'''，$\dfrac{\mathrm{d}^3 y}{\mathrm{d}x^3}$，$\dfrac{\mathrm{d}^3 f}{\mathrm{d}x^3}$；$(n-1)$ 阶导数 $f^{(n-1)}(x)$ 的导数称为 $f(x)$ 的 n 阶导数，记作 $f^{(n)}(x)$，$y^{(n)}$，$\dfrac{\mathrm{d}^n y}{\mathrm{d}x^n}$ 或 $\dfrac{\mathrm{d}^n f}{\mathrm{d}x^n}$.

函数 $y = f(x)$ 在点 x 处具有 n 阶导数，也称 n 阶可导. 二阶及二阶以上各阶导数统称高阶导数. 四阶或四阶以上的导数记作 $f^{(k)}(x)$，$y^{(k)}$，$\dfrac{\mathrm{d}^k y}{\mathrm{d}x^k}$，$\dfrac{\mathrm{d}^k f}{\mathrm{d}x^k}$ $(k \geq 4)$.

例 14 设 $f(x) = x^2 \ln x$，求 $f'''(2)$.

解 $f'(x) = 2x\ln x + x$，$f''(x) = 2\ln x + 3$，$f'''(x) = \dfrac{2}{x}$，$f'''(2) = 1$.

例 15 求函数 $y = a^x$ 的 n 阶导数.

解 $y' = a^x\ln a$，$y'' = a^x(\ln a)^2$，$\cdots$，$y^{(n)} = a^x(\ln a)^n$.

例 16 求函数 $y = x^n$ 的 n 阶导数.

解 $y' = nx^{n-1}$，$y'' = n(n-1)x^{n-2}$，$y''' = n(n-1)(n-2)x^{n-3}$，$\cdots$，

$$y^{(n-1)} = n(n-1)(n-2) \times \cdots \times 3 \times 2x,$$

所以 $y^{(n)} = n!$.

例 17　求函数 $y = \sin x$ 的 n 阶导数.

$$y' = (\sin x)' = \cos x = \sin\left(x + \frac{1}{2}\pi\right)$$

$$y'' = (\cos x)' = -\sin x = \sin\left(x + \frac{2}{2}\pi\right)$$

$$y''' = (-\sin x)' = -\cos x = \sin\left(x + \frac{3}{2}\pi\right)$$

……

一般地，可得 $(\sin x)^{(n)} = \sin\left(x + \dfrac{n}{2}\pi\right)$ $(n = 1, 2, \cdots)$.

同理，可得 $(\cos x)^{(n)} = \cos\left(x + \dfrac{n}{2}\pi\right)$ $(n = 1, 2, \cdots)$.

洛必达法则

4. 洛必达法则

在极限中形如 $\dfrac{0}{0}$，$\dfrac{\infty}{\infty}$ 型的极限称为基本未定式. 下面介绍一种简单有效的求未定式极限的计算方法——洛必达法则.

定理 1.3.3　（**洛必达法则**）若函数 $f(x)$ 与 $g(x)$ 满足条件：

(1) $\lim\limits_{x \to x_0} f(x) = 0$，$\lim\limits_{x \to x_0} g(x) = 0$；（或 $\lim\limits_{x \to x_0} f(x) = \infty$，$\lim\limits_{x \to x_0} g(x) = \infty$）

(2) $f(x)$ 与 $g(x)$ 在点 x_0 的附近（点 x_0 可除外）可导，且 $g'(x) \neq 0$；

(3) $\lim\limits_{x \to x_0} \dfrac{f'(x)}{g'(x)} = A$（或 ∞）.

则 $\lim\limits_{x \to x_0} \dfrac{f(x)}{g(x)} = \lim\limits_{x \to x_0} \dfrac{f'(x)}{g'(x)} = A$（或 ∞）.

注：(1) 定理中若 $x \to x_0^+$，$x \to x_0^-$，$x \to \infty$，$x \to +\infty$，$x \to -\infty$，洛必达法则同样适用，故可简单地表示为 $\lim \dfrac{f(x)}{g(x)} = \lim \dfrac{f'(x)}{g'(x)} = A$（或 ∞）.

(2) 如果 $\lim\limits_{x \to x_0} \dfrac{f'(x)}{g'(x)}$ 仍为 "$\dfrac{0}{0}$" 型 $\left(\text{或} \dfrac{\infty}{\infty} \text{型}\right)$，而函数 $f'(x)$ 与 $g'(x)$ 也满足定理条件，则可继续使用洛必达法则. 应强调指出的是，每次使用时都必须验证条件是否成立.

例 18　$\lim\limits_{x \to 1} \dfrac{x^2 - 2x + 1}{x^2 - 3x + 2} \overset{\left(\frac{0}{0}\right)}{=\!=\!=} \lim\limits_{x \to 1} \dfrac{(x^2 - 2x + 1)'}{(x^2 - 3x + 2)'} = \lim\limits_{x \to 1} \dfrac{2x - 2}{2x - 3} = 0.$

例 19　$\lim\limits_{x \to +\infty} \dfrac{\ln x}{x^n} \overset{\left(\frac{\infty}{\infty}\right)}{=\!=\!=} \lim\limits_{x \to +\infty} \dfrac{(\ln x)'}{(x^n)'} = \lim\limits_{x \to +\infty} \dfrac{\dfrac{1}{x}}{nx^{n-1}} = \lim\limits_{x \to +\infty} \dfrac{1}{nx^n} = 0.$

例 20 $\lim\limits_{x\to+\infty}\dfrac{\dfrac{\pi}{2}-\arctan x}{\dfrac{1}{x}}\left(\dfrac{0}{0}\right)=\lim\limits_{x\to+\infty}\dfrac{-\dfrac{1}{1+x^2}}{-\dfrac{1}{x^2}}=\lim\limits_{x\to+\infty}\dfrac{x^2}{1+x^2}\left(\dfrac{\infty}{\infty}\right)=\lim\limits_{x\to+\infty}\dfrac{2x}{2x}=1.$

其他型未定式：

未定式除基本未定式 $\dfrac{0}{0}$，$\dfrac{\infty}{\infty}$ 外，还有 $0\cdot\infty$，$\infty-\infty$，0^0，∞^0 和 1^∞ 等五种类型，我们主要学习 $0\cdot\infty$ 和 $\infty-\infty$ 型，这两种类型的未定式可通过适当的恒等变形转化为基本未定式.

例 21 $\lim\limits_{x\to0^+}x\ln x\xlongequal{(0\cdot\infty)}\lim\limits_{x\to0^+}\dfrac{\ln x}{\dfrac{1}{x}}\left(\dfrac{\infty}{\infty}\right)=\lim\limits_{x\to0^+}\dfrac{\dfrac{1}{x}}{-\dfrac{1}{x^2}}=\lim\limits_{x\to0^+}(-x)=0.$

例 22 求 $\lim\limits_{x\to\frac{\pi}{2}}(\sec x-\tan x)$（$\infty-\infty$ 型）.

解 $\begin{aligned}\lim\limits_{x\to\frac{\pi}{2}}(\sec x-\tan x)&=\lim\limits_{x\to\frac{\pi}{2}}\left(\dfrac{1}{\cos x}-\dfrac{\sin x}{\cos x}\right)\\&=\lim\limits_{x\to\frac{\pi}{2}}\dfrac{1-\sin x}{\cos x}\left(\text{已化为}\dfrac{0}{0}\text{型}\right)\\&=\lim\limits_{x\to\frac{\pi}{2}}\dfrac{-\cos x}{-\sin x}=\dfrac{0}{1}=0.\end{aligned}$

洛必达法则为求未定式的极限提供了一个非常有效的方法，但它并不是万能的.

例 23 求 $\lim\limits_{x\to\infty}\dfrac{x+\sin x}{1+x}$.

解 这是 $\dfrac{\infty}{\infty}$ 型未定式，但极限 $\lim\limits_{x\to\infty}\dfrac{f'(x)}{g'(x)}=\lim\limits_{x\to\infty}\dfrac{1+\cos x}{1}$ 不存在，即不满足洛必达法则的第三个条件，所以不能使用洛必达法则，但不能断言原极限不存在. 事实上原极限可由下面的方法求出：$\lim\limits_{x\to\infty}\dfrac{x+\sin x}{1+x}=\lim\limits_{x\to\infty}\dfrac{1+\dfrac{1}{x}\sin x}{\dfrac{1}{x}+1}=1.$

例 24 求 $\lim\limits_{x\to+\infty}\dfrac{\sqrt{1+x^2}}{x}$.

解 $\lim\limits_{x\to+\infty}\dfrac{\sqrt{1+x^2}}{x}=\lim\limits_{x\to+\infty}\dfrac{\dfrac{2x}{2\sqrt{1+x^2}}}{1}=\lim\limits_{x\to+\infty}\dfrac{x}{\sqrt{1+x^2}}=\lim\limits_{x\to+\infty}\dfrac{1}{\dfrac{x}{\sqrt{1+x^2}}}=\lim\limits_{x\to+\infty}\dfrac{\sqrt{1+x^2}}{x}.$

经过两次运用洛必达法则，又回到了原来的形式，这说明洛必达法则失效，此

例可按如下方法计算:

$$\lim_{x \to +\infty} \frac{\sqrt{1+x^2}}{x} = \lim_{x \to +\infty} \sqrt{\frac{1+x^2}{x^2}} = \lim_{x \to +\infty} \sqrt{\frac{1}{x^2}+1} = 1$$

从以上两例可以看出,洛必达法则的条件是充分的而不是必要的.若运用该法则不能解决某未定式的极限问题,并不意味着该未定式的极限不存在,而应考虑使用其他方法.

5. 微分

我们讲过导数表示函数在点 x 处的变化率,它描述函数在点 x 处变化的快慢程度,但有时我们还需要了解函数在某一点处当自变量有一个微小的改变量时,函数所取得的相应改变量,而用公式 $\Delta y = f(x + \Delta x) - f(x)$ 计算往往比较麻烦,于是我们想到要寻求一种当 Δx 很小时,能近似代替 Δy 并且容易计算的量.

【薄片面积的改变量】一个正方形金属薄片因受温度的影响,其边长由 x_0 变到 $x_0 + \Delta x$,问:此薄片的面积增长了多少?

设此薄片的边长为 x_0,其面积为 $A = x_0^2$,则当边长发生改变时,相应面积的改变量为

$$\Delta A = (x_0 + \Delta x)^2 - x_0^2 = 2x_0\Delta x + (\Delta x)^2$$

从上式可以看出,ΔA 分成两个部分,第一部分 $2x_0\Delta x$ 是 Δx 的线性函数,如图 $1-3-2$ 所示,带有斜线的两个矩形面积之和,而第二部分 $(\Delta x)^2$ 是图中带有交叉线的小正方形的面积.

假设取 $x_0 = 1$,$\Delta x = 0.01$ 时,Δx 相对于 x_0 是一个微小的改变量,相应面积的改变量为 $\Delta A = (1 + 0.01)^2 - 1^2 = 2 \times 1 \times 0.01 + (0.01)^2 = 0.020\ 1$.

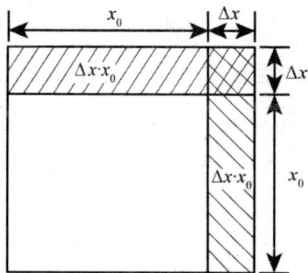

图 $1-3-2$

虽然算出了面积改变量的精确值,但在实际应用中,一般保留小数点后两位,即取近似值 0.02,也就是说,面积改变量 ΔA 的第二部分 $(\Delta x)^2$ 被省略了,这是因为 $(\Delta x)^2 = 0.000\ 1$ 比 Δx 还要小,对 ΔA 的影响微乎其微,可以忽略不计.

当 $\Delta x \to 0$ 时,第二部分 $(\Delta x)^2$ 是比 Δx 高阶的无穷小,即 $(\Delta x)^2$ 趋近于零的速度比 Δx 要快,而第一部分 $2x_0\Delta x$ 中的 $2x_0$ 恰好是 x^2 在点 x_0 处的导数,因此,ΔA 可改写为

$$\Delta A = (x^2)'\big|_{x=x_0}\Delta x + \Delta x \text{ 的高阶无穷小}$$

【铁块体积的改变量】为了防止正方体铁块生锈,可以在其表面镀上一层不易生锈的金属锌,试问:镀锌后体积增加了多少?

设铁块的棱长为 x_0,体积为 $V = x_0^3$,镀锌后棱长改变量为 Δx,体积改变量为 ΔV,

$$\Delta V = (x_0 + \Delta x)^3 - x_0^3 = 3x_0^2 \Delta x + 3x_0 (\Delta x)^2 + (\Delta x)^3$$

假设取 $x_0 = 1$，$\Delta x = 0.01$ 时，Δx 相对于 x_0 是一个微小的改变量，相应体积改变量为

$$\begin{aligned} \Delta V &= (1 + 0.01)^3 - 1^3 \\ &= 3 \times 1^2 \times 0.01 + 3 \times 1 \times 0.01^2 + 0.01^3 \\ &= 0.030\ 301 \end{aligned}$$

虽然算出了体积改变量的精确值，但在实际应用中，一般保留小数点后两位，即取近似值 0.03，也就是说，体积改变量 ΔV 中 $3x_0(\Delta x)^2 + (\Delta x)^3$ 部分被省略了，这是因为 $3x_0(\Delta x)^2 + (\Delta x)^3 = 0.000\ 301$ 比 Δx 还要小，对 ΔV 的影响微乎其微，可以忽略不计.

当 $\Delta x \to 0$ 时，$3x_0(\Delta x)^2 + (\Delta x)^3$ 是比 Δx 高阶的无穷小，即 $3x_0(\Delta x)^2 + (\Delta x)^3$ 趋近于零的速度比 Δx 要快，而第一部分 $3x_0^2 \Delta x$ 中的 $3x_0^2$ 恰好是 x^3 在点 x_0 处的导数，因此，ΔV 可改写为

$$\Delta V = (x^3)'|_{x=x_0} \Delta x + \Delta x \text{ 的高阶无穷小}$$

上述两个问题的实际意义不同，但都进行相同的数学运算，即函数的改变量可以等于函数在点 x_0 处的导数与自变量改变量 Δx 的乘积加上一个 Δx 的高阶无穷小之和，并且，当 Δx 很小时，函数的改变量可以近似等于这个乘积，并称其为函数的微分，下面给出函数微分的定义.

定义 1.5.6   如果函数 $y = f(x)$ 在点 x_0 处有导数 $f'(x_0)$，则称 $f'(x_0)\Delta x$ 为 $y = f(x)$ 在点 x_0 处的微分，记作 $dy|_{x=x_0}$，即 $dy|_{x=x_0} = f'(x_0)\Delta x$，此时，也称 $y = f(x)$ 在点 x_0 处可微.

例如，"薄片面积的改变量"中金属片面积的改变量 $\Delta A \approx dA|_{x=x_0} = (x^2)'|_{x=x_0} \cdot \Delta x = 2x_0 \Delta x$，"铁块体积的改变量"中铁块体积的改变量 $\Delta V \approx dV = (x^3)'|_{x=x_0} \Delta x = 3x_0^2 \Delta x$.

函数 $y = f(x)$ 在任意点 x 处的微分，叫作函数的微分，记作 $dy = f'(x)\Delta x$.

如果将自变量 x 当作自己的函数 $y = x$，则有 $dx = dy = (x)'\Delta x = \Delta x$，说明自变量的微分 dx 就等于它的改变量 Δx，于是函数的微分可以写成

$$dy = f'(x)dx$$

即 $f'(x) = \dfrac{dy}{dx}$，也就是说，函数的微分 dy 与自变量的微分 dx 之商等于该函数的导数，因此，导数又叫微商.

经常用微分 dy 来近似代替 Δy，可以使计算更简便.

例 25   求函数 $y = \arctan \dfrac{1}{x}$ 在点 $x = 1$ 处的微分 $dy|_{x=1}$.

解　$y' = \dfrac{-\dfrac{1}{x^2}}{1 + \dfrac{1}{x^2}} = -\dfrac{1}{1 + x^2}$，所以 $\mathrm{d}y \big|_{x=1} = -\dfrac{1}{1 + x^2} \bigg|_{x=1} \mathrm{d}x = -\dfrac{1}{2}\mathrm{d}x.$

例 26　求函数 $y = x^3 \mathrm{e}^{2x}$ 的微分 $\mathrm{d}y.$

解　$y' = 3x^2 \mathrm{e}^{2x} + 2x^3 \mathrm{e}^{2x} = x^2 \mathrm{e}^{2x}(3 + 2x)$，所以 $\mathrm{d}y = y'\mathrm{d}x = x^2 \mathrm{e}^{2x}(3 + 2x)\mathrm{d}x.$

下面讨论复合函数的微分.

设 $y = f(u)$ 及 $u = \varphi(x)$ 都可导,则复合函数 $y = f[\varphi(x)]$ 的微分为

$$\mathrm{d}y = y'_x \mathrm{d}x = f'(u)\varphi'(x)\mathrm{d}x$$

由于 $\varphi'(x)\mathrm{d}x = \mathrm{d}u$，因此复合函数 $y = f[\varphi(x)]$ 的微分公式也可以写成

$$\mathrm{d}y = f'(u)\mathrm{d}u \text{ 或 } \mathrm{d}y = y'_u \mathrm{d}u$$

由此可见,无论 u 是自变量还是另一个变量的可微函数,微分形式 $\mathrm{d}y = f'(u)\mathrm{d}u$ 保持不变.这一性质称为微分形式不变性.这个性质表示,当变换自变量时,微分形式 $\mathrm{d}y = f'(u)\mathrm{d}u$ 并不改变.

例 27　求函数 $y = \sin(2x + 1)$ 的微分 $\mathrm{d}y.$

解　把 $2x + 1$ 看成中间变量 u，则 $y = \sin u$，$u = 2x + 1.$

$$\begin{aligned}\mathrm{d}y &= \mathrm{d}(\sin u) = \cos u\,\mathrm{d}u = \cos(2x+1)\mathrm{d}(2x+1)\\ &= \cos(2x+1) \cdot 2\mathrm{d}x = 2\cos(2x+1)\mathrm{d}x\end{aligned}$$

在求复合函数的微分过程中,可以不写出中间变量.

例 28　求函数 $y = \ln(1 + \mathrm{e}^{x^2})$ 的微分 $\mathrm{d}y.$

解

$$\mathrm{d}y = \mathrm{d}\ln(1 + \mathrm{e}^{x^2}) = \frac{1}{1 + \mathrm{e}^{x^2}}\mathrm{d}(1 + \mathrm{e}^{x^2})$$

$$= \frac{1}{1 + \mathrm{e}^{x^2}} \cdot \mathrm{e}^{x^2}\mathrm{d}(x^2) = \frac{1}{1 + \mathrm{e}^{x^2}} \cdot \mathrm{e}^{x^2} \cdot 2x\mathrm{d}x = \frac{2x\mathrm{e}^{x^2}}{1 + \mathrm{e}^{x^2}}\mathrm{d}x$$

另外, 求复合函数的微分还可以直接用微分的定义 $\mathrm{d}y = f'(x)\mathrm{d}x$，即先求出复合函数的导数再乘以 $\mathrm{d}x$ 即可.

【基础练习 1 − 3】

1. 求下列函数的导数:

(1) $y = 3^x + x^3 + 3^2$；

(2) $y = 2\sqrt{x} - \dfrac{1}{x} + 4\sqrt{3} + \sin\dfrac{\pi}{4}$；

(3) $y = x^2(2 + \sqrt{x})$；

(4) $y = x^2 \cdot \sin x \cdot \mathrm{e}^x$；

(5) $y = \dfrac{\ln x}{x}.$

2. 求下列函数的导数:

(1) $y = \mathrm{e}^{-2x^3}$；

(2) $y = \cos(4 - 3x)$；

（3）$y = (\arcsin x)^4$；

（4）$y = \sin^4 \dfrac{x}{2}$；

（5）$y = x^3 \cdot e^{-2x} \cdot \sin 5x$；

（6）$y = 5^{x\ln x}$．

3. 利用隐函数的求导法则求下列函数的导数：

（1）$x^3 + y^3 - 3x^2 y + 2 = 0$；

（2）$xe^y + ye^x = 2$．

4. 求下列函数的高阶导数：

（1）已知 $y = (1 + x^2)\arctan x$，求 $\dfrac{d^2 y}{dx^2}$；

（2）已知 $y = x^2 \cos x$，求 $y''\left(\dfrac{\pi}{2}\right)$；

（3）已知 $y = 2^x$，求 $y^{(n)}$；

（4）已知 $y = x \cdot e^x$，求 $\left.\dfrac{d^n y}{dx^n}\right|_{x=0}$．

5. 用洛必达法则求下列极限：

（1）$\lim\limits_{x \to 0} \dfrac{1 - \cos x}{x^2}$；

（2）$\lim\limits_{x \to 0} \dfrac{e^x - e^{-x}}{\sin x}$；

（3）$\lim\limits_{x \to \infty} \dfrac{\ln(1 + x^2)}{x}$；

（4）$\lim\limits_{x \to 1} \dfrac{x^3 - 3x^2 + 2}{x^3 - x^2 - x + 1}$；

（5）$\lim\limits_{x \to 0} x^2 \cdot e^{\frac{1}{x^2}}$；

（6）$\lim\limits_{x \to 1}\left(\dfrac{x}{x - 1} - \dfrac{1}{\ln x}\right)$．

6. 求曲线 $y = \cos x$ 上点 $\left(\dfrac{\pi}{3}, \dfrac{1}{2}\right)$ 处的切线方程和法线方程．

7. 求下列函数的微分：

（1）$y = \sqrt{2 + 3x^2}$；

（2）$y = x\sin 3x$．

【提高练习 1-3】

1. 设函数 $f(x)$ 在点 $x = x_0$ 处可导，则 $\lim\limits_{\Delta x \to 0} \dfrac{f(x_0 + \Delta x) - f(x_0 - \Delta x)}{\Delta x} = $（   ）．

A. $f'(x_0)$　　　　B. $2f'(x_0)$　　　　C. 0　　　　D. $f'(2x_0)$

2. 设 $f(u)$ 可导，$y = f(2^x)$，则 $dy = $（   ）．

A. $2^x \ln 2 f'(2^x)dx$

B. $\dfrac{2^x}{\ln 2} f'(2^x)dx$

C. $f'(2^x)dx$

D. $2^x f'(2^x)dx$

3. 设 $y^{(n-2)} = x\ln x$，$n > 2$ 为常数，则 $y^{(n)} = $（   ）．

A. $(x + n)\ln x$

B. $\dfrac{1}{x}$

C. $(-1)^n \dfrac{(n-2)!}{x^{n-1}}$

D. 0

4. 设 $f(x) = \begin{cases} x^2 \sin \dfrac{1}{x}, & x > 0, \\ ax + b, & x \leqslant 0 \end{cases}$ 在 $x = 0$ 处可导，则 $a = $＿＿＿＿，$b = $＿＿＿＿．

5. 设 $y = \ln \dfrac{\sqrt{x+1}-1}{\sqrt{x+1}+1}$，则 $dy = \underline{\hspace{4cm}}$.

6. 设 $y = (\tan x)^x + x^{\sin\frac{1}{x}}$，则 $y' = \underline{\hspace{5cm}}$.

7. 曲线 $e^y + xy = e$ 在点 $P(0,1)$ 处的切线方程为 $\underline{\hspace{4cm}}$.

8. 已知 $f(x) = \begin{cases} x^2 \sin \dfrac{1}{x}, & x > 0, \\ \ln(1 - x^3), & x \leqslant 0, \end{cases}$ 求 $f'(x)$.

9. 设函数 $y = \arctan e^x - \ln \sqrt{\dfrac{e^{2x}}{e^{2x}+1}}$，求 $\dfrac{dy}{dx}\Big|_{x=1}$.

10. 利用洛必达法则求极限：

(1) $\lim\limits_{x \to 0} \dfrac{\sqrt{1+2\sin x} - x - 1}{x\ln(1+x)}$;

(2) $\lim\limits_{x \to 0} \dfrac{(1-\cos x)\left[x - \ln(1+\tan x)\right]}{\sin^4 x}$.

【应用练习 1 – 3】

1. 【边际成本、平均成本与总成本】设某产品生产 q 个单位的总成本函数为 $C(q) = 1\,000 + 0.012q^2$（元）. 求：

(1) 生产 1 000 件产品时的总成本和平均成本；

(2) 生产 1 000 件产品时的边际成本.

2. 【边际收入、平均收入与总收入】设生产某种产品 q 个单位时的收入为 $R(q) = 200q - 0.01q^2$，求生产 50 个单位产品时的收入、单位产品的平均收入及边际收入.

3. 【边际成本、边际收入、边际利润】设某产品的总成本函数和收入函数分别为 $C(q) = 3 + 2\sqrt{q}$，$R(q) = \dfrac{5q}{q+1}$，其中 q 为该产品的销售量，求该产品的边际成本、边际收入和边际利润.

4. 【边际需求】某商品的需求函数为 $Q(p) = 75 - p^2$，求 $p = 4$ 时的边际需求，并说明其经济含义.

5. 【边际需求】设巧克力糖每周的需求量 Q 单位（单位：kg）是价格 p 的函数 $Q(p) = \dfrac{1\,000}{(2p+1)^2}$，试求当 $p = 10$（元）时巧克力糖的边际需求，并说明其经济含义.

6. 【边际需求、需求弹性、总收益】商品的需求量 Q 为价格 p 的函数 $Q(p) = 150 - 2p^2$.

(1) 确定 $p = 6$ 时的边际需求，并说明其经济意义；

(2) 确定 $p = 6$ 时的需求弹性，并说明其经济意义；

(3) 当 $p = 6$ 时，若价格下降 1%，总收益将变化百分之几？是增加还是减少？

7. 【边际收益与收益的弹性】某商品的总收益 R 关于销量 Q 的函数 $R(Q) = 104Q - 0.4Q^2$，求：

（1）销量为 Q 时的边际收入；

（2）销量 $Q = 50$ 时的边际收入；

（3）销量 $Q = 100$ 时的总收入 R 对 Q 的弹性.

8. 【需求弹性与边际收益】已知销售某商品的总收益（$R = pQ$）的函数为 $R = 60Q - Q^2$，计算需求弹性为 -2 时的边际收益.

9. 【需求弹性】某人对消费品 x 的需求函数为 $Q = (100 - P)^2$，分别计算价格 $P = 60$，$P = 40$ 时的需求弹性.

10. 【需求的弧弹性】1986 年 7 月，某外国城市公共汽车票价从 32 美分提高到 40 美分，1986 年 8 月底乘客为 880 万人次，与 1985 年同期相比减少了 12%，求需求的弧弹性.

11. 【需求弹性与价格预测】某产品本月售价为 85 元/件，销售量为 4 000 件，经测定需求弹性为 -1.3，预计下月产量为 4 250 件，下月价格应定为多少？

12. 【需求弹性与价格】某企业生产一种商品，年需求量 Q 是价格 P 的线性函数 $Q = a - bP$（a，$b > 0$ 且为常数）. 求：

（1）需求弹性；

（2）需求弹性等于 1 时的价格.

13. 【需求弹性与定价】某城市乘客对公交车票价的需求价格弹性为 0.6，票价为 1 元时日乘客量为 55 万人. 市政府当局计划提价后，净减少的日乘客量控制为 10 万人，新的票价应定为多少？

14. 【扑克牌的弹性】假定扑克牌的市场需求方程为 $Q = 6 \times 10^6 - 10^6 P$，式中 Q 为每年对扑克牌的需求数，P 为价格，单位为美元. 如果价格在每副牌 2 美元的基础上增加 1%，需求价格弹性是多少？并解释其经济含义.

15. 【需求弹性与总收益】某商品的需求量 Q 为价格 P 的函数 $Q = 150 - 2P^2$.

（1）求 $P = 6$ 时的需求弹性，并说明其经济意义；

（2）若价格下降 1%，总收益将变化百分之几？是增加还是减少？

16. 【需求弹性与产品定价】设汽油的需求弹性为 -0.15，其价格现为每加仑 1.20 美元，试问：汽油价格上涨多少美元才能使其消费量减少 10%？

17. 【需求弹性与产品定价】某企业年度预计生产并销售产品 25 000 件. 上一年每件销售价格为 385 元，销售量为 18 500 件，价格弹性为 -3.8，经测定该产品的需求函数为线性函数 $Q = a - bp$（a，$b > 0$ 且为常数）. 问：计划产品价格定为多少较为合理？

【数学文化聚焦】微积分的产生

微积分是微分学和积分学的总称，它是在实数、函数和极限的基础上来研究函数的微分、积分及有关概念和应用的一门数学分支．微积分最重要的思想就是"微元"与"无限逼近"．微元就是将变量无限细分，即微分；无限就是极限，无限逼近就是无限累加并求和式极限，即积分．极限思想是微积分的基础，它用运动的思想观点来看待、处理和解决问题．

微积分是在 17 世纪成为一门学科的，但微分和积分的思想早在古代就已产生．在我国，公元前 4 世纪惠施的"截丈问题"，3 世纪刘徽的"割圆术"和 5—6 世纪祖冲之、祖暅对圆周率、面积及体积的研究，都包含极限和微积分的思想．在欧洲，公元前 3 世纪古希腊的欧几里得、阿基米德所建立的确定面积和体积的方法，也都包含极限和微积分的思想．

在 16 世纪末、17 世纪初，由于受力学问题的研究、函数概念的产生和几何问题可用代数方法来解决等事件的影响，许多数学家开始探索微积分．开普、卡瓦列里和牛顿的老师巴罗等人也研究过这些问题，但是没有形成理论和普遍适用的方法．1638 年，费尔马首次引用字母表示无限小量，并用它来解决极值问题．不久后，他又提出了一个与现代求导过程实质相同的求切线的方法，并用这种方法解决了一些切线问题和极值问题．后来，英格兰学派的格雷果里、瓦里斯继续研究费尔马的工作，用符号"o"表示无限小量，并用它进行求切线的运算．到 17 世纪早期，他们已经建立了一系列求解无限小问题的特殊方法，如求曲线的切线、曲率、极值，求运动的瞬时速度，以及求面积、体积、曲线长度、物体的重心等问题的方法．但他们的工作几乎都局限于一些具体的问题，缺乏普遍性的规律．

17 世纪下半叶，在前人工作的基础上，英国科学家牛顿和德国数学家莱布尼茨分别在自己的国家独自研究和完成了微积分的创立工作．他们的最大功绩是把两个貌似毫不相关的问题联系在一起，一个是切线问题（微分学的中心问题），一个是求积问题（积分学的中心问题）．

牛顿是从物理学观点来研究数学的，他创立的微积分学原理与他的力学研究是分不开的．他发现了力学三大定律和万有引力定律，并于 1687 年出版了《自然哲学的数学原理》．《自然哲学的数学原理》从力学基础的定义和公理（运动定律）出发，将整个力学建立在严谨的数学演绎基础之上．就数学本身而言，《自然哲学的数学原理》不仅深入地应用了牛顿本人创造的分析工具，而且也是牛顿分析学说的首次正式公布，他超越前人的功绩在于：将前人创立的特殊技巧统一为一般的算法，特别是确立了微分与积分这两类运算的互逆关系．

莱布尼茨是从几何学的角度来考虑微积分的．1684 年，他在《学艺》杂志上发表了他的第一篇微分学文章《一种求极大极小和切线的新方法》．他在文章中谈到量的微分概念，提出量的和、差、积、商、根、幂的微分公式，以及微分方法在求切线、求极值等几何问题上的应用．莱布尼茨后来又陆续发表了一些文章，提出了指数、对数的微分公式和微分的进一步应用，他力图找到普遍的方法来解决数学分析中的问题. 就这样，在17世纪70年代中期，莱布尼茨通过研究几何问题，也建立了微积分算法，他所引进的微积分符号"d"和"$\int$"比牛顿用的符号更灵活，更能反映微积分的本质，因而这些符号一直沿用至今.

牛顿和莱布尼茨的工作是各自独立的，牛顿创立微积分要比莱布尼茨早10年左右，但莱布尼茨比牛顿早3年正式公开发表微积分这一理论. 他俩的工作有很大的不同，主要区别：牛顿把x和y的无穷小增量作为求导数的手段，当增量越来越小时，导数实际上就是增量的比的极限；而莱布尼茨却直接用x和y的无穷小增量（就是微分）求出它们之间的关系. 这个差别反映了牛顿的物理学方向和莱布尼茨的几何学方向的不同思维方式. 在物理学方面，需要关注速度、加速度等问题，而几何学却着眼于面积、体积的计算. 牛顿用级数表示函数，而莱布尼茨用有限的形式来实现，他们的工作方式也不同，牛顿是富有经验的、具体的和谨慎的，而莱布尼茨是富于想象的、热衷于推广的和大胆的. 他们对符号的关心度也有差别，牛顿认为用什么符号无关紧要，而莱布尼茨却花费很多时间来选择富有提示性的符号.

19世纪，经过法国数学家柯西、德国数学家维尔斯特拉斯等人的进一步严格化处理，极限理论成了微积分的坚实基础，微积分因此得到进一步发展.

⚙ 砥节砺行

这些数学家有的出身贫困，靠自学完成学业；有的白天工作，只能在业余时间进行研究；有的受历史环境影响，冒着生命的危险坚持学习. 但无论条件如何，他们始终没有放弃自己对数学的热爱，为我们留下了宝贵的数学财富. 微积分是数学中的伟大革命，是高等数学的主要分支，在不同学科中都有极为重要的应用，堪称人类智慧最伟大的成就之一. 因此，我们应重视微积分的学习，要有勇于奋斗、积极向上、自强不息的人生态度和不畏艰险的学习精神.

应用四 简单的经济优化——最值问题

如何有效地利用稀缺资源实现资源的最优配置，是经济学和管理学永恒的话题。当然对不同的目标有不同的资源配置，有不同的决策方案。

一个企业拥有的资源主要是人、财、物等有形资产以及技术、专利、品牌、市场等无形资产，企业资源优化问题主要指企业有形资产资源的优化问题。由于企业是一个复杂的社会大系统，因此影响企业经营的因素成千上万。利用传统的管理模式与管理方法很难使企业供应链协调运转，以功能划分部门的管理模式只在本部门考虑资源配置问题，而无法兼顾其他部门和企业的整体利益。在一个部门看似最优的决策，从企业整体看可能是不优的甚至是低劣的，所以总体考虑，统筹兼顾，协调配置，实现总体效益的最大化，才是最理想的方案。

这就要求我们学习经济优化的分析方法和相关知识。在这个应用模块里，我们将学习一些简单的经济优化模型和计算方法，为进一步学习经济优化建模问题打好基础。

● 问题 1.4.1 工人上班何时效率最高？

对某企业员工的工作效率研究表明，一个班次（8 小时）的中等水平员工早上 8:00 开始工作，在 t 小时后，生产的效率为 $Q(t) = -t^3 + 3t^2 + 9t$，试讨论该班次何时工作效率是提高的，何时工作效率又是下降的。

分析：工作效率由函数 $Q(t) = -t^3 + 3t^2 + 9t$ 决定，其提高与下降即函数的单调增加与单调减少，本问题的讨论范围是 $[0, 8]$。这是一个一元三次函数，分析其单调性需要了解用导数求单调性、极值和最值的方法。

相关知识：导数与单调性；极值；最值和凹凸性

1. 导数与单调性

定理 1.4.1 设函数 $f(x)$ 在区间 $[a, b]$ 上连续，在区间 (a, b) 内可导。

（1）如果在 (a, b) 内，$f'(x) > 0$，那么函数 $f(x)$ 在 (a, b) 内单调增加（见图 1-4-1）。

（2）如果在 (a, b) 内，$f'(x) < 0$，那么函数 $f(x)$ 在 (a, b) 内单调减少（见图 1-4-2）。

注：（1）定理中的开区间换成其他各种区间（包括无穷区间）时，这个定理的结论仍成立。

图 1 – 4 – 1

图 1 – 4 – 2

（2）如果函数的导数仅在一些离散点处为 0，而在其余点处都满足定理条件，则函数单调性结论仍成立．如 $f(x) = x^3$ 在 $(-\infty, +\infty)$ 内除 $x = 0$ 外，处处有 $f'(x) = 3x^2 > 0$，函数 $f(x) = x^3$ 在 $(-\infty, +\infty)$ 内仍是单调增加的．

有时函数在其整个定义域上并不具有单调性，但在其各个子区间上却具有单调性．如图 1 – 4 – 3 所示，函数 $f(x)$ 在区间 $[a, x_1]$，$[x_2, x_3]$ 和 $[x_4, b]$ 上单调增加，在区间 $[x_1, x_2]$ 和 $[x_3, x_4]$ 上单调减少，并且从图上容易看到，函数 $f(x)$ 在单调区间分界点处的导数为 0 或不存在，所以确定函数单调区间的一般步骤如下：

（1）确定函数的定义域．

（2）求出导数 $f'(x)$，求出使 $f'(x) = 0$ 和 $f'(x)$ 不存在的点．

（3）以这些点为分界点，将定义域分为若干个子区间；以列表分析的形式在各个子区间讨论 $f'(x)$ 的符号，从而判定出函数的单调性．

（4）写出结论．

图 1 – 4 – 3

例1 确定函数 $f(x) = 36x^5 + 15x^4 - 40x^3 - 7$ 的单调区间．

解 这个函数的定义域为 $(-\infty, +\infty)$，

$$f'(x) = 180x^4 + 60x^3 - 120x^2 = 60x^2(x + 1)(3x - 2)$$

解方程 $f'(x) = 0$，得 $x = -1$，$x = 0$，$x = \dfrac{2}{3}$．

列表分析：

x	$(-\infty, -1)$	-1	$(-1, 0)$	0	$\left(0, \dfrac{2}{3}\right)$	$\dfrac{2}{3}$	$\left(\dfrac{2}{3}, +\infty\right)$
$f'(x)$	$+$	0	$-$	0	$-$	0	$+$
$f(x)$	↗		↘		↘		↗

故 $f(x)$ 在区间 $\left(-1, \dfrac{2}{3}\right)$ 内单调减少；在区间 $(-\infty, -1)$，$\left(\dfrac{2}{3}, +\infty\right)$ 内单调增加.

例 2　确定函数 $f(x) = 1 - \sqrt[3]{(x-2)^2}$ 的单调性.

解　定义域为 $(-\infty, +\infty)$，$f'(x) = -\dfrac{2}{3}(x-2)^{-\frac{1}{3}}$，

没有导数为零的点，但 $x = 2$ 为导数不存在的点.

列表分析：

x	$(-\infty, 2)$	2	$(2, +\infty)$
$f'(x)$	$+$	不存在	$-$
$f(x)$	↗		↘

故 $f(x)$ 在 $(-\infty, 2)$ 内单调增加，在 $(2, +\infty)$ 内单调减少.

问题 1.4.1　解答

由 $Q'(t) = -3t^2 + 6t + 9 = -3(t^2 - 2t - 3) = 0$，得 $t = 3$（负值舍去）.

当 $0 < t < 3$ 时，$Q'(t) > 0$，即 11：00 以前工作效率是提高的；

当 $3 < t < 8$ 时，$Q'(t) < 0$，即 11：00 以后工作效率是下降的.

2. 导数与极值

定义 1.4.1　设函数 $y = f(x)$ 在点 x_0 的某领域内有定义：

（1）如果对于点 x_0 的某领域内任意的 $x(x \neq x_0)$，总有 $f(x) < f(x_0)$，则称 $f(x_0)$ 为函数 $f(x)$ 的极大值，并且称点 x_0 是 $f(x)$ 的极大值点.

（2）如果对于点 x_0 的某领域内任意的 $x(x \neq x_0)$，总有 $f(x) > f(x_0)$，则称 $f(x_0)$ 为函数 $f(x)$ 的极小值，并且称点 x_0 是 $f(x)$ 的极小值点.

函数的极大值与极小值统称为函数的极值，极大值点与极小值点统称为极值点.

定义 1.4.1 告诉我们，极值只是函数在一个小范围内的最大值和最小值，因此，极值是函数的局部性态，而函数的最大值和最小值则是指在区域内的整体性态，两者不可混淆.

图 1-4-3 显示，一个函数可能有若干个极大值 $f(x_1)$，$f(x_3)$ 和极小值 $f(x_2)$，$f(x_4)$，而且有的极小值可能比极大值还大，如 $f(x_4) > f(x_1)$. 同时这些极值都不

是函数在定义区间上的最值.

图 1-4-3 还显示出，极值点处如果有切线的话，一定是水平方向的. 但有水平切线的点不一定是极值点. 如曲线在点 x_5 处的切线是水平的，x_5 却不是极值点.

根据导数的几何意义，导数为零的点切线水平，因此把导数为零的点称为驻点.

函数的极值点只能在驻点和导数不存在的点中产生，但是驻点和导数不存在的点又不一定是极值点，因此驻点和导数是不是极值点，关键看该点左右两侧的单调性是否发生变化，也就是看该点左右两侧的导数符号是否发生变化. 下面给出判断极值的充分条件.

定理 1.4.2　（极值判别法 I）设函数 $f(x)$ 在点 x_0 附近连续且可导（允许 $f'(x_0)$ 不存在），当点 x 由小增大经过点 x_0 时，若

（1）$f'(x)$ 由正变负，则 x_0 是极大值点；

（2）$f'(x)$ 由负变正，则 x_0 是极小值点；

（3）$f'(x)$ 不改变符号，则 x_0 不是极值点.

例 3　求函数 $f(x) = x^3 - 3x^2 - 9x + 1$ 的极值.

解　函数的定义域为 $(-\infty, +\infty)$，

$$f'(x) = 3x^2 - 6x - 9 = 3(x+1)(x-3)$$

令 $f'(x) = 0$，解得 $x = -1$，$x = 3$. 列表分析：

x	$(-\infty, -1)$	-1	$(-1, 3)$	3	$(3, +\infty)$
$f'(x)$	+	0	−	0	+
$f(x)$	↗	极大值	↘	极小值	↗

故函数 $f(x)$ 的极大值为 $f(-1) = 6$，极小值为 $f(3) = -26$.

例 4　求函数 $f(x) = x - \dfrac{3}{2}x^{\frac{2}{3}}$ 的极值.

解　函数的定义域为 $(-\infty, +\infty)$，$f'(x) = 1 - x^{-\frac{1}{3}} = \dfrac{\sqrt[3]{x} - 1}{\sqrt[3]{x}}$.

令 $f'(x) = 0$，解得 $x = 1$. 当 $x = 0$ 时，$f'(x)$ 不存在.

列表分析：

x	$(-\infty, 0)$	0	$(0, 1)$	1	$(1, +\infty)$
$f'(x)$	+	不存在	−	0	+
$f(x)$	↗	极大值	↘	极小值	↗

故函数极大值为 $f(0)=0$，极小值为 $f(1)=-\dfrac{1}{2}$．

定理 1.4.3 （极值判别法Ⅱ）设函数 $f(x)$ 在点 x_0 处有二阶导数，且 $f'(x_0)=0$．

（1）若 $f''(x_0)<0$，则函数 $f(x)$ 在点 x_0 处取得极大值；

（2）若 $f''(x_0)>0$，则函数 $f(x)$ 在点 x_0 处取得极小值；

（3）若 $f''(x_0)=0$，则不能判断 $f(x)$ 在点 x_0 处是否取得极值．

例 5　求函数 $f(x)=2x^2-x^4$ 的极值．

解　函数的定义域为 $(-\infty,+\infty)$，
$$f'(x)=4x-4x^3=4x(1-x)(1+x)$$
令 $f'(x)=0$，解得 $x=-1$，$x=0$，$x=1$．
$$f''(x)=4-12x^2$$
$f''(0)=4>0$，所以 $x=0$ 是极小值点．$f(x)$ 的极小值为 $f(0)=0$．

$f''(\pm1)=-8<0$，所以 $x=\pm1$ 是极大值点．$f(x)$ 的极大值为 $f(\pm1)=1$．

注：对于 $f''(x_0)=0$ 的情形：$f(x_0)$ 可能是极大值，可能是极小值，也可能不是极值．例如 $f(x)=-x^4$，$f''(0)=0$，$f(0)=0$ 是极大值；$g(x)=x^4$，$g''(0)=0$，$g(0)=0$ 是极小值；$\varphi(x)=x^3$，$\varphi''(0)=0$，但 $\varphi(0)=0$ 不是极值．因此，当 $f''(x_0)=0$ 时，第二判别法失效，只能用第一判别法判断．

综上可知，求函数极值的一般步骤如下：

（1）求出函数 $f(x)$ 的定义域；

（2）求导数 $f'(x)$，令 $f'(x)=0$，求出 $f(x)$ 在定义域内的所有驻点，以及 $f'(x)$ 不存在的点；

（3）用判别法Ⅰ或判别法Ⅱ分别考查每一个驻点或导数不存在的点是否为极值点，是极大值点还是极小值点；

（4）求出各极值点的函数值．

⚙ 砥节砺行

　　极小值是一段递减函数的结束，也是一段递增函数的开始．同样，极大值是一段递增函数的结束，也是一段递减函数的开始．在现实生活中，每个人的人生就像连绵不断的山脉，起起落落是必经之路，是成长的需要．"低谷"和"高峰"都是暂时的，我们在遭遇挫折、处于低谷时不能悲观绝望，因为低谷往往意味着一段低潮的结束和一段新生活的开始；而在获得成功、处于高峰时也不应骄傲自满，要警惕高峰之后随之而来的低潮．

3. 导数与凹凸性

定义 1.4.2 如果在某区间内，曲线弧位于其上任意一点的切线的上方，则称曲线在这个区间内是上凹的或凹的，如图 1 - 4 - 4 所示；如果在某区间内，曲线弧位于其上任意一点的切线的下方，则称曲线在这个区间内是下凹的或凸的，如图 1 - 4 - 5 所示.

图 1 - 4 - 4

图 1 - 4 - 5

曲线的凹向
与拐点

定理 1.4.4 设函数 $f(x)$ 在区间 (a,b) 内存在二阶导数：

(1) 若在区间 (a, b) 内，恒有 $f''(x) > 0$，则曲线 $y = f(x)$ 在 (a,b) 内上凹（凹）；

(2) 若在区间 (a, b) 内，恒有 $f''(x) < 0$，则曲线 $y = f(x)$ 在 (a,b) 内下凹（凸）.

因为 $f''(x) > 0$ 时，$f'(x)$ 单调增加，曲线上切线的斜率 $\tan \alpha$ 从小变大，由图 1 - 4 - 4 可见曲线上凹；反之，当 $f''(x) < 0$ 时，$f'(x)$ 单调减少，曲线上切线的斜率 $\tan \alpha$ 从大变小，由图 1 - 4 - 5 可见曲线下凹.

定义 1.4.3 曲线上上凹与下凹的分界点称为曲线的拐点.

一般地，求曲线的凹向和拐点的步骤如下：

(1) 求函数的定义域.

(2) 求函数的一阶导数 $f'(x)$ 和二阶导数 $f''(x)$；令 $f''(x) = 0$，解出全部根，并求出所有二阶导数不存在的点.

(3) 以这些点为分界点，将定义域分为若干个子区间；以列表分析的形式在各个子区间讨论 $f''(x)$ 的符号，从而判定出曲线的凹向区间与拐点.

(4) 写出结论.

例 6 求曲线 $y = x^4 - 2x^3 + 1$ 的凹向区间与拐点.

解 函数的定义域为 $(-\infty, +\infty)$，

$y' = 4x^3 - 6x^2$，$y'' = 12x^2 - 12x = 12x(x - 1)$.

令 $y'' = 0$，解得 $x = 0$，$x = 1$.

列表分析（为了清楚起见，表中" $\cup$ "表示上凹，" $\cap$ "表示下凹）：

x	$(-\infty, 0)$	0	$(0, 1)$	1	$(1, +\infty)$
$f''(x)$	+	0	−	0	+
$f(x)$	$\cup$	拐点 $(0, 1)$	$\cap$	拐点 $(1, 0)$	$\cup$

故曲线在区间 $(-\infty, 0)$ 及 $(1, +\infty)$ 上凹，在区间 $(0,1)$ 下凹，$(0,1)$ 和 $(1, 0)$ 是两个拐点.

例 7 求曲线 $y = 2 + (x-4)^{\frac{1}{3}}$ 的凹向区间与拐点.

解 函数的定义域为 $(-\infty, +\infty)$，

$$y' = \frac{1}{3}(x-4)^{-\frac{2}{3}}, \ y'' = -\frac{2}{9}(x-4)^{-\frac{5}{3}}$$

y'' 在 $(-\infty, +\infty)$ 内恒不为零，但 $x = 4$ 时，y'' 不存在.

列表分析:

x	$(-\infty, 4)$	4	$(4, +\infty)$
$f''(x)$	+	不存在	−
$f(x)$	$\cup$	拐点 $(4, 2)$	$\cap$

故曲线在 $(-\infty, 4)$ 内是上凹的，在 $(4, +\infty)$ 内是下凹的，所以 $(4,2)$ 是曲线的拐点.

⚙ 砥节砺行

同样的一条曲线，由于放置的角度不同，其凹凸性也就不同. 在我们平时的生活中，角度也很重要. 桌上的半杯水，有的人看见了会很伤心，遗憾只剩下半杯水，但有的人看见了很开心，觉得幸好还有半杯水. "横看成岭侧成峰"，角度不同，所看到的事物也会不同，我们应该学会转换角度看问题，尝试从不同角度、不同位置去看一看、想一想，往往会有意想不到的收获.

4. 导数与最值

对于闭区间 $[a,b]$ 上的连续函数 $f(x)$，必定存在最大值和最小值，并且最大值和最小值只能在极值点或端点处取得.

函数的最值

如图 $1-4-6$ 所示，x_1, x_2, x_3 是驻点，x_4 是不可导的但是连续的点，a, b 是端点，比较 $f(a), f(b), f(x_1), f(x_2), f(x_3), f(x_4)$，其中 $f(x_4)$ 为最大值，$f(b)$ 为最小值.

图1-4-6

因此，只要求出函数 $f(x)$ 的所有极值和端点值，它们之中最大的就是最大值，最小的就是最小值.

求连续函数 $f(x)$ 在闭区间 $[a,b]$ 上的最大值和最小值的方法如下：

（1）求出 $f(x)$ 在 (a,b) 内的所有驻点和一阶导数不存在的连续点，并计算各点的函数值.

（2）求出端点的函数值 $f(a)$ 和 $f(b)$.

（3）比较前面求出的所有函数值，其中最大的就是 $f(x)$ 在 $[a,b]$ 上的最大值 M，最小的就是 $f(x)$ 在 $[a,b]$ 上的最小值 m.

例8 求函数 $f(x) = \sqrt[3]{x^2} + 1$ 在 $[-1,2]$ 上的最大值与最小值.

解 $f'(x) = \dfrac{2}{3\sqrt[3]{x}}$，令 $f'(x) = 0$，方程无解. 当 $x = 0$ 时，$f'(x)$ 不存在.

由于 $f(0) = 1$，$f(-1) = 2$，$f(2) = \sqrt[3]{4} + 1$，因此 $f(x)$ 在 $[-1,2]$ 上的最大值为 $f(2) = \sqrt[3]{4} + 1$，最小值为 $f(0) = 1$.

注：（1）极值与最值的比较：①极值是局部性的，最值是全局性的；②极值一定在区间内部取得，最值可在区间端点取得；③极值可以有多个，而最值唯一.

（2）实际问题中最值问题的求法：①建立目标函数；②求出目标函数在定义区间内的最值点；③按问题的要求写出结论.

例9 【货场设置问题】设铁路边上离工厂 C 最近的点 A 距工厂20千米，铁路边上 B 城距 A 200千米，现要在铁路线 AB 上选一点 D 修筑一条公路，已知铁路与公路每吨千米的货运费之比为 $3:5$. 问：D 选在何处时，才能使产品从工厂 C 运到 B 城的每吨货物的总运费最省？（见图1-4-7）

图1-4-7

解　设点 D 选在距离 A 处 x 千米处，又设铁路与公路的每吨千米货运费分别为 $3k$，$5k$（k 为常数），则产品从 C 处运到 B 城的每吨总运费为

$$y = 5k \cdot CD + 3k \cdot BD$$
$$= 5k\sqrt{400 + x^2} + 3k(200 - x) \quad (0 \leqslant x \leqslant 200)$$

因为 $y' = 5k\dfrac{x}{\sqrt{400 + x^2}} - 3k = \dfrac{k(5x - 3\sqrt{400 + x^2})}{\sqrt{400 + x^2}}$，令 $y' = 0$，即 $5x = 3\sqrt{400 + x^2}$，得 $x = 15$.

将 $y|_{x=15} = 680k$，与闭区间 $[0，200]$ 端点的函数值比较，由于

$$y|_{x=0} = 700k，y|_{x=200} = 5\sqrt{40\,400}k > 1\,000k$$

因此当点 D 选在距离点 A 15 千米处时，每吨货物的总运费最省.

在实际问题中，如果函数 $f(x)$ 在某区间内只有唯一的驻点 x_0，而且从实际问题本身又可以知道 $f(x)$ 在该区间内必定有最大值或最小值，那么 $f(x_0)$ 就是所要求的最大值或最小值，不必与区间的端点值比较了.

例 10　【最小平均成本问题】某厂生产某种产品的成本函数为 $C(q) = 9\,000 + 40q + 0.001q^2$，求平均成本最小时的产量.

解　平均成本函数为

$$\overline{C}(q) = \frac{C(q)}{q} = \frac{9\,000 + 40q + 0.001q^2}{q} = \frac{9\,000}{q} + 40 + 0.001q$$

$$\overline{C}'(q) = -\frac{9\,000}{q^2} + 0.001$$

由 $\overline{C}'(q) = 0$ 得驻点为 $q = 3\,000$（$q = -3\,000$ 舍去）.

因为 $q = 3\,000$ 是唯一的驻点，而平均成本必定有最小值，所以 $q = 3\,000$ 就是最小值点. 即平均成本最小时的产量为 $3\,000$.

●问题 1.4.2　酒瓶对酒厂利润的影响

某制造商制造并出售球形瓶装的某种酒，瓶子的制造成本是 $0.8\pi r^2$（分），其中 r 是瓶的半径（单位：厘米）. 设每售出 1 立方厘米的酒，商人可获毛利润 0.2 分，他能制作的瓶子的最大半径为 6 厘米，问：

（1）瓶子半径多大时，能使每瓶酒获利最大？
（2）瓶子半径多大时，每瓶酒获利最少？

问题 1.4.2　解答

每瓶酒获利：$L(r) = 0.2 \times \dfrac{4}{3}\pi r^3 - 0.8\pi r^2 = 0.8\pi\left(\dfrac{r^3}{3} - r^2\right)$，$r \in (0,6]$.

令 $L'(r) = 0.8\pi(r^2 - 2r) = 0$，得 $r = 2$. 又 $L''(2) = 0.8\pi(2 \times 2 - 2) > 0$，则 $r = 2$ 是 $(0,6)$ 内唯一的极小值点，即最小值点. $r = 6$ 时，$L(r)$ 可达最大值. 所

以半径越大获利越多，半径为 2 厘米时获利最少．

此问题中 $L(3) = 0$ ，当 $r \in (0,3)$ 时，$L(r) < 0$ ，此时制造商亏损，若想获利必须以更高的价格出售，所以市场上小包装的货物一般比大包装的货物要贵些．

●问题 1.4.3　最佳销售方案与最大利润

一玩具经销商独家销售某种玩具，经销商的收入函数为

$$R(q) = 7.2q - 0.001q^2 , q \in [0,6\,000] （q 为销售量）$$

成本函数为 $C(q) = 2.4q - 0.000\,2q^2 , q \in [0,6\,000]$ ．求该经销商的最佳销售方案及最大利润．

问题 1.4.3　解答

经销商的最佳销售方案就是利润最大时的方案，所以先求利润函数

$$L(q) = R(q) - C(q) = 4.8q - 0.000\,8q^2 , q \in [0,6\,000]$$

现在来求利润函数的最大值：

由 $L'(q) = 4.8 - 0.001\,6q = 0$ 得唯一驻点 $q = 3\,000$ ．又 $L''(q) = -0.001\,6 < 0$ ，所以 $q = 3\,000$ 时取到极大值（也是最大值）．

所以利润函数的最大值为 $L(3\,000) = 7\,200$ ．

注：这是一个一元二次函数，也可以用二次函数的方法来求最大值．

●问题 1.4.4　商品征税问题

某商家的一种商品的价格 $P = 7 - 0.2Q$（万元/吨），Q 为销售量，商品的成本函数为 $C(Q) = 3Q + 1$（万元）．

（1）若每销售一吨商品，政府要征税 t（万元），求该商家获得最大利润时的销售量和价格；

（2）t 为何值时，政府的税收总额最大？

问题 1.4.4　解答

（1）商家的税后利润为

$$\begin{aligned}
L(Q) &= R(Q) - C(Q) - T(Q) \\
&= PQ - (3Q + 1) - tQ \\
&= (7 - 0.2Q)Q - (3Q + 1) - tQ \\
&= -0.2Q^2 + (4 - t)Q - 1
\end{aligned}$$

令 $L'(Q) = -0.4Q + 4 - t = 0$ ，得唯一驻点 $Q = \dfrac{5}{2}(4 - t)$ ．

则该商家获得最大利润时的销售量为 $Q = \dfrac{5}{2}(4 - t)$（吨）．此时，价格应定为

$$P = 7 - 0.2 \times \frac{5}{2}(4 - t) = 5 + 0.5t （万元/吨）$$

(2) 政府税收总额 $T(t) = tQ = \dfrac{5}{2}(4-t)t = -\dfrac{5}{2}t^2 + 10t(0 < t < 4)$.

令 $T'(t) = -5t + 10 = 0$, 得 $t = 2$.

则在每吨商品征税 2 万元时, 政府的税收总额最大.

⚙ 砥节砺行

　　数学来源于实践. 在工农业生产、工程技术中, 人们常常会遇到这样一类问题: 如何才能使产品最多、用料最省、成本最低、效率最高等, 这一类问题在数学上归结为求目标函数的最大值或最小值问题. 例如, 经济数学中的边际成本、边际收入、边际利润问题等. 因此, 当代大学生应树立数学意识, 在生活中多观察、多思考, 同时, 培养刻苦钻研、实事求是、严谨踏实、勇于探索的科学精神.

● 问题 1.4.5　如何确定利率?

　　某房地产信贷公司可从银行以 5% 的年利率借得贷款, 然后又将此款贷给购房者. 若它能贷出的款额与它贷的利率的平方成反比, 问: 以多大的年利率贷出能使该公司获利润最大?

　　问题 1.4.5　解答

　　设贷出的年利率为 r, 则贷出的款额为 $\dfrac{k}{r^2}$, $k > 0$ 且为常数. 公司所获利润为

$$L = (r - 0.05)\,\dfrac{k}{r^2} = \dfrac{k}{r} - \dfrac{0.05k}{r^2}$$

令 $L' = -\dfrac{k}{r^2} + \dfrac{0.1k}{r^3} = 0$, 得唯一驻点 $r = 0.1$. 又 $L'' = \dfrac{2k}{r^3} - \dfrac{0.3k}{r^4}$, $L''(0.1) = -1\,000k < 0$, 则在贷出利率为 10% 时, 信贷公司可获得最大利润.

　　知识拓展

　　1. 利用单调性证明不等式

　　例 11　求证当 $x > 0$ 时, 有 $e^x > 1 + x$.

　　证　令 $f(x) = e^x - 1 - x$, 则
$$f'(x) = e^x - 1 > 0(x > 0)$$
于是 $f(x)$ 在 $(0, +\infty)$ 内单调增加, 即 $f(x) > f(0)$.

而 $f(0) = e^0 - 1 - 0 = 0$, 故 $f(x) > 0$.

亦即 $e^x > 1 + x$. 证毕.

2. 曲线的渐近线

有些函数的定义域与值域都是有限区间，此时函数的图形局限在一定的范围之内，如圆、椭圆等；而有些函数的定义域或值域是无穷区间，此时函数的图形向无穷远处延伸，如双曲线、抛物线等．有些向无穷远延伸的曲线会呈现出越来越接近某一直线的趋势，这种直线就是曲线的渐近线．

定义 1.4.4　若曲线上一点沿曲线无限远离原点时，该点与某条直线的距离趋于零，则称此直线为曲线的渐近线．

并不是任何曲线都有渐近线，下面分三种情况讨论：

（1）水平渐近线．

若函数 $y=f(x)$ 的定义域是无限区间，且有 $\lim\limits_{x\to\infty}f(x)=a$（$\lim\limits_{x\to+\infty}f(x)=a$ 或 $\lim\limits_{x\to-\infty}f(x)=a$），则直线 $y=a$ 称为曲线 $y=f(x)$ 的水平渐近线．

例如，对于曲线 $f(x)=\arctan x$，由于 $\lim\limits_{x\to+\infty}\arctan x=\dfrac{\pi}{2}$，$\lim\limits_{x\to-\infty}\arctan x=-\dfrac{\pi}{2}$，因此直线 $y=\dfrac{\pi}{2}$ 与 $y=-\dfrac{\pi}{2}$ 是曲线 $f(x)=\arctan x$ 的水平渐近线．

（2）垂直渐近线．

若 x_0 是函数 $y=f(x)$ 的间断点，且 $\lim\limits_{x\to x_0}f(x)=\infty$（$\lim\limits_{x\to x_0^+}f(x)=\infty$ 或 $\lim\limits_{x\to x_0^-}f(x)=\infty$），则直线 $x=x_0$ 称为曲线 $y=f(x)$ 的垂直渐近线．

例如，对于曲线 $f(x)=\dfrac{1}{x-1}$，因为 $\lim\limits_{x\to1}\dfrac{1}{x-1}=\infty$，所以 $x=1$ 称为曲线的一条垂直渐近线．

（3）斜渐近线．

若曲线 $y=f(x)$ 的定义域为无限区间，且有 $\lim\limits_{x\to+\infty}[f(x)-(kx+b)]=0$ 或 $\lim\limits_{x\to-\infty}[f(x)-(kx+b)]=0$（$k$，$b$ 为常数），则直线 $y=kx+b$ 称为曲线 $y=f(x)$ 的斜渐近线．

斜渐近线求法：如果 $y=f(x)$ 满足 $\lim\limits_{x\to\infty}\dfrac{f(x)}{x}=k$，$\lim\limits_{x\to\infty}[f(x)-kx]=b$，那么直线 $y=kx+b$ 就是曲线 $y=f(x)$ 的一条斜渐近线．

例如，曲线 $f(x)=\dfrac{x^2}{x+1}$，因为 $\lim\limits_{x\to-1}\dfrac{x^2}{x+1}=\infty$，所以直线 $x=-1$ 是曲线的垂直渐近线；又 $k=\lim\limits_{x\to\infty}\dfrac{f(x)}{x}=\lim\limits_{x\to\infty}\dfrac{\dfrac{x^2}{x+1}}{x}=\lim\limits_{x\to\infty}\dfrac{x}{x+1}=1$，$b=\lim\limits_{x\to\infty}[f(x)-kx]=\lim\limits_{x\to\infty}\left(\dfrac{x^2}{x+1}-x\right)=\lim\limits_{x\to\infty}\dfrac{-x}{x+1}=-1$，所以 $y=x-1$ 为曲线的斜渐近线．

3. 描绘函数图形的一般步骤

描绘函数的图形可按以下步骤进行：

（1）确定函数的定义域，观察奇偶性、周期性；

（2）求函数的一、二阶导数，确定可能的极值点及拐点；

（3）列表，确定函数的单调性、凹凸性、极值、拐点；

（4）求曲线的渐近线；

（5）描绘函数的图形.

【基础练习 1 - 4】

1. 求下列函数的单调区间和极值：

（1）$y = 2x^3 - 6x^2 - 18x - 13$ ；　　　　（2）$y = x - e^x$ ；

（3）$y = 2x^2 - \ln x$ ；　　　　（4）$y = 2 - (x - 1)^{\frac{2}{3}}$.

2. 求下列曲线的凹向和拐点：

（1）$y = x^3 - 5x^2 + 3x - 5$ ；　　　　（2）$y = (x - 1)\sqrt[3]{x^2}$.

3. 求函数 $f(x) = x^3 - 3x^2 - 9x + 5$ 在区间 $[-4, 4]$ 上的最大值和最小值.

【提高练习 1 - 4】

1. 已知函数 $f(x) = \dfrac{2x - 1}{(x - 1)^2}$ ，求：

（1）函数的单调区间和极值；（2）函数图形的凹向和拐点.

2. 求曲线 $f(x) = x\sqrt{1 - x^2}$ 的凹向和拐点.

3. 证明：当 $0 < x < 2$ 时, $\ln x \geq \dfrac{x}{4} - \dfrac{3}{4x} + \dfrac{1}{2}$.

4. 证明：当 $x \geq 0$ 时, 有 $xe^{-x} \leq \ln(1 + x)$.

5. 证明：当 $x > 0$ 时, 有 $\ln\left(1 + \dfrac{1}{x}\right) > \dfrac{2}{2x + 1}$.

【应用练习 1 - 4】

1. **【最大利润问题】** 某厂生产某种产品，其固定成本为 3 万元，每生产一百件产品，成本增加 2 万元. 其总收入 R（单位：万元）是产量 q（单位：百件）的函数：$R = 5q - \dfrac{1}{2}q^2$ ，求达到最大利润时的产量.

2. **【最小成本问题】** 已知某个企业的成本函数为 $C = q^3 - 9q^2 + 30q + 25$ ，其中 C 表示成本（单元：千元），q 表示产量（单位：吨），求平均可变成本 y（单位：千元）的最小值.

3. **【旅行社的利润】** 旅行社为某旅游团包飞机去旅游，其中旅行社的包机费为 1.5 万元，旅游团中每人的飞机票按以下方式与旅行社结算：若旅游团的人数在 30 人或 30 人以下，飞机票每张收费 900 元；若旅游团的人数多于 30 人，则给予优惠，每多1人，每张机票减少10元，但旅游团的人数最多为75人，那么旅游团的人数为多少时，旅行社可获得的利润最大？

4.【机车的最佳行驶速度】一辆汽车每小时花费的燃料费用为 $kv^2 + 100$（美元），其中 k 为常数，v 为机动车的行驶速度（英里①/时），当速度为每小时25英里时，每小时需花费125美元，求使每英里所花燃料费最低的速度.

5.【如何确定最优广告量】强生公司的收入函数为 $R = 500 + 50A - A^2$，A 为广告产量. 如果每单位广告成本为4万美元，试确定最优广告量，使总利润最大.

6.【房租定为多少合适】房地产公司有50套公寓要出租. 当租金定为每月每套180元时，公寓会全部租出去. 租金每增加10元，就会有一套公寓租不出去，租出去的房子每月每套需花费20元的整修维护费. 试问：租金为多少可获得最大收入？

7. 生产某种产品 q 个单位时的费用为 $C(q) = 5q + 200$，收入函数为 $R(q) = 10q - 0.01q^2$，问：每批生产多少个单位，才能使利润最大？

8. 设某厂每天生产某种产品 q 单位时的总成本函数为 $C(q) = 0.5q^2 + 36q + 9\,800$，问：每天生产多少单位的产品时，其平均成本最低？

---

① 1 英里 = 1.609 344 千米.

【数学文化聚焦】蜂窝猜想

加拿大科学记者德富林在《环球邮报》上撰文称，经过 160 年努力，数学家终于证明蜜蜂是世界上工作效率最高的建筑者.

公元 4 世纪，古希腊数学家佩波斯提出，蜂窝的优美形状，是自然界最有效劳动的代表. 他猜想，人们所见到的截面呈六边形的蜂窝，是蜜蜂采用最少量的蜂蜡建造成的. 他的这一猜想称为"蜂窝猜想"，但这一猜想一直没有人能证明.

美国密歇根大学数学家黑尔宣称，他已破解这一猜想.

蜂窝是一座十分精密的建筑工程. 蜜蜂建巢时，青壮年工蜂负责分泌片状新鲜蜂蜡，每片只有针头大小. 而另一些工蜂则负责将这些蜂蜡仔细摆放到一定的位置，以形成竖直六面柱体. 每一面蜂蜡隔墙厚度及误差都非常小. 六面隔墙宽度完全相同，墙之间的角度正好 120°，形成一个完美的几何图形. 人们一直有疑问，蜜蜂为什么不让其巢室呈三角形、正方形或者其他形状呢？隔墙为什么呈平面，而不是呈曲面呢？虽然蜂窝是一个三维体建筑，但每一个蜂巢都是六面柱体，而蜂蜡墙的总面积仅与蜂巢的截面有关，由此引出一个数学问题，即寻找面积最大、周长最小的平面图形.

1973 年，匈牙利数学家陶斯巧妙地证明，在所有首尾相连的正多边形中，正六边形的周长是最小的. 但如果多边形的边是曲线，会发生什么情况呢？陶斯认为，正六边形与其他任何形状的图形相比，它的周长最小，但他不能证明这一点. 而黑尔在考虑了周边是曲线时，无论是曲线向外凸，还是向内凹，都证明了众多正六边形组成的图形周长最小. 他已将 19 页的证明过程放在互联网上，许多专家都已看到这一证明，认为黑尔的证明是正确的.

蜂窝结构的工程设计应用广泛，特别是在航天工业中对减轻飞机质量，节约材料，减少人力集中，增加疲劳寿命，降低成本等都有重要意义.

自然的调和与规律，从宇宙星辰到微观的 DNA 的构造，都可用数与形来表达，并且结晶在数学的美之中. 大自然无穷的宝藏，不但给我们提供研究的题材，而且还启示研究方法.

应用五　由边际求原函数问题——不定积分

●问题1.5.1　由边际储蓄倾向求储蓄函数

设 S 为居民储蓄额，R 为居民收入，已知边际储蓄倾向 $\dfrac{\mathrm{d}S}{\mathrm{d}R} = 0.5 - 0.2R^{-0.5}$，$R = 25$ 时，$S = -3.5$，求储蓄函数. 若收入从 36 变为 49，储蓄将如何变化？

分析：储蓄函数是储蓄额 S 关于收入 R 的函数，可设为 $S = S(R)$，而已知边际储蓄倾向就是 $S = S(R)$ 关于 R 的导数 $\dfrac{\mathrm{d}S}{\mathrm{d}R} = S'(R)$. 现在的问题是由已知储蓄函数的导数 $S'(R)$ 求原来的储蓄函数 $S = S(R)$，这是已知导数求原函数的问题，所以我们需要了解由已知导数求原函数的相关知识和计算公式.

相关知识：原函数；不定积分；微分

1. 原函数的概念

定义1.5.1　设函数 $f(x)$ 在区间 I 上有定义. 如果存在函数 $F(x)$，对于该区间上任意一点 x，都有 $F'(x) = f(x)$，则称函数 $F(x)$ 是函数 $f(x)$ 在 I 上的一个原函数.

注：(1) 如果函数 $f(x)$ 在区间 I 上有原函数，则 $f(x)$ 在区间 I 上就有无穷多个原函数.

(2) 如果 $F(x)$ 和 $G(x)$ 都是 $f(x)$ 在区间 I 上的原函数，则 $F(x) - G(x) = C$.

(3) 如果 $F(x)$ 是 $f(x)$ 在区间 I 上的一个原函数，则 $f(x)$ 在区间 I 上的全部原函数就是 $F(x) + C$（C 为任意常数）.

2. 不定积分的定义

定义1.5.2　函数 $f(x)$ 的全部原函数 $F(x) + C$，称为 $f(x)$ 的不定积分，记作 $\int f(x)\,\mathrm{d}x$. 即 $\int f(x)\,\mathrm{d}x = F(x) + C$. 其中，"$\int$"称为积分号；$x$ 称为积分变量；$f(x)$ 称为被积函数；$f(x)\,\mathrm{d}x$ 称为被积表达式.

不定积分
的概念

因此，求函数 $f(x)$ 的不定积分，只需求出 $f(x)$ 的一个原函数再加上积分常数 C 即可.

砥节砺行

被积函数与原函数的关系为 $f(x)$ 的原函数是 $F(x) + C$，即一个被积函数的原函数会有无穷多个，其差别也仅在一个常数 C. 我们发现，只要 $F(x)$ 不变，那么无论常数 C 变成什么样子，在求导的规则下 $f(x)$ 就不变. 可见，要想改变结果，就不要在原函数的 C 上下功夫. 因此，当我们在某一方面一直努力但未能达到预期目标时，想想是不是"原函数 $F(x)$"出了问题，否则我们的努力可能只是重复了无数次的"竹篮打水".

3. 不定积分表（见表 $1-5-1$）

不定积分的基本公式

表 $1-5-1$

序号	基本积分表	导数公式
1	$\displaystyle\int k\mathrm{d}x = kx + C\,(k\ 为常数)$	$(C)' = 0$
2	$\displaystyle\int x^{\alpha}\mathrm{d}x = \frac{1}{\alpha+1}x^{\alpha+1} + C(\alpha \neq -1)$	$(x^{\alpha})' = \alpha x^{\alpha-1}$
3	$\displaystyle\int \frac{1}{x}\mathrm{d}x = \ln|x| + C$	$(\ln x)' = \dfrac{1}{x}$
4	$\displaystyle\int a^{x}\mathrm{d}x = \frac{1}{\ln a}a^{x} + C(a > 0\ 且\ a \neq 1)$	$(a^{x})' = a^{x}\ln a$
5	$\displaystyle\int \mathrm{e}^{x}\mathrm{d}x = \mathrm{e}^{x} + C$	$(\mathrm{e}^{x})' = \mathrm{e}^{x}$
6	$\displaystyle\int \sin x\mathrm{d}x = -\cos x + C$	$(\cos x)' = -\sin x$
7	$\displaystyle\int \cos x\mathrm{d}x = \sin x + C$	$(\sin x)' = \cos x$
8	$\displaystyle\int \sec^{2}x\mathrm{d}x = \tan x + C$	$(\tan x)' = \sec^{2}x$
9	$\displaystyle\int \csc^{2}x\mathrm{d}x = -\cot x + C$	$(\cot x)' = -\csc^{2}x$
10	$\displaystyle\int \frac{1}{\sqrt{1-x^{2}}}\mathrm{d}x = \arcsin x + C$	$(\arcsin x)' = \dfrac{1}{\sqrt{1-x^{2}}}$
11	$\displaystyle\int \frac{1}{1+x^{2}}\mathrm{d}x = \arctan x + C$	$(\arctan x)' = \dfrac{1}{1+x^{2}}$

4. 不定积分的性质

根据不定积分的定义可以推得下面几个不定积分性质.

性质1 不定积分与导数或微分互为逆运算.

(1) $\left[\int f(x)\mathrm{d}x\right]' = f(x)$ 或 $\mathrm{d}\left[\int f(x)\mathrm{d}x\right] = f(x)\mathrm{d}x$.

(2) $\int f'(x)\mathrm{d}x = f(x) + C$ 或 $\int \mathrm{d}f(x) = f(x) + C$.

性质1表明求导（或微分）运算和不定积分运算是互逆的，对一个函数先积分再求导（或微分），结果是两者作用相抵消，若先求导（或微分）再积分，则结果只相差一个任意常数.

性质2 被积表达式中的非零常数因子，可以移到积分号前.

$$\int k f(x)\mathrm{d}x = k\int f(x)\mathrm{d}x \quad (k \neq 0, 常数).$$

性质3 两个函数代数和的不定积分，等于两个函数不定积分的代数和.

$$\int [f(x) \pm g(x)]\mathrm{d}x = \int f(x)\mathrm{d}x \pm \int g(x)\mathrm{d}x.$$

这一结论可以推广到任意有限多个函数的代数和的情形，即

$$\int [f_1(x) \pm f_2(x) \pm \cdots \pm f_n(x)]\mathrm{d}x = \int f_1(x)\mathrm{d}x \pm \int f_2(x)\mathrm{d}x \pm \cdots \pm \int f_n(x)\mathrm{d}x.$$

问题 1.5.1 解答

已知导数 $S'(R) = \dfrac{\mathrm{d}S}{\mathrm{d}R} = 0.5 - 0.2R^{-0.5}$，求原函数 $S(R)$，由不定积分定义得

$$S(R) = \int S'(R)\mathrm{d}R = \int (0.5 - 0.2R^{-0.5})\mathrm{d}R$$

$$= \int 0.5\mathrm{d}R - \int 0.2R^{-0.5}\mathrm{d}R = 0.5R - 0.4R^{0.5} + C.$$

由 $R = 25$ 时，$S = -3.5$ 代入得 $C = -14$，所以 $S(R) = 0.5R - 0.4R^{0.5} - 14$.
收入从 36 变为 49，储蓄额的变化为 $\Delta S = S(49) - S(36) = 6.1$.

●问题 1.5.2 由成本变化率求总成本

设某工厂生产 q 单位产品的总成本变化率为 0.01，当生产 1 000 单位产品时，总成本为 490 元，求总成本函数.

问题 1.5.2 解答

成本变化率就是边际成本，即成本的导数，已知导数求原函数，由不定积分定义得

$$C(q) = \int C'(q)\mathrm{d}q = \int 0.01\mathrm{d}q = 0.01q + C_1.$$

又因为当生产 1 000 单位产品时，总成本为 490 元，代入得 $C_1 = 480$，故总成本函数为 $C(q) = 0.01q + 480$.

●问题 1.5.3　由边际利润求利润函数

某商品的边际利润函数为 $L'(Q) = 6Q - Q^2$，Q 为该商品的销售量，销售此商品的盈亏平衡点为 $Q = 3$，求总利润函数.

问题 1.5.3　解答

边际利润和利润的关系是导数与原函数的关系，由边际利润求利润函数为

$$L(Q) = \int L'(Q)\mathrm{d}Q = \int (6Q - Q^2)\mathrm{d}Q = 3Q^2 - \frac{Q^3}{3} + C.$$

因商品的盈亏平衡点为 $Q = 3$，则 $L(3) = 0$，代入上式可得 $C = -18$，故总利润函数为 $L(Q) = 3Q^2 - \dfrac{Q^3}{3} - 18$.

类似地，有以下常用关系.

边际成本和成本、边际收入和收入、边际利润和利润的关系都是导数与原函数的关系：

$\int C'(q)\mathrm{d}q = C_1(q) + C_0$（$C_1(q)$ 是可变成本，C_0 是固定成本）；

$\int R'(q)\mathrm{d}q = R(q) + R_0$（$R_0$ 是产量为 0 时的收入，通常 $R_0 = 0$）；

$\int L'(q)\mathrm{d}q = L(q) + L_0$（$L_0$ 是产量为 0 时的利润）.

知识拓展——不定积分的计算方法

1. 直接积分法

不定积分的
直接积分法

例 1　$\displaystyle\int \left(1 - x + \frac{1}{x}\right)\mathrm{d}x = x - \frac{1}{2}x^2 + \ln|x| + C.$

例 2　$\displaystyle\int (\mathrm{e}^x - 3\sin x)\mathrm{d}x = \int \mathrm{e}^x\mathrm{d}x - 3\int \sin x\mathrm{d}x = \mathrm{e}^x - 3(-\cos x) + C.$

例 3　$\displaystyle\int \frac{1 - x + x^2 - x^3}{x^2}\mathrm{d}x = \int \left(\frac{1}{x^2} - \frac{1}{x} + 1 - x\right)\mathrm{d}x$

$$= -\frac{1}{x} - \ln|x| + x - \frac{1}{2}x^2 + C.$$

例 4　$\displaystyle\int \frac{x^4}{1 + x^2}\mathrm{d}x = \int \frac{x^4 - 1 + 1}{1 + x^2}\mathrm{d}x = \int (x^2 - 1)\mathrm{d}x + \int \frac{1}{1 + x^2}\mathrm{d}x$

$$= \frac{1}{3}x^3 - x + \arctan x + C.$$

例 5　$\displaystyle\int \sin^2 \frac{x}{2}\mathrm{d}x = \int \frac{1 - \cos x}{2}\mathrm{d}x$

$$= \frac{1}{2}\int \mathrm{d}x - \frac{1}{2}\int \cos x\mathrm{d}x = \frac{1}{2}(x - \sin x) + C.$$

注：当不定积分不能直接应用基本积分表和不定积分的性质进行计算时，需先将被积函数化简或变形再进行计算. 计算的结果是否正确，只需对结果求导，看其导数是否等于被积函数.

2. 凑微分积分法（第一类换元法）

例 6　计算 $\int \sin 2x dx$.

不定积分的
凑微分积分法

解

方法 1　$\int \sin 2x dx \xrightarrow[\text{则}x=\frac{t}{2}]{\text{令}2x=t} \int \sin t \cdot \frac{1}{2}dt = \frac{1}{2}\int \sin t dt = -\frac{1}{2}\cos t + C = -\frac{1}{2}\cos 2x + C.$

方法 2　$\int \sin 2x dx = \frac{1}{2}\int \sin 2x \cdot 2dx \xrightarrow{\text{凑微分}} \frac{1}{2}\int \sin 2x d2x$

$\xrightarrow{\text{令}2x=u} \frac{1}{2}\int \sin u du = -\frac{1}{2}\cos u + C \xrightarrow{\text{回代}u=2x} -\frac{1}{2}\cos 2x + C.$

（熟练后，不必写出 u，而直接凑微分）

方法 3　$\int \sin 2x dx = \int 2\sin x\cos x dx \xrightarrow{\text{凑微分}} 2\int \sin x \cdot (\sin x)' dx$

$= 2\int \sin x d\sin x = \sin^2 x + C.$

方法 4　$\int \sin 2x dx = \int 2\sin x\cos x dx \xrightarrow{\text{凑微分}} 2\int (-\cos x)' \cdot \cos x dx$

$= -2\int \cos x d\cos x = -\cos^2 x + C.$

例 7　$\int \frac{1}{\sqrt{3-2x}}dx = \int (3-2x)^{-\frac{1}{2}}dx = \left(-\frac{1}{2}\right)\int (3-2x)^{-\frac{1}{2}}(-2)dx$

$= \left(-\frac{1}{2}\right)\int (3-2x)^{-\frac{1}{2}}d(3-2x)$

$= \left(-\frac{1}{2}\right) \times \frac{1}{1-\frac{1}{2}} \times (3-2x)^{1-\frac{1}{2}} = -\sqrt{3-2x} + C.$

例 8　$\int 2x\cos x^2 dx = \int \cos x^2 2x dx = \int \cos x^2 d(x^2) = \sin x^2 + C.$

例 9　$\int \frac{1}{\sqrt{x}}e^{\sqrt{x}}dx = 2\int e^{\sqrt{x}}\frac{1}{2\sqrt{x}}dx = 2\int e^{\sqrt{x}}d\sqrt{x} = 2e^{\sqrt{x}} + C.$

例 10　$\int e^x\sin e^x dx = \int \sin e^x \cdot e^x dx = \int \sin e^x de^x = -\cos e^x + C.$

例 11　$\int \frac{\ln x}{x}dx = \int \ln x \frac{1}{x}dx = \int \ln x d\ln x = \frac{1}{2}\ln^2 x + C.$

例 12　$\int \tan x dx = \int \frac{\sin x}{\cos x}dx = -\int \frac{1}{\cos x}d\cos x = -\ln|\cos x| + C.$

3. 换元积分法（换元去根号）

例 13　求下列积分：(1) $\int \dfrac{\mathrm{d}x}{1 + \sqrt{3 - x}}$；(2) $\int \dfrac{x}{\sqrt{x + 1}}\mathrm{d}x$.

解　(1) 设 $t = \sqrt{3 - x}$，则 $x = 3 - t^2$，$\mathrm{d}x = -2t\mathrm{d}t$.

$$\int \frac{\mathrm{d}x}{1 + \sqrt{3 - x}} = -\int \frac{2t}{1 + t}\mathrm{d}t = -2\int \frac{1 + t - 1}{1 + t}\mathrm{d}t$$

$$= -2\int \left(1 - \frac{1}{1 + t}\right)\mathrm{d}t$$

$$= -2(t - \ln|1 + t|) + C$$

$$= -2(\sqrt{3 - x} - \ln(1 + \sqrt{3 - x})) + C$$

应注意，此例在最后的结果中必须代入 $t = \sqrt{3 - x}$，返回到原积分变量 x.

(2) 设 $t = \sqrt{x + 1}$，则 $x = t^2 - 1$，$\mathrm{d}x = 2t\mathrm{d}t$.

$$\int \frac{x}{\sqrt{x + 1}}\mathrm{d}x = \int \frac{t^2 - 1}{t} \cdot 2t\mathrm{d}t = 2\int (t^2 - 1)\mathrm{d}t$$

$$= \frac{2}{3}t^3 - 2t + C = \frac{2}{3}\sqrt{(x + 1)^3} - 2\sqrt{x + 1} + C$$

例 14　计算 $\int \sqrt{a^2 - x^2}\mathrm{d}x (a > 0)$.

设 $x = a\sin t \left(-\dfrac{\pi}{2} < t < \dfrac{\pi}{2}\right)$，则 $\sqrt{a^2 - x^2} = a\cos t$，$\mathrm{d}x = a\cos t\mathrm{d}t$.

$$\int \sqrt{a^2 - x^2}\mathrm{d}x = \int a^2\cos^2 t\mathrm{d}t = a^2\int \frac{1 + \cos 2t}{2}\mathrm{d}t = \frac{a^2}{2}\left(\int \mathrm{d}t + \int \cos 2t\mathrm{d}t\right)$$

$$= \frac{a^2}{2}\left(t + \frac{1}{2}\sin 2t\right) + C = \frac{a^2}{2}(t + \sin t\cos t) + C$$

$$= \frac{a^2}{2}\left(\arcsin \frac{x}{a} + \frac{x}{a} \cdot \frac{\sqrt{a^2 - x^2}}{a}\right) + C$$

例 15　求 $\int \dfrac{\mathrm{d}x}{\sqrt{a^2 + x^2}} (a > 0)$.

解　设 $x = a\tan t \left(-\dfrac{\pi}{2} < t < \dfrac{\pi}{2}\right)$，则 $\sqrt{a^2 + x^2} = a\sqrt{1 + \tan^2 t} = a\sec t$，$\mathrm{d}x = a\sec^2 t\mathrm{d}t$. 所以 $\int \dfrac{\mathrm{d}x}{\sqrt{a^2 + x^2}} = \int \dfrac{a\sec^2 t}{a\sec t}\mathrm{d}t = \int \sec t\mathrm{d}t = \ln|\sec t + \tan t| + C$.

为了返回原积分变量，可由 $\tan t = \dfrac{x}{a}$ 作出辅助三

角形（见图 $1 - 5 - 1$）.

图 $1 - 5 - 1$

$\sec t = \dfrac{1}{\cos t} = \dfrac{\sqrt{a^2 + x^2}}{a}$，所以 $\displaystyle\int \dfrac{dx}{\sqrt{a^2 + x^2}} = \ln\left|\dfrac{x}{a} + \dfrac{\sqrt{a^2 + x^2}}{a}\right| + C =$

$\ln\left|x + \sqrt{a^2 + x^2}\right| + C_1$，其中 $C_1 = C - \ln a$.

第二类换元法用于三角代换中，常用的变量代换有三种：

（1）被积函数为 $f(\sqrt{a^2 - x^2})$，则令 $x = a\sin t$.

（2）被积函数为 $f(\sqrt{x^2 + a^2})$，则令 $x = a\tan t$.

（3）被积函数为 $f(\sqrt{x^2 - a^2})$，则令 $x = a\sec t$.

4. 分部积分法

分部积分公式：$\displaystyle\int uv'dx = \int udv = uv - \int vdu$.

例 16 求下列积分：

（1）$\displaystyle\int x\sin x\,dx$； （2）$\displaystyle\int x\arctan x\,dx$；

（3）$\displaystyle\int \ln x\,dx$； （4）$\displaystyle\int e^x\sin x\,dx$.

解 （1）设 $u = x$，$v' = \sin x$，则 $v = -\cos x$. 所以

$$\int x\sin x\,dx = \int xd(-\cos x) = -\int xd\cos x$$

$$= -x\cos x + \int \cos x\,dx = -x\cos x + \sin x + C$$

（2）设 $u = \arctan x$，$v' = x$，则 $v = \dfrac{1}{2}x^2$. 所以

$$\int x\arctan x\,dx = \int \arctan x\,d\left(\dfrac{1}{2}x^2\right) = \dfrac{1}{2}\int \arctan x\,dx^2$$

$$= \dfrac{1}{2}x^2\arctan x - \dfrac{1}{2}\int x^2 d\arctan x$$

$$= \dfrac{1}{2}x^2\arctan x - \dfrac{1}{2}\int \dfrac{x^2}{1 + x^2}dx = \dfrac{1}{2}x^2\arctan x - \dfrac{1}{2}\int\left(1 - \dfrac{1}{1 + x^2}\right)dx$$

$$= \dfrac{1}{2}x^2\arctan x - \dfrac{1}{2}x + \dfrac{1}{2}\arctan x + C$$

（3）设 $u = \ln x$，$dv = dx$，则 $du = \dfrac{1}{x}dx$，$v = x$. 所以

$$\int \ln x\,dx = x\ln x - \int x \cdot \ln x\,dx = x\ln x - \int x \cdot \dfrac{1}{x}dx$$

$$= x\ln x - x + C$$

（4）$\int e^x \sin x dx = \int \sin x d(e^x) = e^x \sin x - \int e^x d \sin x$

$$= e^x \sin x - \int e^x \cos x dx$$

$$= e^x \sin x - \int \cos x d(e^x)$$

$$= e^x \sin x - e^x \cos x + \int e^x d(\cos x)$$

$$= e^x \sin x - e^x \cos x - \int e^x \sin x dx.$$

移项后，有　　　　　$2 \int e^x \sin x dx = e^x (\sin x - \cos x) + C_1$

所以　　　　　　　　$\int e^x \sin x dx = \frac{1}{2} e^x (\sin x - \cos x) + C$

在使用分部积分时，正确地选择 u 和 dv 是关键. 选择 u 和 dv 的原则：①v 容易求得；②积分 $\int v du$ 容易求出. 一般选 u 的规律如下：最先考虑反三角函数或对数函数，其次考虑幂函数，最后考虑三角函数或指数函数.

5. 有理函数的积分

有理函数是指由两个多项式的商表示的函数，即

$$\frac{P(x)}{Q(x)} = \frac{a_0 x^m + a_1 x^{m-1} + \cdots + a_m}{b_0 x^n + b_1 x^{n-1} + \cdots + b_{n-1} x + b_n}$$

式中，m，n 为正整数；$a_0 \neq 0$，$b_0 \neq 0$.

假定多项式 $P(x)$ 与 $Q(x)$ 之间没有公因式. 当 $m < n$ 时，称为真分式，当 $m \geq n$ 时，称为假分式.

利用多项式的除法可以把一个假分式化为一个多项式和一个真分式. 多项式的积分已经解决，因此，只需讨论真分式的积分. 而计算真分式的积分需要用到真分式的下列性质：

如果多项式 $Q(x)$ 在实数范围内能分解成一次因式和二次质因式的乘积，如

$$Q(x) = b_0 (x-a)^\alpha \cdots (x-b)^\beta (x^2 + px + q)^\lambda \cdots (x^2 + rx + s)^\mu$$

式中，a，$\cdots$，b，p，q，$\cdots$，r，s 为实数；$p^2 - 4q < 0$，$r^2 - 4s < 0$.

若 α，$\cdots$，β，λ，$\cdots$，μ 为正整数，那么真分式可以分解成如下部分分式之和，即

$$\frac{P(x)}{Q(x)} = \frac{A_1}{(x-a)^\alpha} + \frac{A_2}{(x-a)^{\alpha-1}} + \cdots + \frac{A_\alpha}{x-a} + \cdots + \frac{B_1}{(x-b)^\beta} + \frac{B_2}{(x-b)^{\beta-1}} + \cdots +$$

$$\frac{B_\beta}{x-b} + \frac{M_1 x + N_1}{(x^2 + px + q)^\lambda} + \frac{M_2 x + N_2}{(x^2 + px + q)^{\lambda-1}} + \cdots + \frac{M_\lambda x + N_\lambda}{x^2 + px + q} +$$

$$\frac{R_1 x + S_1}{(x^2 + rx + s)^\mu} + \frac{R_2 x + S_2}{(x^2 + rx + s)^{\mu-1}} + \cdots + \frac{R_\mu x + S_\mu}{x^2 + rx + s}$$

式中，A_i，$\cdots$，B_i，M_i，N_i，$\cdots$，R_i，S_i 等都是常数.

对于上式应该注意下列两点：

（1）分母 $Q(x)$ 中如果有因式 $(x-a)^\alpha$，则分解后有下列 α 个部分分式之和，即

$$\frac{A_1}{(x-a)^\alpha}+\frac{A_2}{(x-a)^{\alpha-1}}+\cdots+\frac{A_\alpha}{x-a}$$

其中，A_1，A_2，$\cdots$，A_α 为待定常数. 特别地，若 $\alpha=1$，那么分解后有 $\dfrac{A}{x-a}$.

（2）分母 $Q(x)$ 中如果有因式 $(x^2+px+q)^\lambda$，其中 $p^2-4q<0$，则分解后有下列部分分式之和，即

$$\frac{M_1 x+N_1}{(x^2+px+q)^\lambda}+\frac{M_2 x+N_2}{(x^2+px+q)^{\lambda-1}}+\cdots+\frac{M_\lambda x+N_\lambda}{x^2+px+q}$$

式中，M_i，N_i 为待定常数. 特别地，当 $\lambda=1$ 时，分解后有 $\dfrac{M_1 x+N_1}{x^2+px+q}$.

要将真分式分解成部分分式，主要有两件事：一是正确写出全部的部分分式形式；二是确定每个部分分式的常数. 其方法如下：待定系数法和比较系数法.

例 17 将真分式 $\dfrac{x-5}{x^2+2x-3}$ 分解成部分分式.

解 由于 $x^2+2x-3=(x+3)(x-1)$，因此

$$\frac{x-5}{x^2+2x-3}=\frac{A}{x+3}+\frac{B}{x-1}$$

下面确定 A，B 的值.

方法 1 右端通分得　$x-5=A(x-1)+B(x+3)$

即　　　　　　　　　　$x-5=(A+B)x-A+3B$

根据两端同类项系数相等，得

$$\begin{cases} A+B=1, \\ -A+3B=-5 \end{cases}$$

从而解出 $A=2$，$B=-1$.

方法 2 在等式 $x-5=A(x-1)+B(x+3)$ 中代入特殊的 x 值，从而求出 A，B.

令 $x=-3$，得 $A=2$；令 $x=1$，得 $B=-1$.

因此 $\dfrac{x-5}{x^2+2x-3}=\dfrac{2}{x+3}-\dfrac{1}{x-1}$.

通过上例，大家看到待定系数法比较简单，所以推荐学生用此方法求解. 这样求真分式的积分就是求分解成部分分式的积分.

例 18 求 $\displaystyle\int\frac{4}{x^3+2x}\mathrm{d}x$.

解　由于被积函数的分母是三次因式且 $x^3 + 2x = x(x^2 + 2)$，

所以
$$\frac{4}{x^3 + 2x} = \frac{A}{x} + \frac{Bx + C}{x^2 + 2}$$

两端通分去分母得
$$4 = A(x^2 + 2) + x(Bx + C)$$

分别取 $x = 0$，$x = 1$，$x = -1$，得
$$\begin{cases} A = 2, \\ B + C = -2, \\ B - C = -2 \end{cases}$$

解出 $A = 2$，$B = -2$，$C = 0$，这样积分化为
$$\int \frac{4}{x^3 + 2x} dx = \int \frac{2}{x} dx - \int \frac{2x}{x^2 + 2} dx$$

计算可得
$$\int \frac{4}{x^3 + 2x} dx = 2\ln|x| - \ln(x^2 + 2) + C$$
$$= \ln \frac{x^2}{x^2 + 2} + C$$

例 19　求 $\int \frac{x^2 + 1}{x(x-1)^2} dx$.

解　设 $\dfrac{x^2 + 1}{x(x-1)^2} = \dfrac{A}{x} + \dfrac{B}{x-1} + \dfrac{C}{(x-1)^2}$，去分母得
$$x^2 + 1 = A(x-1)^2 + Bx(x-1) + Cx$$

用赋值法：

令 $x = 1$，得 $C = 2$；

令 $x = 0$，得 $A = 1$；

令 $x = 2$，得 $B = 0$.

所以
$$\int \frac{x^2 + 1}{x(x-1)^2} dx = \int \frac{1}{x} dx + \int \frac{2}{(x-1)^2} dx$$
$$= \ln|x| - \frac{2}{x-1} + C$$

【基础练习 1 – 5】

1. 验证函数 $F(x) = x(\ln x - 1)$ 是 $f(x) = \ln x$ 的一个原函数.
2. 求下列不定积分：

(1) $\int (x^3 + 3^x) dx$；

(2) $\int \sqrt{x}(2 - x) dx$；

(3) $\int \dfrac{1}{x^2(x^2 + 1)} dx$；

(4) $\int \cos^2 \dfrac{x}{2} dx$；

(5) $\int \dfrac{\mathrm{d}u}{\sin^2 u\cos^2 u}$;　　　　(6) $\int \dfrac{\cos 2x}{\sin x + \cos x}\mathrm{d}x$.

3. 求下列积分：

(1) $\int (2x - 1)^{99}\mathrm{d}x$;　　　　(2) $\int 10^{3x}\mathrm{d}x$;

(3) $\int \dfrac{1}{\sqrt{1 - 3x}}\mathrm{d}x$;　　　　(4) $\int \cos(2 - 3x)\mathrm{d}x$;

(5) $\int \sin 5x\mathrm{d}x$;　　　　(6) $\int \dfrac{1}{1 + 9x^2}\mathrm{d}x$;

(7) $\int \sin^3 x\cos x\mathrm{d}x$;　　　　(8) $\int \dfrac{x}{1 + x^2}\mathrm{d}x$;

(9) $\int \dfrac{\mathrm{e}^x}{1 + \mathrm{e}^x}\mathrm{d}x$;　　　　(10) $\int \dfrac{1}{x(1 + \ln^2 x)}\mathrm{d}x$;

(11) $\int \mathrm{e}^{\sin x}\cos x\mathrm{d}x$;　　　　(12) $\int \dfrac{x}{\sqrt{x - 3}}\mathrm{d}x$;

(13) $\int x\sqrt{x + 1}\mathrm{d}x$;　　　　(14) $\int x\sin 3x\mathrm{d}x$;

(15) $\int x\mathrm{e}^{-4x}\mathrm{d}x$;　　　　(16) $\int x\ln x\mathrm{d}x$;

(17) $\int \arcsin x\mathrm{d}x$;　　　　(18) $\int \cos \sqrt{x}\mathrm{d}x$.

【提高练习 1 - 5】

1. 设函数 $f(x)$ 的一个原函数为 $\sin 2x$, 则 $\int f'(2x)\mathrm{d}x = ($ 　 $)$.

A. $\cos 4x + C$ 　　B. $\dfrac{1}{2}\cos 4x + C$ 　　C. $2\cos 4x + C$ 　　D. $\sin 4x + C$

2. 已知 $\int f(x^2)\mathrm{d}x = \mathrm{e}^{\frac{x}{2}} + C$, 则 $f(x) = ($ 　 $)$.

A. $\dfrac{1}{2}\mathrm{e}^{\frac{x}{2}}$ 　　B. $\mathrm{e}^{\frac{x}{2}}$ 　　C. $\dfrac{1}{2}\mathrm{e}^{\frac{\sqrt{x}}{2}}$ 　　D. $\mathrm{e}^{\frac{\sqrt{x}}{2}}$

3. 不定积分 $\int [f(x) + xf'(x)]\mathrm{d}x = ($ 　 $)$.

A. $f(x) + C$ 　　B. $f'(x) + C$ 　　C. $xf(x) + C$ 　　D. $f^2(x) + C$

4. $y = k\tan 2x$ 的一个原函数为 $\dfrac{2}{3}\ln \cos 2x$, 则 $k =$ ＿＿＿＿＿＿＿＿.

5. 设 e^{-x} 是 $f(x)$ 的一个原函数, 则 $\int \mathrm{e}^x f(x)\mathrm{d}x =$ ＿＿＿＿＿＿＿＿

6. 计算下列积分：

(1) $\int \dfrac{1-x}{\sqrt{9-4x^2}}\mathrm{d}x$；

(2) $\int \dfrac{1}{\mathrm{e}^x - \mathrm{e}^{-x}}\mathrm{d}x$；

(3) $\int \dfrac{\sqrt{x+1}-1}{\sqrt{x+1}+1}\mathrm{d}x$；

(4) $\int \dfrac{\ln \ln x}{x}\mathrm{d}x$；

(5) $\int x\sin x\cos x\mathrm{d}x$；

(6) $\int \sin \ln x\mathrm{d}x$。

【应用练习 1 – 5】

1. 【边际成本与成本函数】某产品边际成本函数 $C'(q)=\dfrac{1}{\sqrt{q}}+\dfrac{1}{2\,000}$，且已知 10 000 件产品的总成本是 1 200 元，求总成本函数。

2. 【边际产量与产量函数】已知某厂生产某产品总产量 $Q(t)$ 的变化率是时间 t 的函数。当 $Q'(t)=136t+20$ 时，求该产品的总产量函数。

3. 【边际收益与收益函数】已知某产品生产 x 个单位时总收入 R 的边际收益函数为 $R'(x)=200-\dfrac{x}{100}$（$x \geq 0$），求生产了 50 个单位产品时的总收入。

4. 【边际成本与成本函数】某工厂生产某种产品，已知每月生产的产品的边际成本是 $C'(q)=2+\dfrac{7}{\sqrt[3]{q^2}}$，且固定成本是 5 000 元。求总成本函数。

5. 【边际成本与利润函数】已知某种商品的需求函数 $x=100-5p$，其中 x 为需求量（单位：件），p 为单位价格（单位：元/件）。又已知此种商品的边际成本为 $C'(x)=10-0.2x$ 且 $C(0)=10$，试确定当销售单价为多少时，总利润为最大，并求出最大总利润。

6. 【边际成本、边际收入与利润函数】某产品的边际成本 $MC=2-x$，固定成本 $C_0=20$，边际收益 $MR=20-4x$（单位：万元/台）。求：（1）总成本函数 $C(x)$；（2）收益函数 $R(x)$；（3）生产量为多少台时，总利润最大？

7. 【边际收益与收益函数】设某商品的边际收益函数为 $R'(Q)=10-5Q$，求收益函数。

8. 【产品变化率与产量函数】已知某产品产量对时间的变化率是时间 t 的函数 $Q'(t)=0.2t+1$，设此产品在时间 t 的产量为 $Q(t)$，且 $Q(0)=0$，求 $Q(t)$。

9. 【边际成本与成本函数】设某工厂生产 q 单位产品的总成本 C 是 q 的函数，已知边际成本为 $C'(q)=25+30q-9q^2$，固定成本是 55 元，求总成本与产量的函数关系式。

10. 【边际成本、边际收入与利润函数】某种产品每天生产 Q 台时的固定成本为 80 元，边际成本为 $C'(Q)=0.6Q+20$（元/台），边际收益为 $R'(Q)=32$（元/台），求利润函数。

【数学文化聚焦】李大潜院士谈学数学的目的

许多在实际工作中成功地应用了数学，并取得相当突出成绩的数学系毕业生都有这样的体会：在工作中真要用到的具体数学分支学科，具体的数学定理、公式和结论，其实并不是很多，学校里学过的一大堆数学知识很多都似乎没有派上什么用处，但所受的数学训练，所领会的数学思想和精神，却无时无刻不在发挥着积极的作用，成为取得成功的最重要的因素. 因此，如果仅仅将数学作为知识来学习，而忽略了数学思想对学生的熏陶以及学生数学素质的提高，就失去了开设数学课程的意义.

实际上，严格的数学训练，可以使学生具备一些特有的素质，这些素质包括：

（1）可以使学生树立明确的数量观念，"胸中有数"，认真地注意事物的数量方面及其变化规律.

（2）提高学生的逻辑思维能力，使他们思路清晰，条理分明，有条不紊地处理头绪纷繁的各项工作.

（3）数学上的推导要求每一个正负号、每一个小数点都不能含糊敷衍，有助于培养学生认真细致、一丝不苟的作风.

（4）数学上追求的是最有用（广泛）的结论、最低的条件（代价）以及最简明的证明，可以使学生形成精益求精的风格.

（5）使学生知道数学概念、方法和理论的产生和发展的渊源和过程，了解和领会由实际需要出发，到建立数学模型，再到解决实际问题的全过程，提高他们运用数学知识处理现实世界中各种复杂问题的意识、信念和能力.

（6）可以使学生增强拼搏精神和应变能力，能通过不断分析矛盾，从表面上一团乱麻的困难局面中理出头绪，最终解决问题.

（7）可以调动学生的探索精神和创造力，使他们更加灵活和主动，在改善所学的数学结论，改进证明的思路和方法，发现不同的数学领域或结论之间的内在联系，拓展数学知识的应用范围以及解决现实问题等方面，逐步显露出自己的聪明才智.

（8）使学生具有某种数学上的直觉和想象力，包括几何直观能力，能够根据所面对的问题的本质或特点，八九不离十地估计到可能的结论，为实际的需要提供借鉴.

数学教育本质上是一种素质教育，使学生不仅知道许多重要的数学概念、方法和结论，而且领会到数学的精神实质和思想方法，这应该是数学教育努力追求的目标，也是衡量数学教学的成效与优劣的最根本的依据.

应用六 变化率与总量问题——定积分

上个应用我们学习了不定积分及其应用，在这个应用里我们将学习积分学中的另一个重要概念——定积分，即如何通过不断变化的对象及其变化速度来把握变化的累积总量，并介绍其在经济中的应用．

●问题 1.6.1 总产量的变化率与总产量

设某产品在时刻 t 总产量的变化率为 $f(t) = 100 + 12t - 6t^2$（件/小时），求从 $t = 2$ 到 $t = 4$ 的总产量．

问题 1.6.1 解答

分析：已知的总产量的变化率就是总产量的导数，要求从 $t = 2$ 到 $t = 4$ 的总产量就是求总产量函数的增加量．

先求总产量函数：

$$Q(t) = \int f(t)\,\mathrm{d}t = \int (100 + 12t - 6t^2)\,\mathrm{d}t = 100t + 6t^2 - 2t^3 + C$$

则从 $t = 2$ 到 $t = 4$ 的总产量为

$$\Delta Q = Q(4) - Q(2) = (368 + C) - (208 + C) = 160 \ （件）$$

从上面的问题可以看出，已知导数求原函数，再通过原函数可以求出函数的增量是一个定值．也就是已知导数可以求得函数的增量是定值，这个就是定积分的问题．如果用定积分的方法来求，那么应用范围会更广、更具普遍性和更加简便．

相关知识：定积分的概念与计算；定积分的几何意义和经济意义

定积分概念

1. 定积分的概念

由区间 $[a,b]$ 上的连续曲线 $y = f(x)$ $(f(x) \geqslant 0)$，x 轴与直线 $x = a$，$x = b$ 所围成的平面图形称为曲边梯形（见图 1 - 6 - 1）．

由于曲边梯形底边上各点处的高 $f(x)$ 在区间 $[a,b]$ 上是变动的，因此不能利用已有的面积公式求出面积．为计算曲边梯形 $AabB$ 的面积，可按下述方法进行：

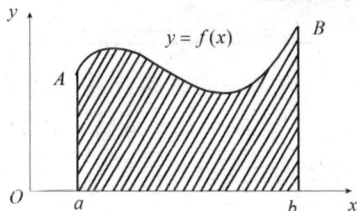

图 1 - 6 - 1

（1）分割．用任意的 $n - 1$ 个分点 $a = x_0 < x_1 < \cdots < x_{n-1} < x_n = b$ 把区间 $[a, b]$ 分成 n 个小区间：$[x_0, x_1]$；$[x_1, x_2]$，$\cdots$，$[x_{n-1}, x_n]$，其中第 i 个小区间长度为 $\Delta x_i = x_i - x_{i-1}(i = 1, 2, \cdots, n)$．

过每一分点 $x_i(i = 1,2,\cdots,n-1)$ 作 x 轴的垂线，把曲边梯形 $AabB$ 分成 n 个小曲边梯形，其中第 i 个小曲边梯形的面积记为 ΔA_i（见图 $1-6-2$）．曲边梯形 $AabB$ 的面积 A 等于 n 个小区间的面积之和，即

$$A = \sum_{i=1}^{n} \Delta A_i$$

图 $1-6-2$

（2）近似．在每一小区间 $[x_{i-1},x_i]$ 上任取一点 $\xi_i(i = 1,2,\cdots,n)$，以 Δx_i 为底边，$f(\xi_i)$ 为高作小矩作，其面积为 $f(\xi_i)\Delta x_i(i = 1,2,\cdots,n)$（见图 $1-6-3$）．

当 Δx_i 很小时，$\Delta A_i \approx f(\xi_i)\Delta x_i$．

（3）求和．把这 n 个小曲边梯形的面积的近似值加起来，便得到曲边梯形 $AabB$ 的面积近似值，即

图 $1-6-3$

$$A = \sum_{i=1}^{n} \Delta A_i \approx f(\xi_1)\Delta x_1 + \cdots + f(\xi_n)\Delta x_n = \sum_{i=1}^{n} f(\xi_i)\Delta x_i$$

（4）取极限．设 $\lambda = \max_{1 \leq i \leq n}\{\Delta x_i\}$，则当分点数无限增多，即 $n \to \infty$，且 λ 趋于零时，所有小区间的长度 $\Delta x_i = x_i - x_{i-1}(i = 1,2,\cdots,n)$ 就会无限减小，从而 $\sum_{i=1}^{n} f(\xi_i)\Delta x_i$ 就无限接近于 A．由极限的定义得 $\lim_{\lambda \to 0} \sum_{i=1}^{n} f(\xi_i)\Delta x_i$ 就是曲边梯形 $AabB$ 的面积 A，即

$$A = \lim_{\lambda \to 0} \sum_{i=1}^{n} f(\xi_i)\Delta x_i$$

⚙ 砥节砺行

定积分的数学思想可以概括为"分割（化整为零）、近似代替（局部近似）、求和（积零为整）与取极限（无限逼近）"．这种思想对平时的学习与生活也有着很大的意义，例如在学习中，我们可以将大问题尽可能切分成许多小问题，深入浅出地学习，这样更容易理解．我们应懂得，再复杂的事情都是由简单的事情组合起来的，需要我们用智慧去分解，理性平和地做事，化大为小，化繁为简．

定义1.6.1 设函数 $f(x)$ 在区间 $[a,b]$ 上有定义．用点 $a = x_0 < x_1 < x_2 < \cdots < x_{n-1} < x_n = b$，把区间 $[a,b]$ 任意分为 n 个小区间：

$$[x_0,x_1], [x_1,x_2], \cdots, [x_{n-1},x_n]$$

记 $\Delta x_i = x_i - x_{i-1}(i = 1,2,\cdots,n)$ 为第 i 个小区间的长度，$\lambda = \max\limits_{1 \leqslant i \leqslant n}\{\Delta x_i\}$ 为 n 个小区间长度中的最大值. 在每一小区间 $[x_{i-1},x_i]$ 上任取一点 ξ_i，作乘积 $f(\xi_i)\Delta x_i(i = 1,2,\cdots,n)$，并作出和式 $\sum\limits_{i=1}^{n}f(\xi_i)\Delta x_i$. 若极限 $\lim\limits_{\lambda \to 0}\sum\limits_{i=1}^{n}f(\xi_i)\Delta x_i$ 存在，则称函数 $f(x)$ 在区间 $[a,b]$ 上可积，此极限值称为函数 $f(x)$ 在区间 $[a,b]$ 上的定积分，记作 $\int_a^b f(x)\,\mathrm{d}x$，即

$$\int_a^b f(x)\,\mathrm{d}x = \lim_{\lambda \to 0}\sum_{i=1}^{n}f(\xi_i)\Delta x_i$$

其中，$f(x)$ 称为被积函数；$[a,b]$ 称为积分区间；a 称为积分下限；b 称为积分上限；x 称为积分变量；$f(x)\,\mathrm{d}x$ 称为被积表达式；$\sum\limits_{i=1}^{n}f(\xi_i)\Delta x_i$ 称为积分和.

这样上面曲边梯形 $AabB$ 的面积 $A = \lim\limits_{\lambda \to 0}\sum\limits_{i=1}^{n}f(\xi_i)\Delta x_i = \int_a^b f(x)\,\mathrm{d}x$.

注：（1）函数 $f(x)$ 在区间 $[a,b]$ 上的定积分是积分和的极限，如果这一极限存在，则它是一个确定的常量. 它只与被积函数 $f(x)$ 和积分区间 $[a,b]$ 有关，而与积分变量使用什么字母表示无关.

$$\int_a^b f(x)\,\mathrm{d}x = \int_a^b f(t)\,\mathrm{d}t$$

（2）在定积分的定义中，总是假设 $a < b$，如果 $b < a$，我们规定

$$\int_a^b f(x)\,\mathrm{d}x = -\int_b^a f(x)\,\mathrm{d}x$$

特别地，当 $a = b$ 时，有 $\int_a^a f(t)\,\mathrm{d}t = 0$.

2. 定积分的几何意义

显然从上面曲边梯形的面积可看出定积分的几何意义：

当 $f(x) \geqslant 0$ 时，定积分 $\int_a^b f(x)\,\mathrm{d}x$ 表示由曲线 $y = f(x)$，$x = a$，$x = b$，与 x 轴所围的位于 x 轴上方的曲边梯形的面积，即 $\int_a^b f(x)\,\mathrm{d}x = A > 0$.

当 $f(x) < 0$ 时，则曲边梯形位于 x 轴下方，这时 $\int_a^b f(x)\,\mathrm{d}x$ 表示对应曲边梯形面积的负值，即 $\int_a^b f(x)\,\mathrm{d}x = -A < 0$.

当 $f(x)$ 有正有负时（见图 $1-6-4$），定积分 $\int_a^b f(x)\,\mathrm{d}x$ 表示若干个曲边梯形面积的代数和，其中位于 x 轴上方的前面取 "+" 号，位于 x 轴下方的前面取 "-" 号，即

图 $1-6-4$

$$\int_a^b f(x)\,\mathrm{d}x = A_1 - A_2 + A_3$$

例1 利用定积分的几何意义计算 $\int_0^1 \sqrt{1-x^2}\,\mathrm{d}x$.

解 如图 1-6-5 可知，在区间 $[0,1]$ 上的被积函数 $y = \sqrt{1-x^2}$ 对应半径为 1 的圆在第一象限的部分，所以根据定积分的几何意义可知 $\int_0^1 \sqrt{1-x^2}\,\mathrm{d}x = \dfrac{1}{4}\pi$.

图 1-6-5

3. 定积分计算公式——牛顿－莱布尼茨公式（微积分基本定理）

定理 1.6.1 设 $f(x)$ 在区间 $[a,b]$ 上连续，$F(x)$ 是 $f(x)$ 的一个原函数，则

$$\int_a^b f(x)\,\mathrm{d}x = F(x)\,\Big|_a^b = F(b) - F(a)$$

此公式称为微积分基本公式，也称为牛顿－莱布尼茨公式.

这样，求定积分就是先求原函数，然后把上、下限代入原函数，再把所得的函数值相减即可.

例2 求下列定积分：

$(1)\ \displaystyle\int_{-1}^1 \frac{1}{1+x^2}\,\mathrm{d}x;$ $\qquad (2)\ \displaystyle\int_0^\pi \sin x\,\mathrm{d}x;$ $\qquad (3)\ \displaystyle\int_0^1 (x^2 - 4x + 5)\,\mathrm{d}x.$

解 $(1)\ \displaystyle\int_{-1}^1 \frac{1}{1+x^2}\,\mathrm{d}x = \arctan x\,\Big|_{-1}^1 = \arctan 1 - \arctan(-1) = \frac{\pi}{2};$

$(2)\ \displaystyle\int_0^\pi \sin x\,\mathrm{d}x = -\cos x\,\Big|_0^\pi = -\cos\pi - (-\cos 0) = 2;$

$(3)\ \displaystyle\int_0^1 (x^2 - 4x + 5)\,\mathrm{d}x = \left(\frac{1}{3}x^3 - 2x^2 + 5x\right)\Big|_0^1 = \frac{1}{3} - 2 + 5 = \frac{10}{3}.$

问题 1.6.1 解答（定积分法）

从 $t=2$ 到 $t=4$ 的总产量为

$$\Delta Q = Q(4) - Q(2) = \int_2^4 f(t)\,\mathrm{d}t = \int_2^4 (100 + 12t - 6t^2)\,\mathrm{d}t$$

$$= (100t + 6t^2 - 2t^3)\,\Big|_2^4 = 368 - 208 = 160$$

4. 定积分的性质

由定积分的定义以及极限的运算法则与性质，可推得下列定积分的性质. 假设下列定积分都是存在的，如不特别说明，积分上、下限的大小均不加限制.

性质 1　被积表达式中的常数因子可以提到积分号前，即

$$\int_a^b kf(x)\,\mathrm{d}x = k\int_a^b f(x)\,\mathrm{d}x \ (k \text{ 为常数})$$

性质 2　两个函数代数和的积分等于各函数积分的代数和，即

$$\int_a^b [f(x) \pm g(x)]\,\mathrm{d}x = \int_a^b f(x)\,\mathrm{d}x \pm \int_a^b g(x)\,\mathrm{d}x$$

性质 1 和性质 2 是定积分的基本运算性质，可以推广到任意有限多个函数代数和的情况. 即

$$\int_a^b [k_1 f_1(x) + k_2 f_2(x) + \cdots + k_n f_n(x)]\,\mathrm{d}x$$

$$= k_1\int_a^b f_1(x)\,\mathrm{d}x + k_2\int_a^b f_2(x)\,\mathrm{d}x + \cdots + k_n\int_a^b f_n(x)\,\mathrm{d}x$$

性质 3　（定积分关于积分区间的**可加性**）对任意的点 c，有

$$\int_a^b f(x)\,\mathrm{d}x = \int_a^c f(x)\,\mathrm{d}x + \int_c^b f(x)\,\mathrm{d}x$$

c 的任意性意味着，不论 $c \in [a,b]$ 还是 $c \notin [a,b]$ 这一性质均成立.

性质 3 常用于求分段函数的定积分.

例 3　已知 $f(x) = \begin{cases} 1+x, & x < 0, \\ 1-x, & x \geqslant 0, \end{cases}$　求 $\int_{-1}^1 f(x)\,\mathrm{d}x.$

解　$\int_{-1}^1 f(x)\,\mathrm{d}x = \int_{-1}^0 (1+x)\,\mathrm{d}x + \int_0^1 (1-x)\,\mathrm{d}x = \left(x + \frac{1}{2}x^2\right)\Big|_{-1}^0 + \left(x - \frac{1}{2}x^2\right)\Big|_0^1 = 1.$

例 4　计算 $\int_{-1}^1 |x|\,\mathrm{d}x.$

解　被积函数可化为 $f(x) = |x| = \begin{cases} -x, & x < 0, \\ x, & x \geqslant 0, \end{cases}$　因此

$$\int_{-1}^1 |x|\,\mathrm{d}x = \int_{-1}^0 (-x)\,\mathrm{d}x + \int_0^1 x\,\mathrm{d}x = \left(-\frac{1}{2}x^2\right)\Big|_{-1}^0 + \frac{1}{2}x^2\Big|_0^1 = 1$$

性质 4　若在区间 $[a,b]$ 上，恒有 $f(x) \leqslant g(x)$，则 $\int_a^b f(x)\,\mathrm{d}x \leqslant \int_a^b g(x)\,\mathrm{d}x.$

性质 5（估值定理）　若在 $[a,b]$ 上有 $m \leqslant f(x) \leqslant M$，则

$$m(b-a) \leqslant \int_a^b f(x)\,\mathrm{d}x \leqslant M(b-a)$$

性质 6（积分中值定理）　若函数 $f(x)$ 在区间 $[a,b]$ 上连续，则在 $[a,b]$ 内至少有一点 ξ，使得 $\int_a^b f(x)\,\mathrm{d}x = f(\xi)(b-a)$（见图 $1-6-6$）. 由此得到的 $f(\xi) = \dfrac{1}{b-a}$

$\int_a^b f(x)\,\mathrm{d}x$，称为函数 $f(x)$ 在区间 $[a,b]$ 上的**平均值**.

5. 对称区间上的定积分

函数 $f(x)$ 在区间 $[-a,a]$ 上连续（$a>0$），则

$$\int_{-a}^a f(x)\,\mathrm{d}x = \begin{cases} 2\int_0^a f(x)\,\mathrm{d}x, & f(x) \text{ 为偶函数}, \\ 0, & f(x) \text{ 为奇函数} \end{cases}$$

图 1 - 6 - 6

例 5 计算 $\int_{-\pi}^{\pi} x^2 \sin x\,\mathrm{d}x$.

解 因为 $x^2 \sin x$ 是奇函数，所以 $\int_{-\pi}^{\pi} x^2 \sin x\,\mathrm{d}x = 0$.

对称区间上
定积分的应用示例

例 6 计算 $\int_{-2}^2 3x^2\,\mathrm{d}x$.

解 因为 $3x^2$ 是偶函数，所以 $\int_{-2}^2 3x^2\,\mathrm{d}x = 2\int_0^2 3x^2\,\mathrm{d}x = 2x^3\big|_0^2 = 16$.

6. 定积分的经济意义

在公式 $\int_a^b f(x)\,\mathrm{d}x = F(x)\big|_a^b = F(b) - F(a)$ 中，$f(x)$ 与 $F(x)$ 是导

定积分的
经济应用

数与原函数的关系，由于总函数（如总成本、总收益、总利润等）的
导数就是边际函数（如边际成本、边际收益、边际利润等），因此

（1）已知边际成本 $C'(Q)$，固定成本 C_0，则总成本函数

$$C(Q) = \int_0^Q C'(t)\,\mathrm{d}t + C_0$$

$\int_a^b C'(Q)\,\mathrm{d}Q = C(Q)\big|_a^b = C(b) - C(a) = \Delta C$，表示产量由 a 增加到 b 的追加
成本.

（2）已知边际收益 $R'(Q)$，则总收益函数 $R(Q) = \int_0^Q R'(t)\,\mathrm{d}t$.

$\int_a^b R'(Q)\,\mathrm{d}Q = R(Q)\big|_a^b = R(b) - R(a) = \Delta R$，表示销售量由 a 增加到 b 的追
加收益.

（3）总利润函数 $L(Q) = R(Q) - C(Q) = \int_0^Q [R'(t) - C'(t)]\,\mathrm{d}t + C_0$.

$\int_a^b L'(Q)\,\mathrm{d}Q = L(Q)\big|_a^b = L(b) - L(a) = \Delta L$，表示销售量由 a 增加到 b 的追加
利润.

●问题 1.6.2 边际成本、边际收益与总利润

某种产品每天生产 Q 台时的固定成本为 $C_0 = 80$ 元，边际成本为 $C'(Q) =$

$0.6Q + 20$(元 / 台)，边际收益为 $R'(Q) = 32$(元 / 台)，求：

(1) 每天生产多少台时利润最大？最大利润是多少？

(2) 在利润最大时，若再多生产 10 台，总利润有何变化？

问题 1.6.2　解答

(1) 由利润最大原则，即 $R'(Q) = C'(Q)$ 时利润最大可知，当 $32 = 0.6Q + 20$，即 $Q_0 = 20$(台) 时利润最大，最大利润为

$$L(20) = \int_0^{20} [R'(Q) - C'(Q)] \mathrm{d}Q - C_0 = \int_0^{20} (32 - 0.6Q - 20) \mathrm{d}Q - 80 = 40(元)$$

$$(2)\ \Delta L = \int_{20}^{30} [R'(Q) - C'(Q)] \mathrm{d}Q$$

$$= \int_{20}^{30} (32 - 0.6Q - 20) \mathrm{d}Q$$

$$= (12Q - 0.3Q^2) \Big|_{20}^{30} = -30(元).$$

即当每天生产 20 台时有最大利润 40 元，再多生产 10 台该产品，利润将减少 30 元.

●问题 1.6.3　多少年能全部收回投资？

若某企业投资 800 万元，年利率为 5%，设在 20 年内的均匀收入率为 200 万元 / 年，试求：

(1) 该投资的纯收入贴现值；

(2) 收回该笔投资的时间为多少？

相关知识：资本现值；收入率；纯收入的贴现值；广义积分

若现有 a 元货币，按年利率为 r 作连续复利计算，则 t 年后的价值为 $a\mathrm{e}^{rt}$ 元；反过来，若 t 年后有 a 元货币，则按连续复利计算，现应有 $a\mathrm{e}^{-rt}$ 元，这就称为资本现值.

设在时间段 $[0, T]$ 上 t 时刻的单位时间收入为 $R'(t)$，称为收入率，若按年利率为 r 的连续复利计算，则在 $[0, T]$ 上的总收入为 $R = \int_0^T R'(t) \mathrm{e}^{-rt} \mathrm{d}t$.

若收入率 $R'(t) = A$ (A 为常数)，则称为均匀收入率，如果年利率 r 也为常数，则总收入的现值为 $R = \int_0^T A\mathrm{e}^{-rt} \mathrm{d}t = -A \frac{1}{r} \mathrm{e}^{-rt} \Big|_0^T = \frac{A}{r}(1 - \mathrm{e}^{-rT})$.

若在 $t = 0$ 时，一次投入的资金为 a，则在 $[0, T]$ 上的纯收入的贴现值（也称投资效益）为 $R^* = R - a = \int_0^T A\mathrm{e}^{-rt} \mathrm{d}t - a$，即纯收入的贴现值 = 总收入现值 - 总投资.

当总收入的现值等于投资 $\frac{A}{r}(1 - \mathrm{e}^{-rT}) = a$ 时，即收回投资，则收回投资的时间为 $T = \frac{1}{r} \ln \frac{A}{A - ar}$.

定义 1.6.2 设函数 $f(x)$ 在区间 $[a, +\infty)$ 内连续，如果极限

$$\lim_{b \to +\infty} \int_a^b f(x)\,\mathrm{d}x (a < b)$$

存在，则称此极限值为 $f(x)$ 在区间 $[a, +\infty)$ 内的广义积分. 记作

$$\int_a^{+\infty} f(x)\,\mathrm{d}x = \lim_{b \to +\infty} \int_a^b f(x)\,\mathrm{d}x (a < b)$$

这时也称广义积分 $\int_a^{+\infty} f(x)\,\mathrm{d}x$ 收敛；如果上述极限不存在，就称广义积分 $\int_a^{+\infty} f(x)\,\mathrm{d}x$ 发散.

类似地，可以定义函数 $f(x)$ 在 $(-\infty, b]$ 和 $(-\infty, +\infty)$ 内的广义积分，即

$$\int_{-\infty}^b f(x)\,\mathrm{d}x = \lim_{a \to -\infty} \int_a^b f(x)\,\mathrm{d}x (a < b)$$

$$\int_{-\infty}^{+\infty} f(x)\,\mathrm{d}x = \lim_{a \to -\infty} \int_a^c f(x)\,\mathrm{d}x + \lim_{b \to +\infty} \int_c^b f(x)\,\mathrm{d}x, \quad c \in (-\infty, +\infty)$$

例1 计算广义积分 $\int_0^{+\infty} \mathrm{e}^{-2x}\,\mathrm{d}x$.

解 $\int_0^{+\infty} \mathrm{e}^{-2x}\,\mathrm{d}x = \lim\limits_{b \to +\infty} \int_a^b \mathrm{e}^{-2x}\,\mathrm{d}x = \lim\limits_{b \to +\infty} \left(-\frac{1}{2}\mathrm{e}^{-2x} \right)\Big|_0^b = \lim\limits_{b \to +\infty} \left(-\frac{1}{2}\mathrm{e}^{-2b} + \frac{1}{2} \right) = \frac{1}{2}$.

为了方便，在计算过程中可以省去极限符号. 如例1的计算过程可以写成

$$\int_0^{+\infty} \mathrm{e}^{-2x}\,\mathrm{d}x = -\frac{1}{2}\mathrm{e}^{-2x}\Big|_0^{+\infty} = \lim_{x \to +\infty} \left(-\frac{1}{2}\mathrm{e}^{-2x} \right) + \frac{1}{2} = \frac{1}{2}$$

即约定 $F(x)\Big|_a^{+\infty} = \lim\limits_{x \to +\infty} F(x) - F(a)$.

例2 计算曲线 $y = \dfrac{1}{1+x^2}$ 和 x 轴之间的面积，如图 1-6-7 所示.

$$y = \frac{1}{1+x^2}$$

图 1-6-7

解 由题意，所求图形的面积为广义积分

$$\int_{-\infty}^{+\infty} \frac{1}{1+x^2}\,\mathrm{d}x = \int_{-\infty}^0 \frac{1}{1+x^2}\,\mathrm{d}x + \int_0^{+\infty} \frac{1}{1+x^2}\,\mathrm{d}x$$

因为

$$\int_{-\infty}^{0} \frac{1}{1+x^2}dx = \arctan x \Big|_{-\infty}^{0} = 0 - \lim_{x \to -\infty} \arctan x = 0 - \left(-\frac{\pi}{2}\right) = \frac{\pi}{2}$$

而

$$\int_{0}^{+\infty} \frac{1}{1+x^2}dx = \arctan x \Big|_{0}^{+\infty} = \lim_{x \to +\infty} \arctan x - 0 = \frac{\pi}{2}$$

所以

$$\int_{-\infty}^{+\infty} \frac{1}{1+x^2}dx = \frac{\pi}{2} + \frac{\pi}{2} = \pi$$

即所求图形的面积为 π.

⚙ 砥节砺行

　　人们常常理所当然地认为无界区域的面积一定无穷大，但通过学习我们发现，无界区域的面积是可以被计算出来的. 在平时生活和学习中遇到的许多事情也都可以看作"广义积分"，我们主观上往往认为它是不可能完成的，但它实际上却是"收敛"的. 因此，我们平时看问题、想事情，一定要学会用科学理性的思维去辩证地看和思，不能想当然地感觉是什么就认为是什么，更不能以偏概全. 下结论以及做出判断之前要全方位思考，逻辑要缜密，不能绝对化，解决问题的方式要有创新，敢于突破.

　　例3　计算广义积分 $\int_{0}^{+\infty} xe^{-x}dx$.

　　解　$\int_{0}^{+\infty} xe^{-x}dx = \int_{0}^{+\infty} (-x)\,de^{-x} = -xe^{-x}\Big|_{0}^{+\infty} + \int_{0}^{+\infty} e^{-x}dx$

$$= \lim_{x \to +\infty}(-xe^{-x}) - e^{-x}\Big|_{0}^{+\infty} = -\lim_{x \to +\infty}\frac{x}{e^x} - \lim_{x \to +\infty}e^{-x} + 1$$

$$= -\lim_{x \to +\infty}\frac{1}{e^x} + 1 = 1$$

　　如果回收期为无限时期，则纯收入的贴现值为 $R^* = R - a = \int_{0}^{+\infty} Ae^{-rt}dt - a$. 显然，$R^*$ 的值越大，投资效益越好.

　　问题 1.6.3　解答

　　总收入的现值为

$$R = \frac{A}{r}(1 - e^{-rT}) = \frac{200}{0.05}(1 - e^{-0.05 \times 20}) = 4\,000(1 - e^{-1}) \approx 2\,528.5(万元)$$

　　从而投资所得纯收入贴现值为 $R^* = R - a = 2\,528.5 - 800 = 1\,728.5(万元)$，

收回投资的时间为

$$T = \frac{1}{r}\ln\frac{A}{A-ar} = \frac{1}{0.05}\ln\frac{200}{200-800\times0.05} = 20\ln 1.25 \approx 4.46(年)$$

●问题 1.6.4　应何时报废设备？

某企业想购买一台设备，该设备成本为 5 000 元. T 年后该设备的报废价值为 $S(t) = 5\,000 - 400t$ 元，使用该设备在 t 年时可使企业增加收入 $850 - 40t$（元）. 若年利率为 5%，计算连续复利，企业应在什么时候报废这台设备？此时，总利润的现值是多少？

问题 1.6.4　解答

企业选择报废设备的时间应该是实现总利润最大的时候，假设 T 年后报废设备，此时实现的最大总利润的现值也最大.

T 年后总收入的现值为

$$R = \int_0^T R'(t)\mathrm{e}^{-rt}\mathrm{d}t = \int_0^T (850-40t)\mathrm{e}^{-0.05t}\mathrm{d}t$$

T 年后总利润的现值为

$$L(T) = \int_0^T (850-40t)\mathrm{e}^{-0.05t}\mathrm{d}t + (5\,000-400T)\mathrm{e}^{-0.05T} - 5\,000$$

$$L'(T) = (850-40T)\mathrm{e}^{-0.05T} - 400\mathrm{e}^{-0.05T} - 0.05\times(5\,000-400T)\mathrm{e}^{-0.05T}$$
$$= (200-20T)\mathrm{e}^{-0.05T}$$

令 $L'(T) = 0$，得 $T = 10$. 当 $T > 10$ 时，$L'(T) > 0$；当 $T < 10$ 时，$L'(T) < 0$，则 $T = 10$ 是唯一的极大值点. 即 $T = 10$ 时，总利润的现值最大，故应在使用 10 年后报废这台机器. 此时企业所得的利润的现值为

$$L(10) = \int_0^{10} (200-20T)\mathrm{e}^{-0.05T}\mathrm{d}T = (400T+4\,000)\mathrm{e}^{-0.05T}\big|_0^{10} \approx 852.25(元)$$

●问题 1.6.5　消费者剩余与生产者剩余

在完全竞争条件下某商品的需求函数为 $P = 113 - Q^2$，供给函数为 $P = (Q+10)^2$，求消费者剩余和生产者剩余.

相关知识：消费者剩余；生产者剩余

需求是指在一定价格条件下，消费者愿意购买且有支付能力购买的商品量. 设需求函数为 $P = D(Q)$，这里 Q 为商品的需求量，P 为该商品的价格，若该商品的市场价格为 P_0，相应的需求量为 Q_0，$P_0 = D(Q_0)$，则原打算用高于市场价格 P_0 的价格购买商品的消费者，会由于市场价格定于 P_0 而得到好处，这个好处称为消费者剩余（即愿意付出的金额 – 实际付出的金额），记作 $R_D(Q_0)$，即图 1 – 6 – 8 中阴影部分的面积

$$R_D(Q_0) = \int_0^{Q_0} D(Q)\mathrm{d}Q - P_0 Q_0$$

类似地，生产者获得超过其生产成本的收益称为生产者剩余（即销售收益 – 生产成本），记作 $R_S(Q_0)$，即图 1 – 6 – 9 中阴影部分面积

$$R_S(Q_0) = P_0 Q_0 - \int_0^{Q_0} S(Q)\mathrm{d}Q$$

其中，$P = S(Q)$ 为供给函数.

若某商品市场是完全竞争的，需求函数和供给函数分别为 $P = D(Q)$ 与 $P = S(Q)$，均衡价格和均衡量分别为 $\overline{P}$ 和 $\overline{Q}$，则消费者剩余和生产者剩余分别为（见图 1 – 6 – 10）$R_D(\overline{Q}) = \int_0^{\overline{Q}} D(Q)\mathrm{d}Q - \overline{P}\,\overline{Q}$ 和 $R_S(\overline{Q}) = \overline{P}\,\overline{Q} - \int_0^{\overline{Q}} S(Q)\mathrm{d}Q$.

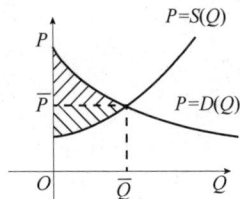

图 1 – 6 – 8　　　　图 1 – 6 – 9　　　　图 1 – 6 – 10

问题 1.6.5　解答

由 $113 - Q^2 = (Q + 1)^2$ 得均衡量 $\overline{Q} = 7$，均衡价格 $\overline{P} = 64$，则消费者剩余为

$$R_D(7) = \int_0^7 (113 - Q^2)\mathrm{d}Q - 64 \times 7 = \left(113Q - \frac{Q^3}{3}\right)\Big|_0^7 - 448 \approx 228.67$$

生产者剩余为

$$R_S(7) = 64 \times 7 - \int_0^7 (Q + 1)^2\mathrm{d}Q = 448 - \frac{(Q + 1)^3}{3}\Big|_0^7 \approx 277.33$$

知识拓展

1. 变上限积分函数

定义 1.6.3　若函数 $f(x)$ 在区间 $[a,b]$ 上连续，那么在区间 $[a,b]$ 上每一点 x 就有一个确定的定积分 $\int_a^x f(t)\mathrm{d}t$ 的值与之对应，即构成一个新的函数，称为积分上限函数或变上限定积分，记为 $\Phi(x)$，即

变上限定积分
应用示例

$$\Phi(x) = \int_a^x f(t)\mathrm{d}t, x \in [a,b]$$

（1）$\Phi'(x) = \left[\int_a^x f(t)\mathrm{d}t\right]' = f(x)$；

（2）如果 $g(x)$ 可导，则 $\left[\int_a^{g(x)} f(t)\mathrm{d}t\right]' = f[g(x)] \cdot g'(x)$.

例1　设 $\Phi(x) = \int_1^x t\cos t\mathrm{d}t$ ，求 $\Phi'(x)$.

解　$\Phi'(x) = \left(\int_1^x t\cos t\mathrm{d}t\right)' = x\cos x$.

例2　设 $\Phi(x) = \int_1^{x^2} \tan t\mathrm{d}t$ ，求 $\Phi'(x)$.

解　$\Phi'(x) = \left(\int_1^{x^2} \tan t\mathrm{d}t\right)' = \tan x^2 \cdot (x^2)' = 2x\tan x^2$.

例3　设 $\Phi(x) = \int_x^{x^2} \dfrac{1}{1+t^2}\mathrm{d}t$ ，求 $\Phi'(x)$.

解　$\Phi'(x) = \left(\int_x^{x^2} \dfrac{1}{1+t^2}\mathrm{d}t\right)' = \left(\int_x^0 \dfrac{1}{1+t^2}\mathrm{d}t + \int_0^{x^2} \dfrac{1}{1+t^2}\mathrm{d}t\right)'$

$\quad = \left(-\int_0^x \dfrac{1}{1+t^2}\mathrm{d}t + \int_0^{x^2} \dfrac{1}{1+t^2}\mathrm{d}t\right)' = -\dfrac{1}{1+x^2} + \dfrac{2x}{1+x^4}$.

2. 定积分的计算

1）直接积分法

例1　$\displaystyle\int_0^1 x^2\mathrm{d}x = \dfrac{1}{3}x^3\bigg|_0^1 = \dfrac{1}{3} \times (1^3 - 0^3) = \dfrac{1}{3}$.

例2　$\displaystyle\int_1^2 \dfrac{1}{x^2(x^2+1)}\mathrm{d}x = \int_1^2 \dfrac{1+x^2-x^2}{x^2(x^2+1)}\mathrm{d}x = \int_1^2 \left(\dfrac{1}{x^2} - \dfrac{1}{x^2+1}\right)\mathrm{d}x$

$\quad = \left(-\dfrac{1}{x} - \arctan x\right)\bigg|_1^2 = -\dfrac{1}{2} - \arctan 2 + 1 + \arctan 1$

$\quad = \dfrac{1}{2} - \arctan 2 + \dfrac{\pi}{4}$.

例3　$\displaystyle\int_0^{\frac{\pi}{2}} \dfrac{\cos 2x}{\cos x - \sin x}\mathrm{d}x = \int_0^{\frac{\pi}{2}} \dfrac{\cos^2 x - \sin^2 x}{\cos x - \sin x}\mathrm{d}x$

$\quad = \displaystyle\int_0^{\frac{\pi}{2}} (\cos x + \sin x)\mathrm{d}x = (\sin x - \cos x)\bigg|_0^{\frac{\pi}{2}} = (1-0) - (0-1) = 2$.

例4　$\displaystyle\int_0^{\frac{\pi}{2}} \left|\dfrac{1}{2} - \sin x\right|\mathrm{d}x = \int_0^{\frac{\pi}{6}} \left(\dfrac{1}{2} - \sin x\right)\mathrm{d}x + \int_{\frac{\pi}{6}}^{\frac{\pi}{2}} \left(\sin x - \dfrac{1}{2}\right)\mathrm{d}x$

$\quad = \left(\dfrac{1}{2}x + \cos x\right)\bigg|_0^{\frac{\pi}{6}} - \left(\dfrac{1}{2}x + \cos x\right)\bigg|_{\frac{\pi}{6}}^{\frac{\pi}{2}}$

$\quad = \left(\dfrac{\pi}{12} + \dfrac{\sqrt{3}}{2} - 1\right) - \left(\dfrac{\pi}{4} + 0 - \dfrac{\pi}{12} - \dfrac{\sqrt{3}}{2}\right) = \sqrt{3} - 1 - \dfrac{\pi}{12}$.

2）凑微分积分法

定理1.6.2　设函数 $f(u)$ 在区间 $[a,b]$ 上具有原函数 $F(u)$ ， $u = \varphi(x)$ 在 $[\alpha,\beta]$ 上具有连续的导数，则有

$$\int_a^b f[\varphi(x)]\varphi'(x)\mathrm{d}x = \int_a^b f[\varphi(x)]\mathrm{d}\varphi(x) = F[\varphi(x)]\,\big|_a^b$$

例5　(1) $\int_0^1 (2-3x)^4\mathrm{d}x = -\dfrac{1}{3}\int_0^1 (2-3x)^4\mathrm{d}(2-3x)$

$$= -\dfrac{1}{15}(2-3x)^5\,\Big|_0^1 = -\dfrac{1}{15}\times[(-1)^5-2^5] = \dfrac{33}{15};$$

(2) $\int_0^1 \dfrac{x^5}{1+x^6}\mathrm{d}x = \dfrac{1}{6}\int_0^1 \dfrac{1}{1+x^6}\mathrm{d}(1+x^6) = \dfrac{1}{6}\ln(1+x^6)\,\Big|_0^1 = \dfrac{1}{6}\ln 2;$

(3) $\int_0^{\ln 2} \mathrm{e}^x\sin \mathrm{e}^x\mathrm{d}x = \int_0^{\ln 2}\sin \mathrm{e}^x\mathrm{d}\mathrm{e}^x = -\cos \mathrm{e}^x\,|_0^{\ln 2} = \cos 1 - \cos 2;$

(4) $\int_e^{e^2} \dfrac{1}{x\ln x}\mathrm{d}x = \int_e^{e^2}\dfrac{1}{\ln x}\mathrm{d}\ln x = \ln|\ln x|\,|_e^{e^2} = \ln 2;$

(5) $\int_0^{\frac{\pi}{2}} \cos^3 x\sin x\mathrm{d}x = \int_0^{\frac{\pi}{2}}\cos^3 x\mathrm{d}(-\cos x) = -\dfrac{1}{4}\cos^4 x\,\Big|_0^{\frac{\pi}{2}} = \dfrac{1}{4}.$

例6　求下列积分:

(1) $\int_{-2}^2 \dfrac{x}{2+x^2}\mathrm{d}x$;　　　　(2) $\int_{-2}^2 \dfrac{x+|x|}{2+x^2}\mathrm{d}x$.

解　(1) 因为被积函数 $f(x) = \dfrac{x}{2+x^2}$ 是对称区间 $[-2,2]$ 上的奇函数,所以

$$\int_{-2}^2 \dfrac{x}{2+x^2}\mathrm{d}x = 0$$

(2) $\int_{-2}^2 \dfrac{x+|x|}{2+x^2}\mathrm{d}x = \int_{-2}^2 \dfrac{x}{2+x^2}\mathrm{d}x + \int_{-2}^2 \dfrac{|x|}{2+x^2}\mathrm{d}x$

$$= 0 + 2\int_0^2 \dfrac{x}{2+x^2}\mathrm{d}x = \int_0^2 \dfrac{1}{2+x^2}\mathrm{d}(2+x^2)$$

$$= \ln(2+x^2)\,|_0^2 = \ln 3.$$

3) 换元积分法

定理1.6.3　设函数 $f(x)$ 在区间 $[a,b]$ 上连续,函数 $x=\phi(t)$ 在区间 $[\alpha,\beta]$ 上满足条件:

(1) $\phi(\alpha)=a$, $\phi(\beta)=b$;

(2) $\phi(t)$ 在 $[\alpha,\beta]$ 上具有连续的导数,同时其值不超过 $[a,b]$;

(3) 又设 $f[\phi(t)]\phi'(t)$ 具有原函数 $G(t)$,

则有

$$\int_a^b f(x)\mathrm{d}x = \int_\alpha^\beta f[\phi(t)]\phi'(t)\mathrm{d}t = G(t)\,|_\alpha^\beta$$

应用定积分的换元积分法计算积分时,用 $x=\phi(t)$ 将变量 x 换成 t 时,积分限也要换成新变量 t 的积分限,即换元需换限.

例7 求下列积分：

$$(1) \int_2^4 \frac{dx}{x\sqrt{x-1}} ; \qquad\qquad (2) \int_0^{\ln 5} \sqrt{e^x - 1}\,dx .$$

解 （1）设 $t = \sqrt{x-1}$，则 $x = 1 + t^2$，$dx = 2tdt$.

当 $x = 2$ 时，$t = 1$；当 $x = 4$ 时，$t = \sqrt{3}$. 所以

$$\int_2^4 \frac{dx}{x\sqrt{x-1}} = \int_1^{\sqrt{3}} \frac{2tdt}{(1+t^2)t} = 2\int_1^{\sqrt{3}} \frac{1}{1+t^2}dt = 2\arctan t \Big|_1^{\sqrt{3}}$$

$$= 2 \times \left(\frac{\pi}{3} - \frac{\pi}{4}\right) = \frac{\pi}{6}$$

（2）设 $t = \sqrt{e^x - 1}$，则 $x = \ln(1 + t^2)$，$dx = \frac{2t}{1+t^2}dt$.

当 $x = 0$ 时，$t = 0$；当 $x = \ln 5$ 时，$t = 2$. 所以

$$\int_0^{\ln 5} \sqrt{e^x - 1}\,dx = \int_0^2 t \cdot \frac{2t}{1+t^2}dt = 2\int_0^2 \frac{t^2}{1+t^2}dt$$

$$= 2\int_0^2 \left(1 - \frac{1}{1+t^2}\right)dt = 2(t - \arctan t)\Big|_0^2$$

$$= 4 - 2\arctan 2$$

4）分部积分法

定理1.6.4 设函数 $u = u(x)$，$v = v(x)$ 具有连续导数. 根据乘积的求导法则 $(uv)' = u'v + uv'$，可得

$$\int_a^b uv'dx = \int_a^b u\,dv = uv \Big|_a^b - \int_a^b v\,du$$

称为定积分分部积分公式.

例8 求下列积分：

$$(1) \int_0^1 xe^{-x}dx ; \qquad\qquad (2) \int_1^e \ln x\,dx .$$

解 （1）设 $u = x$，$v' = e^{-x}$，则 $v = -e^{-x}$. 所以

$$\int_0^1 xe^{-x}dx = \int_0^1 xd(-e^{-x}) = -\int_0^1 xde^{-x} = -xe^{-x}\Big|_0^1 + \int_0^1 e^{-x}dx$$

$$= -xe^{-x}\Big|_0^1 - e^{-x}\Big|_0^1 = -2e^{-1} + 1$$

（2）设 $u = \ln x$，$v = x$，所以

$$\int_1^e \ln x\,dx = x\ln x\Big|_1^e - \int_1^e xd\ln x = e - \int_1^e x \cdot \frac{1}{x}dx = e - e + 1 = 1$$

3. 利用定积分求平面图形面积

我们用定积分求曲边梯形的面积时，所用的方法是先把整体进行分割，在局部范围内"以直代曲"，以"均匀代替非均匀"，

定积分的几何应用

具体步骤则是分割、近似代替、求和、取极限. 事实上，许多求几何量及物理量的情况都可以通过这种方法解决. 但为了应用方便，我们常把这四步简化成两步：

第一步（把分割、近似代替合成一步）首先选取积分变量，例如选 x 为积分变量，$\forall x$, $x + dx \in [a, b]$，得小区间 $[x, x + dx] \subset [a, b]$，设所求的整体量是 I，取 $\xi_i = x$，求出 I 的局部量的近似值，即 $dI = f(x)dx$ 又称为整体量的微元.

第二步（把求和、取极限合成一步）即求 dI 在 $[a, b]$ 上的定积分，便得所求量 I，即 $I = \int_a^b dI = \int_a^b f(x)dx$.

用以上两步解决实际问题的方法称为定积分的微元法或元素法.

应用定积分的微元法，不但可以计算曲边梯形的面积，还可以计算一些比较复杂的平面图形的面积.

一般地，如果函数 $y = f(x)$，$y = g(x)$ 在区间 $[a, b]$ 上连续，并且在 $[a, b]$ 上有 $g(x) \leqslant f(x)$，则介于两条曲线 $y = f(x)$，$y = g(x)$ 以及两条直线 $x = a$，$x = b$ 之间的平面图形的面积元素（见图 $1 - 6 - 11$ 中的阴影部分）为 $dA = [f(x) - g(x)]dx$. 因此，平面图形（见图 $1 - 6 - 12$）的面积为 $A = \int_a^b [f(x) - g(x)]dx$.

同样地，如果函数 $x = \varphi(y)$，$x = \psi(y)$ 在区间 $[c, d]$ 上连续，并且在 $[c, d]$ 上有 $\varphi(y) \leqslant \psi(y)$，则介于两条曲线 $x = \varphi(y)$，$x = \psi(y)$ 以及两条直线 $y = c$，$y = d$ 之间的平面图形（见图 $1 - 6 - 12$）的面积元素为 $dA = [\psi(y) - \varphi(y)]dy$，因而此图形的面积为 $A = \int_c^d [\psi(y) - \varphi(y)]dy$.

图 $1 - 6 - 11$

图 $1 - 6 - 12$

例 9　求曲线 $y = e^x$，$y = e^{-x}$ 与直线 $x = 1$ 所围成平面图形的面积.

解　如图 $1 - 6 - 13$ 所示，曲线 $y = e^x$，$y = e^{-x}$ 与直线 $x = 1$ 的交点分别为 $A(1, e)$，$B(1, e^{-1})$，则所求面积 $S = \int_0^1 (e^x - e^{-x})dx = (e^x + e^{-x})|_0^1 = e + e^{-1} - 2$.

例 10　为了充分利用土地进一步美化城市，城市的某街边公园的形状设计成由抛物线 $4y^2 = x$ 与直线 $x + y = \dfrac{3}{2}$ 所围成的图形，求此公园的面积.

解　如图 $1 - 6 - 14$ 所示，先确定两条曲线交点的坐标.

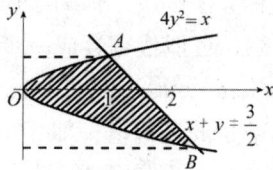

图1-6-13   图1-6-14

解方程组 $\begin{cases} 4y^2 = x, \\ x + y = \dfrac{3}{2}, \end{cases}$ 得交点 $A\left(1, \dfrac{1}{2}\right)$, $B\left(\dfrac{9}{4}, -\dfrac{3}{4}\right)$.

以 y 为积分变量，则所求面积

$$S = \int_{-\frac{3}{4}}^{\frac{1}{2}} \left[\left(\frac{3}{2} - y\right) - 4y^2\right]dy = \left(\frac{3}{2}y - \frac{1}{2}y^2 - \frac{4}{3}y^3\right)\Bigg|_{-\frac{3}{4}}^{\frac{1}{2}} = \frac{125}{96}$$

注：如果以 x 为积分变量，则所求面积

$$S = \int_0^1 \left[\frac{\sqrt{x}}{2} - \left(-\frac{\sqrt{x}}{2}\right)\right]dx + \int_1^{\frac{9}{4}} \left[\left(\frac{3}{2} - x\right) - \left(-\frac{\sqrt{x}}{2}\right)\right]dx$$

显然这种解法比较烦琐，因此，解题时需选取适当的积分变量.

4. 利用定积分求旋转体的体积

旋转体是由一个平面图形绕该平面上一条直线旋转一周而成的立体，这条直线称为旋转轴. 如圆柱、圆锥、圆台、球体等都是旋转体.

下面分别以 x 轴和 y 轴为旋转轴，用微元法来求其旋转体的体积.

（1）求由曲线 $y = f(x)$ $(f(x) \geq 0)$，x 轴及直线 $x = a$，$x = b$ $(a < b)$ 所围的曲边梯形绕 x 轴旋转而形成的旋转体的体积 V.

取横坐标 x 为积分变量，它的变化区间为 $[a, b]$，在 $[a, b]$ 上取任一小区间 $[x, x + dx]$，相应于 $[x, x + dx]$ 上的小薄片的体积近似等于以 $f(x)$ 为底圆半径，dx 为高的扁圆柱体的体积（见图1-6-15），从而得到体积元素 dV，即 $dV = \pi[f(x)]^2 dx$. 以 $dV = \pi[f(x)]^2 dx$ 为被积表达式，$[a, b]$ 上的定积分就是所求的体积 V，即

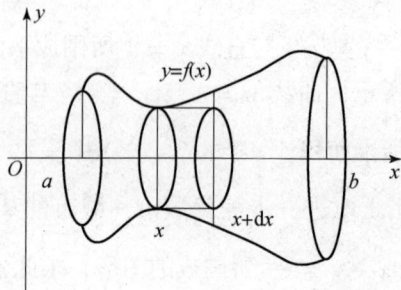

图1-6-15

$$V = \int_a^b \pi \left[f(x)\right]^2 \mathrm{d}x = \pi \int_a^b \left[f(x)\right]^2 \mathrm{d}x$$

（2）类似地可以推出：由连续曲线 $x = \varphi(y)$ $(\varphi(y) \geqslant 0)$，y 轴及直线 $y = c$，$y = d$ $(c < d)$ 所围成的曲边梯形绕 y 轴旋转而成的旋转体的体积为

$$V = \int_c^d \pi \left[\varphi(y)\right]^2 \mathrm{d}y$$

例 11 证明底面半径为 r，高 h 的圆锥体的体积为 $V = \dfrac{1}{3}\pi r^2 h$.

证 如图 1 - 6 - 16 所示建立坐标系，设圆锥的旋转轴重合于 x 轴，即圆锥是由直角三角形 ABO 绕 OB 旋转而成的，其中点 A、B 的坐标分别为 (h, r) 和 $(h, 0)$，直线 OA 的方程为

$$y = \frac{r}{h}x$$

取 x 为积分变量，它的变化范围为 $[0, h]$，得到所求体积为

$$V = \int_0^h \pi \left(\frac{r}{h}x\right)^2 \mathrm{d}x = \pi \int_0^h \left(\frac{r}{h}x\right)^2 \mathrm{d}x = \frac{\pi r^2}{h^2}\left(\frac{x^3}{3}\right)\bigg|_0^h = \frac{1}{3}\pi r^2 h$$

例 12 求椭圆 $\dfrac{x^2}{a^2} + \dfrac{y^2}{b^2} = 1$ 绕 y 轴旋转所形成的椭球的体积.

解 如图 1 - 6 - 17 所示，此椭球可看成右半椭圆与 y 轴所围成的图形绕 y 轴旋转而成的立体. 取 y 为积分变量，它的变化范围为 $[-b, b]$. 由椭圆方程解出右半椭圆的方程为 $x = \dfrac{a}{b}\sqrt{b^2 - y^2}$，于是得所求体积为

$$V = \int_{-b}^b \pi \left(\frac{a}{b}\sqrt{b^2 - y^2}\right)^2 \mathrm{d}y = 2\pi \int_0^b \pi \left(\frac{a}{b}\sqrt{b^2 - y^2}\right)^2 \mathrm{d}y$$

$$= \frac{2\pi a^2}{b^2} \int_0^b (b^2 - y^2)\mathrm{d}y = \frac{2\pi a^2}{b^2}\left(b^2 y - \frac{1}{3}y^3\right)\bigg|_0^b$$

$$= \frac{2\pi a^2}{b^2}\left(b^3 - \frac{1}{3}b^3\right) = \frac{4}{3}\pi a^2 b$$

图 1 - 6 - 16

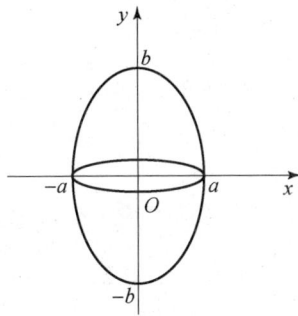

图 1 - 6 - 17

【基础练习1-6】

1. 利用定积分的几何意义计算下列定积分：

(1) $\int_0^1 2x\mathrm{d}x$;

(2) $\int_{-\pi}^{\pi} \sin x\mathrm{d}x$;

(3) $\int_{-2}^2 \sqrt{4-x^2}\mathrm{d}x$;

(4) $\int_0^{\pi} \cos x\mathrm{d}x$.

2. 求下列函数的导数：

(1) $\varPhi(x) = \int_x^{x^2} \dfrac{1}{1+t^2}\mathrm{d}t$;

(2) $\varPhi(x) = \int_x^1 \dfrac{1-t^2}{1+t^2}\mathrm{d}t$;

(3) $\varPhi(x) = \int_{\cos x}^{\sin x} (1-t^2)\mathrm{d}t$.

3. 计算下列积分：

(1) $\int_0^1 \dfrac{1}{1+t^2}\mathrm{d}t$;

(2) $\int_0^{\frac{\pi}{4}} (\sin t + \cos t)\mathrm{d}t$;

(3) $\int_{-\frac{1}{2}}^{\frac{1}{2}} \dfrac{1}{\sqrt{1-x^2}}\mathrm{d}x$;

(4) $\int_0^{\pi} |\cos t|\mathrm{d}t$;

(5) $\int_1^2 \dfrac{(x+1)(x^2-3)}{3x^2}\mathrm{d}x$;

(6) $\int_0^{\pi} \cos^2 \dfrac{x}{2}\mathrm{d}x$;

(7) 求 $\int_{-1}^2 f(x)\mathrm{d}x$, 其中 $f(x) = \begin{cases} x-1, & x<1, \\ \dfrac{1}{x}, & x \geqslant 1. \end{cases}$

4. 求下列积分：

(1) $\int_0^1 e^{2x+1}\mathrm{d}x$;

(2) $\int_0^{\pi} e^{\sin x}\cos x\mathrm{d}x$;

(3) $\int_1^e \dfrac{1+\ln x}{x}\mathrm{d}x$;

(4) $\int_0^1 \dfrac{2x}{1+x^2}\mathrm{d}x$;

(5) $\int_0^3 x\sqrt{x+1}\mathrm{d}x$;

(6) $\int_1^4 \dfrac{1}{\sqrt{x}(1+x)}\mathrm{d}x$;

(7) $\int_0^{\pi} x\sin x\mathrm{d}x$;

(8) $\int_0^1 x\arctan x\mathrm{d}x$.

5. 求由下列曲线所围成平面图形的面积：

(1) $y = \dfrac{1}{x}, y = x, x = 2$;

(2) $y = x^2, y = 1$;

(3) $y^2 = 2x, x+y = 4$.

6. 求由曲线 $y = x^2$ 与直线 $x = 1$，$y = 0$ 所围成的图形分别绕 x 轴、y 轴旋转所得的旋转体的体积.

【提高练习 1-6】

1. $\int_{-\frac{\pi}{2}}^{\frac{\pi}{2}} \left(\frac{\sin x}{1 + x^2} + \cos^2 x \right) \mathrm{d}x = $ _____.

2. 设 $x \geq 0$ 时，$f(x)$ 连续，且 $\int_0^{x^2} f(t) \mathrm{d}t = x^2(1 + x)$，则 $f(2) = $ _____.

3. $\int_1^{+\infty} \frac{1}{x(1 + x^2)} \mathrm{d}x = $ _____.

4. 曲线 $y = |\ln x|$ 与直线 $x = \frac{1}{e}$，$x = e$ 及 $y = 0$ 所围成的区域的面积 $S = $

_____.

5. 求下列积分：

（1）$\int_1^{e^2} \frac{1}{x\sqrt{1 + \ln x}} \mathrm{d}x$；

（2）$\int_0^{\pi} |\cos x| \sqrt{1 + \sin x} \mathrm{d}x$；

（3）$\int_0^{\frac{\pi}{4}} x\cos 2x \mathrm{d}x$；

（4）$\int_0^1 x^2 \arctan x \mathrm{d}x$；

（5）$\int_{-1}^1 \frac{x + 1}{1 + \sqrt[3]{x^2}} \mathrm{d}x$；

（6）$\int_2^{+\infty} \frac{1}{x\sqrt{x - 1}} \mathrm{d}x$；

（7）已知函数 $f(x) = \begin{cases} xe^{-x}, & x \leq 0, \\ \sqrt{2x - x^2}, & 0 < x \leq 1, \end{cases}$　求 $\int_{-3}^1 f(x) \mathrm{d}x$.

【应用练习 1-6】

1.【产量的变化率和总产量】已知某产品的总产量变化率为 $f(t) = 40 + 12t - \frac{3}{2}t^2$（单位/天），求从第 2 天到第 10 天产品的总产量 Q.

2.【边际成本、边际收益与总利润】某厂生产某种产品 Q 单位时，边际成本为 5 元/单位，边际收益为（$10 - 0.02Q$）元/单位，当生产 10 单位产品时总成本为 250 元，问：生产多少单位产品时利润最大？并求出最大利润.

3.【纯收入贴现值】有一个大型的投资项目，投资成本为 10 000 万元，投资年利率为 5%，每年的均匀收入率为 2 000 万元，求该无限期投资的纯收入贴现值.

4.【你能成为百万富翁吗？】某储户将 10 万元以活期存款形式存入银行，年利率为 0.81%.

（1）如果以连续复利计算，在不计利息税的情况下，一年后储户可以得到多少本利和？

（2）按连续复利计算，该储户有可能成为百万富翁吗？

（3）如果该储户想在第 10 年成为百万富翁，他现在需存入多少钱？

5.【应何时报废机器？】某工厂购置了一台机器，收益与时间的函数关系为 $R(t) = 81 - \dfrac{t^2}{4}$（万元），维护成本与时间的函数关系为 $C(t) = 2t^2$（万元）. 假定机器报废时没有任何成本和残留价值，试问：其利用率最高（即累积利润最大）时，这台机器应使用多少年？并计算总利润.

6.【收入流的现值】设连续 3 年内每年有稳定的收入流 15 000 元，且年利率为 7.5%，按连续复利计算其现值.

7.【收入流的现值与收回投资的年限】设某企业投资 400 万元，经测算，该企业在 $T = 10$ 年中可以有稳定的收入流 $A(t) = 100$ 万元，若年利率为 10%，试求：

（1）该投资纯收入的现值；

（2）收回该投资的年限.

8. 某商品的需求函数为 $P = D(Q) = 24 - 3Q$，供给函数为 $P = S(Q) = 2Q + 9$，求市场均衡点及消费者剩余和生产者剩余.

【数学文化聚焦】微积分符号史漫谈

1. 函数符号

约翰·伯努利于 1694 年首次提出函数概念，并以字母 n 表示变量 z 的一个函数. 1734 年，欧拉以 $f\left(\dfrac{x}{a}+c\right)$ 表示 $\dfrac{x}{a}+c$ 的函数，在数学史上首次以"f"表示函数.

1797 年，拉格朗日大力推荐以 f、F、ϕ 及 ψ 表示函数，对后世影响深远. 1820 年，赫歇尔以 $f(x)$ 表示 x 的函数. 1839 年，皮亚诺开始采用符号 $y=f(x)$ 及 $x=f^{-1}(y)$，其成为现今通用的符号.

2. 和式号

以"$\sum$"来表示和式号是欧拉于 1775 年首先使用的，这个符号源于希腊文 $\sigma o \gamma \mu \alpha \rho \omega$（增加）的字头，"$\sum$"正是 σ 的大写.

3. 极限符号

1786 年，瑞士的吕利埃首次以"Lim"来简化极限（limit）.

1841 年，魏尔斯特拉斯以 lim 代替 Lim，并于 1854 年采用符号 $\lim\limits_{n=\infty} p_n = \infty$. 在这一时期，魏尔斯特拉斯和柯西的工作更合成为极限中著名的"$\varepsilon-\delta$"定义. 1905 年，里斯引入了表示趋向的符号"$\rightarrow$"，而哈代于 1908 年采用了 $\lim\limits_{n=\infty}\left(\dfrac{1}{n}\right)=0$，并指出可写作 $\lim\limits_{n=\infty}$，$\lim\limits_{x=a}$. 1898 年，普林斯海姆把下画的"$=$"换作"$\rightarrow$"，沿用至今.

4. 微分和导数符号

牛顿是最早以点号来表示导数的，他以 v, x, y 及 z 等表示变量，在其上加一点表示对时间的导数，如以 $\dot{x}$ 表示 x 对时间的导数. 此用法最早见于牛顿 1665 年的手稿.

1675 年，莱布尼茨分别引入 dx 及 dy 以表示 x 和 y 的微分，并把导数记作 $\dfrac{dx}{dy}$. 当时以 x 表示纵坐标，而以 y 表示横坐标. 除了坐标轴符号的变化外，这一符号一直沿用至今，莱布尼茨还以 ddv 表示二阶微分. 1694 年，约翰·伯努利以 $ddddz$ 表示四阶微分，一度流行于 18 世纪. 第一个以撇点表示导数的人是拉格朗日，1797 年他以 y' 表示一阶导数，y'' 及 y''' 分别表示二阶和三阶导数. 1823 年，柯西同时以 y' 及 $\dfrac{dy}{dx}$ 表示 y 对 x 的一阶导数，这种用法也为人所接受，且沿用至今.

5. 积分符号

莱布尼茨于 1675 年以"omn·l"表示 l 的总和，而 omn 为"omnia"（意即所有、全部）之缩写，其后又改写为"$\int$"，以"$\int l$"表示所有 l 的总和（Summa）. $\int$ 为字母 s 的拉长，此符号沿用至今.

傅里叶是最先采用定积分符号的人. 1822 年，他在其名著《热的分析理论》中用了 $\frac{\pi}{2}\varphi(x) = \frac{1}{2}\int_0^\pi \varphi(x)\,\mathrm{d}x + \text{etc}$，同时 G. 普兰纳用了符号 $\int_0^1 a^u\,\mathrm{d}u = \frac{a-1}{\operatorname{Log} a}$，并很快为数学界所接受.

数学软件

实践一 数学软件 Mathematica 入门

Mathematica 是 1988 年美国 Wolfram Research 公司开发的综合数学软件包. 它是第一个将数值计算、符号运算和图形显示结合在一起的数学软件, 它的使用对象是具有一定的数学知识但并不具有很多的计算机知识的人员.

2.1.1 Mathematica 的主要特点和功能

1. Mathematica 的特点

Mathematica 系统是用 C 语言编写的, 吸取了不同类型软件的特点:

(1) 具有类似于 Basic 语言那样简单易学的交互式操作方式.

(2) 具有 MathCAD、MATLAB 那样强大的数值计算功能.

(3) 具有 Macsyma、Maple、Reduce 和 SMP 那样的符号计算功能.

(4) 具有 APL 和 Lisp 那样的人工智能列表处理功能.

(5) 具有像 C 和 Pascal 那样的结构化程序设计语言.

2. Mathematica 的功能

1) 符号运算

(1) 初等数学. 可进行各种数和初等函数式的计算与化简.

(2) 微积分及积分变换. 可用于极限、导数、微分、不定积分和定积分、极值、函数展开成级数、无穷级数求和及积分变换计算等.

(3) 线性代数. 可进行行列式、矩阵的各种运算, 解线性方程组等.

(4) 解方程组. 能解各类方程组 (包括微分方程组).

2) 数值计算

Mathematica 含有很多数值计算函数, 涉及线性代数、插值与拟合、数值积分、微分方程的数值解、极值、线性规划、概率论与数理统计等．

3）绘图

它有很强的作图能力，可以很方便地画出一元函数的平面图形和二元函数的三维图形，并在同一坐标系内进行不同图形的比较，还可对图形进行动态演示．

4）编程

Mathematica 容许用户编制各种程序（文本文件），开发新的功能．用户开发的功能可以在软件启动时被调入，与软件的使用功能不尽相同．

2.1.2 Mathematica 基本要求

1. 安装

正确安装 Mathematica 软件，会在相应的文件夹 Mathematica 中出现 Mathematica.exe 的徽章图标，在"开始"菜单里将鼠标移向"程序"，就会看见该文件夹．通常可以将其快捷方式拖到桌面上．每次用鼠标双击该图标，就会出现一个窗口，表示 Mathematica 已经启动（见图 2-1-1）．

图 2-1-1

Mathematica 主界面窗口和一般 Windows 软件窗口相似，也可以进行拖动、放大、缩小操作．要退出系统，只要单击右上角的"关闭"按钮即可．也可以选择"File"菜单，再选"Exit"菜单项．

2. 工作环境

在主窗口上方是工作栏，第一行为标题行，显示所使用的 Notebook 文件名，初次打开时开始显示为 Untitled-1．第二行为"工具"菜单（也称工具栏）．Notebook 窗口与工作栏是独立的，可以关闭 Notebook 窗口，只留下工具栏，也可

2.1.3 常用语法

1. 基本运算

双击 Mathematica 图标 🎇 启动 Mathematica 系统，计算机屏幕出现 Mathematica 的主工作窗口，此时可以通过键盘或 Basic Input 模板输入要计算的表达式.

例1 先求表达式 $3 \times 2^2 + 12 \div (9 - 5)$ 的值，再求该表达式的平方.

解 在主工作窗口输入表达式 $3 \times 2^2 + 12 \div (9 - 5)$ 后，再按 "Shift + Enter" 组合键，执行运算，这时工作窗会显示如下运算结果.

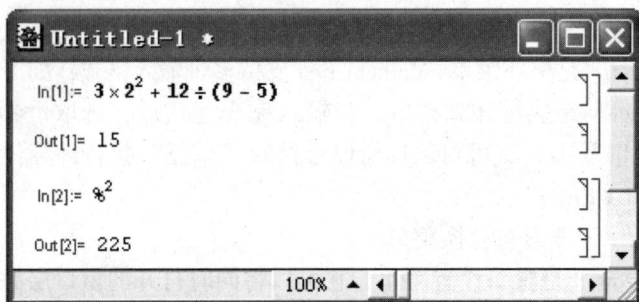

注：(1) "%" 代表上一个输出结果，该例中指 15.

(2) "In [1]：=" 及 "In [2]：=" 分别为第一输入行与第二输入行的标志，"Out [1] =" 及 "Out [2] =" 分别为第一输出行与第二输出行的标志，它们都是计算机自动给出的.

N [表达式] 用于计算表达式的近似值，Mathematica 默认的有效数字位数为 16 位，但按标准输出只显示前 6 位有效数字，若要全部显示，则用 N [表达式] //InputForm 命令.

N [表达式, n] 用于计算表达式的具有任意指定数字位数的近似值，指定数字的位数 n 应该大于 16，结果在末位是四舍五入的.

例2 求 e 的近似值.

解

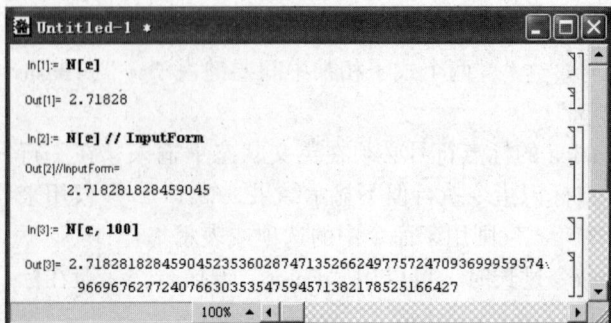

注：e 必须用 Basic Input 模块里的"a"，绝不能用键盘中的"e".

2. 代数运算

Mathematica 的一个重要功能是进行代数公式演算，即符号运算.

Factor［多项式］用于多项式的因式分解.

Expand［多项式］用于多项式的展开.

例3　设有多项式 $3x^2 + 2x - 1$ 和 $x^2 - 1$.

（1）将二者的积分解因式；

（2）将二者的积展开.

解

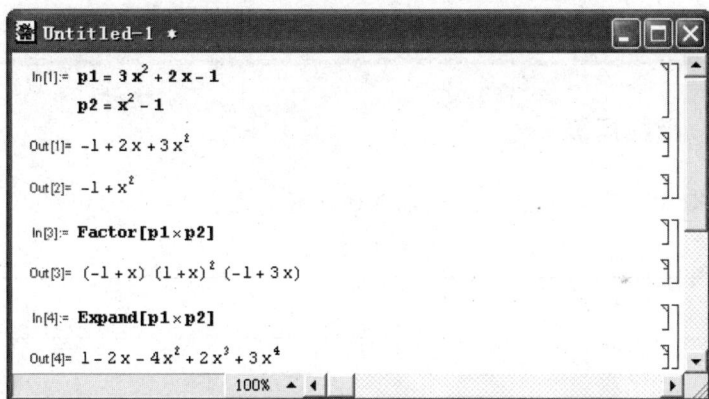

注：$p1 = 3x^2 + 2x - 1$ 表示给变量 $p1$ 赋值 $3x^2 + 2x - 1$.

3. 解方程的命令（见表 2 – 1 – 1）

表 2 – 1 – 1

命令	意义
Solve［方程，变量］	求方程的解
Solve［｛方程1，方程2，…｝，｛变量1，变量2，…｝］	求方程组的解

例4　解下列方程（组）：

（1）$15x^6 - 13x^5 - 73x^4 - 55x^3 - 86x^2 + 140x - 24 = 0$；

（2）$\sqrt{x-1} + \sqrt{x+1} = 0$；

（3）$\begin{cases} x + y = 1, \\ x^2 + y^2 = 1. \end{cases}$

解

```
Untitled-1 *                                              _ □ X

In[5]:= Solve[15 x⁶ - 13 x⁵ - 73 x⁴ - 55 x³ - 86 x² + 140 x - 24 == 0, x]

Out[5]= {{x → -2}, {x → 1/5}, {x → 2/3}, {x → 3},

        {x → 1/2 (-1 - i √7)}, {x → 1/2 (-1 + i √7)}}

In[6]:= Solve[√(x-1) + √(x+1) == 0, x]

Out[6]= {}

In[8]:= Solve[{x + y == 1, x² + y² == 1}, {x, y}]

Out[8]= {{x → 0, y → 1}, {x → 1, y → 0}}

                        100%  ▲ ◄
```

2.1.4　函数运算

1. 常用数学符号与 Mathematica 输入的区别（见表 2 – 1 – 2）

表 2 – 1 – 2

命令	意义
Log[x]	$\ln x$
Log[a,x]	$\log_a x$
Sin[x]	$\sin x$
Cos[x]	$\cos x$
Tan[x]	$\tan x$
ArcSin[x]	$\arcsin x$
ArcTan[x]	$\arctan x$
Sin[x²]	$\sin x^2$
Sin[x]²	$\sin^2 x$

例 5　求下列表达式的值：

（1）$\sin^2 \dfrac{\pi}{4} + \cos\left(\dfrac{\pi}{4}\right)^2 + \tan\dfrac{\pi}{4}$ ；

（2）$\ln e^2 + \log_2 8$ ；

（3）$\arcsin 1 + \arctan 1$.

解

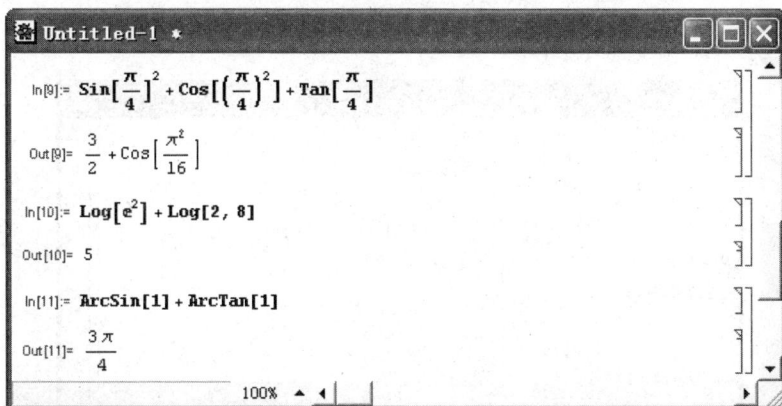

2. 定义函数（见表 2-1-3）

表 2-1-3

命令	意义
f[x_] : = 函数表达式	$f(x)$ = 函数表达式
f[x_] : = 函数表达式 1/;x 的范围 1 f[x_] : = 函数表达式 2/;x 的范围 2 …	$f(x) = \begin{cases} 函数表达式 1, & x 的范围 1, \\ 函数表达式 2, & x 的范围 2, \\ \cdots & \cdots \end{cases}$

例 6　定义函数 $f(x) = x^2 + x - 5$，并计算 $f\left(\dfrac{1}{2}\right)$，$\left[f\left(\dfrac{1}{2}\right)\right]^2$ 及 $f(\sin x)$．

解

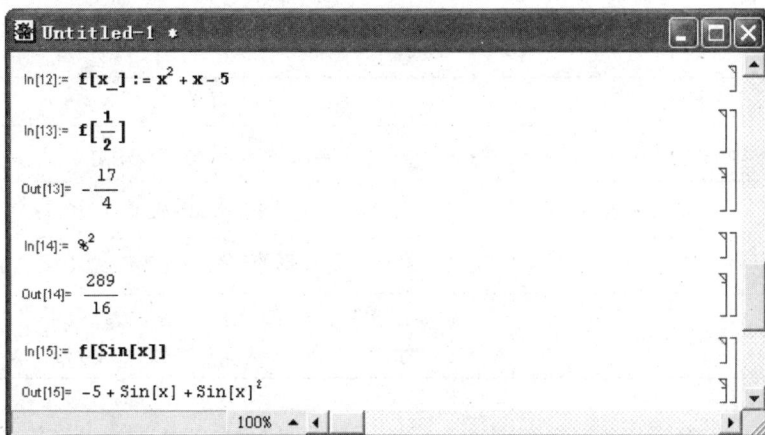

例7 定义分段函数 $f(x) = \begin{cases} x^2, x \leq 0, \\ 1, 0 < x \leq 2, \\ 3-x, x > 2, \end{cases}$ 并计算 $f(-2)$、$f(0.5)$ 及 $f(2.5)$.

解

```
In[18]:= f[x_] := x² /; x ≤ 0
         f[x_] := 1 /; 0 < x ≤ 2
         f[x_] := 3-x /; x > 2

In[22]:= f[-2]
Out[22]= 4

In[23]:= f[0.5]
Out[23]= 1

In[24]:= f[2.5]
Out[24]= 0.5
```

2.1.5 一元函数图形

一元函数命令及其意义见表 2-1-4.

表 2-1-4

命令	意义
Plot[f[x] ,｛x,a,b｝,选择项]	在 $[a,b]$ 上画函数 $f(x)$ 的图形
Plot[｛f[x] ,g[x] ,…｝,｛x,a,b｝,选择项]	在 $[a,b]$ 上同时画函数 $f(x)$, $g(x)$,… 的图形

在用 Mathematica 系统作图时，可以使用选择项对所绘制图形的细节提出各种要求和设置. 下面介绍一些在 Mathematica 系统下作图的常用选择项（见表2-1-5）.

表 2-1-5

选择项	意义
AxesLabel → ｛x,y｝	指定坐标轴的名称为 x,y
PlotStyle → Thickness[r]	定义函数 $f(x)$ 的图形的粗细, $0 < r < 1$
PlotStyle → Dashing[｛d_1 ,d_2｝]	定义函数 $f(x)$ 的图形的实线和虚线长度, $0 < d_1,d_2 < 1$
PlotStyle → RGBColor[r,g,b]	给函数 $f(x)$ 的图形上色, r 为红色系数, g 为绿色系数, b 为蓝色系数, $0 < r,g,b < 1$

例8 作出函数 $f(x) = x\sin\dfrac{1}{x}$ 在区间 $[-1,1]$ 上的图形，并进行修饰.

解

指定坐标轴的名称为 x, y.

将图形中的线条加粗.

将图形中的线条画成虚线，并上红色.

例9 在同一坐标系下使用不同的颜色和线宽作出函数 $f(x) = \sin x$ 与 $g(x) = \cos x$ 在区间 $[-2\pi, 2\pi]$ 上的图形.

解

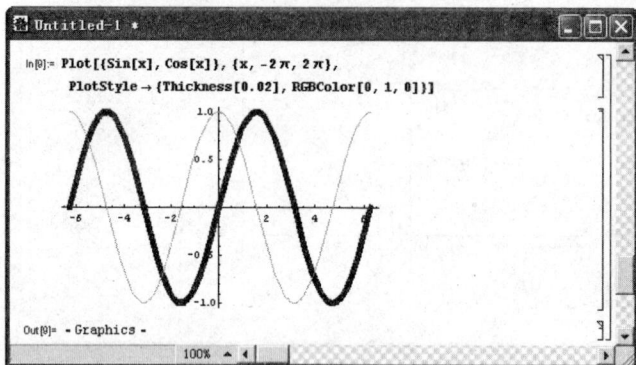

例10 作出函数 $f(x) = \begin{cases} e^x, & -5 \leqslant x < 0 \\ 1-x, & 0 \leqslant x \leqslant 5 \end{cases}$ 的图形.

解

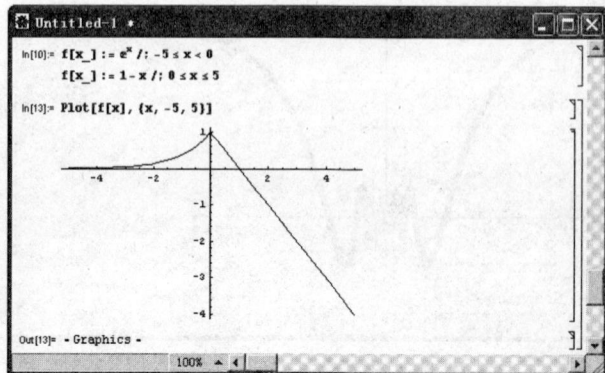

【基础练习2-1】

1. 求算术表示式 $301^2 + (\pi - 2e) \div 2$ 的近似值.

2. 分解下列因式:

(1) $x^2 + 2xy + y^2 - x - y$;

(2) $x^{24} - y^{24}$;

(3) $x^8 + 6y^3 - 1$.

3. 设 $p_1 = x^3 - 2x^2 + x + 1, p_2 = 4x^4 - 3x^2 + 1$.

(1) 将二者的积分解因式;

(2) 将二者的积展开.

4. 解下列方程或方程组:

(1) $\dfrac{x+1}{3x+1} + \dfrac{2x}{5-6x} = \dfrac{5}{5+9x-18x^2}$;

(2) $\begin{cases} x + 2y - 3z = 3, \\ 3x - 5y + 7z = 19, \\ 5x - 8y - 11z = -13. \end{cases}$

5. 定义函数 $f(x) = x^2 - \sin x^2 + 5$, 求 $f\left(\dfrac{\pi}{2}\right)$, $\left[f\left(\dfrac{\pi}{2}\right)\right]^3$, $3\left\{\left[f\left(\dfrac{\pi}{2}\right)\right]\right\}^3$.

6. 定义分段函数 $f(x) = \begin{cases} e^x \sin x, x \leq 0, \\ \ln x, 0 < x \leq e, \\ \sqrt{x}, x > e. \end{cases}$ 求 $f(-10)$, $[f(-10)]^2$, $f(1.5)$,

$f(10)$ 的值.

7. 在区间 $[-10, 10]$ 上画出下列函数的图形, 并给予适当的修饰.

(1) $f(x) = 6\sin(x+3)\cos x$, 给坐标轴赋予名称, 将曲线加粗, 上成蓝色;

(2) $f(x) = x^4 + 3x^2 - 4x + 3$, 给坐标轴赋予名称, 将曲线画成虚线, 上成红色.

8. 设 $f(x) = \begin{cases} x^2 - \sin^2 x, x \leq 0, \\ -2x + 1, x > 0. \end{cases}$ 画出 $f(x)$ 的图形, 绘图范围为 $-3 \leq x \leq 3$.

实践二 微积分运算

2.2.1 求极限

在 Mathematica 系统中，求函数极限的命令为 Limit. 其格式如表 2-2-1 所示.

表 2-2-1

命令	意义
$\text{Limit}[f[x], x \to x_0]$	$\lim\limits_{x \to x_0} f(x)$
$\text{Limit}[f[x], x \to x_0, \text{Direction} \to -1]$	$\lim\limits_{x \to x_0^+} f(x)$
$\text{Limit}[f[x], x \to x_0, \text{Direction} \to 1]$	$\lim\limits_{x \to x_0^-} f(x)$
$\text{Limit}[f[x], x \to \infty]$	$\lim\limits_{x \to +\infty} f(x)$
$\text{Limit}[f[x], x \to -\infty]$	$\lim\limits_{x \to -\infty} f(x)$

注：当极限不存在时，会给出函数在 x_0 邻近振荡的范围.

例1 用 Mathematica 软件求下列极限：

(1) $\lim\limits_{x \to 0} \dfrac{e^x - 1}{x}$;

(2) $\lim\limits_{x \to 0} \dfrac{\tan x - \sin x}{\sin^3 x}$;

(3) $\lim\limits_{x \to 0^-} 3^{\frac{1}{x}}$;

(4) $\lim\limits_{x \to 0^+} 3^{\frac{1}{x}}$;

(5) $\lim\limits_{x \to -\infty} \arctan x$;

(6) $\lim\limits_{x \to +\infty} \left(\dfrac{2x + 5}{2x - 1} \right)^{x+1}$;

(7) $\lim\limits_{n \to \infty} \left(1 - \dfrac{n+1}{n^2 - n} \right)^{\frac{n^2}{n+1}}$;

(8) $\lim\limits_{x \to 0} \sin \dfrac{1}{x}$.

解

以打开多个工作窗口，而这些窗口也可以是分开的，在 Windows 菜单中可以设置窗口的排列方式．

　　工具栏上有 9 个菜单项，单击菜单项会弹出下拉式菜单．下面重点讲解其中 8 个菜单项的常用命令．

　　（1）"File" 菜单式文件管理菜单．它的主要功能是新建文件、打开或关闭文件以及保存文件等．

　　（2）"Edit" 为编辑命令菜单．常用的命令有剪切、复制、粘贴、选择、全选以及取消等．

　　（3）"Cell" 为"单元"菜单，"单元"是指工作窗输入的一组命令及其输出的一组结果．

　　（4）"Format" 是格式菜单．Mathematica 支持多种输入格式，如支持汉字输入．

　　（5）"Kernel" 是执行计算菜单．当输入完表达式后，选取"Kernel"菜单中的"Evaluate cells"项，就可对鼠标所停留处的"单元"执行计算任务．通常使用快捷方式"Shift + Enter"．

　　（6）"Find" 为搜索与替换菜单．

　　（7）"Window" 是窗口设置菜单．它可以将同时打开的窗口层叠、垂直或水平摆放，以方便使用．

　　（8）"Help" 是帮助菜单，使用时可打开"Help Browser"项，以获得系统帮助文件．

　　3. 语法要求

　　（1）系统的函数（命令）要求区分英文大小写，且第一个字母要大写，而自变量要求放在方括号"[ ]"内．

　　（2）注释语句要放在（*　*）中间，在运行时系统不执行这部分内容．

　　（3）变量名最好小写，以避免与系统变量冲突，如大写 C 和 D 都不能用作变量名．

　　（4）若输入键盘上没有的字符或数学符号，可以单击"File"菜单中"Palettes"项里的"Basic Input"，以打开特殊符号表单（见图 2 – 1 – 2）．

　　（5）乘法记号"*"，两个式子相乘中间要键入"*"，Basic Input 模板上有"×"．

　　（6）Mathematica 的标点符号必须在英文状态下输入．在一行指令后加上"；"，标识指令执行但不显示结果．"（　）"仅用来改变运算次序．"｛ ｝"则用于命令中的选项或表示集合．

　　（7）当一行命令过长时，可以用"Enter"键换行，一般在标点符号后换行即可．

图 2 – 1 – 2

2.2.2　求导数与微分

1. 计算函数 $y = f(x)$ 的导数

在 Mathematica 系统下，计算函数 $y = f(x)$ 导数的命令如表 2 - 2 - 2 所示.

表 2 - 2 - 2

命令	意义
D［f，x］、Dt［f，x］ 或模板输入 $\partial_\Box \Box$	计算导数 $\dfrac{\mathrm{d}f}{\mathrm{d}x}$
u = D［f，x］ u/. x→x_0	计算导数 $\dfrac{\mathrm{d}f}{\mathrm{d}x}\Big|_{x=x_0}$

例 2　计算下列函数的导数：

（1）$y = (1 - x)^5$，求 y'；

（2）$y = (1 + x)^x$，求 y'；

（3）$y = \mathrm{e}^x \cos x$，求 $y'\left(\dfrac{\pi}{2}\right)$.

解

2. 计算由方程所确定的隐函数的导数

对由方程 $F(x,y) = 0$ 所确定的隐函数 $y = f(x)$，Mathematica 系统中没有提供直接求隐函数导数的命令，但可以通过下列方法完成计算过程，命令如表 2 - 2 - 3 所示.

表 2－2－3

命令	意义
f =（方程）…… 定义函数 df = Dt[f,x]…… 求导数 Solve[df,Dt[y,x]] …… 解方程	计算由方程 $F(x,y)=0$ 所确定的 隐函数 $y=f(x)$ 的导数 y'

例3 求由方程 $x^2 + y^2 = 1$ 所确定的隐函数 y 的导数 y'.

解

```
Untitled-1 *
In[12]:= f = (x² + y² == 1)
        df = Dt[f, x]
        Solve[df, Dt[y, x]]

Out[12]= x² + y² == 1

Out[13]= 2 x + 2 y Dt[y, x] == 0

Out[14]= {{Dt[y, x] → -x/y}}
                                    100%
```

3. 计算函数 $y = f(x)$ 的高阶导数

在 Mathematica 系统下，计算函数高阶导数的命令如表 2－2－4 所示.

表 2－2－4

命令	意义
D [f, {x, n}]	计算导数 $\dfrac{d^n f}{dx^n}$
u = D [f, {x, n}] u/. x→x₀	计算导数 $\left.\dfrac{d^n f}{dx^n}\right|_{x=x_0}$

例4 计算下列函数的导数：

(1) $y = (1-x)^5$，求 y'''，$y^{(5)}$，$y^{(7)}$；

(2) $y = e^x \cos x$，求 $y''\left(\dfrac{\pi}{2}\right)$.

解

4. 计算函数微分

在 Mathematica 系统下，计算函数微分的命令如表 2 - 2 - 5 所示.

表 2 - 2 - 5

命令	意义
Dt［f］	求函数 $y = f(x)$ 的微分 dy

例 5　求函数 $y = \sin^3 2x$ 的微分 dy.
解

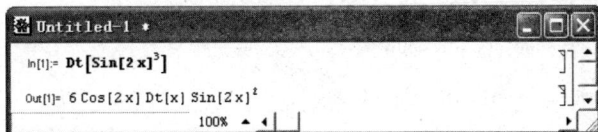

2.2.3　求极值

在 Mathematica 系统中求函数极值的命令格式如表 2 - 2 - 6 所示.

表 2 - 2 - 6

命令	意义
FindMinimum［f，｛x，x_0｝］	以 $x = x_0$ 作为初始值求函数 $f(x)$ 在 x_0 附近的极小值，结果以 $\{f_{\min}, \{x \to x_{\min}\}\}$ 形式输出，其中 $f_{\min}$ 是极小值，$x_{\min}$ 是极小值点

注： ①在求函数极值时，首先要作出函数在某一区间的图形，通过图形观察函数在区间的不同区域内的大致极值点，然后用 FindMinimum 命令以这些点作为初始值搜索函数在这一区间内的极值.

②Mathematica 没有提供 FindMaximum 命令，如果想求出极大值，先将函数乘以 -1，再用 FindMinimum 命令求出的极小值乘以 -1 得到极大值.

例 6 求函数 $f(x) = 6e^{-\frac{x^2}{4}}\sin 3x + x$ 在 $[-2,2]$ 内的极值.

解 首先定义函数，并作出函数在区间 $[-2,2]$ 的图形.

由于函数 $f(x)$ 有多个极小值，因此改变初始值能求得函数在不同区域的极小值.

在 $x = 1.46049$ 处有极小值 -1.86866；在 $x = -0.514795$ 处有极小值 -6.1282.
下面求函数的极大值.

在 $x = 0.514795$ 处有极大值 6.1282；在 $x = -1.46049$ 处有极大值 1.86866.

2.2.4　求积分

在 Mathematica 系统中, 用 Integrate 函数或用模板中的积分运算符号进行积分的计算, 其格式如表 2 - 2 - 7 所示.

表 2 - 2 - 7

命令	意义
Integrate $[f, x]$ 或用模块中的 $\int \square \mathrm{d}\square$	计算不定积分 $\int f(x)\,\mathrm{d}x$
Integrate $[f, \{x, a, b\}]$ 或用模块中的 $\int_{\square}^{\square} \square \mathrm{d}\square$	计算定积分 $\int_{b}^{a} f(x)\,\mathrm{d}x$
Integrate $[f, \{x, a, \infty\}]$ 或用模块中的 $\int_{\square}^{\square} \square \mathrm{d}\square$	计算广义积分 $\int_{a}^{+\infty} f(x)\,\mathrm{d}x$

注: 用语句 Integrate $[f, x]$ 求函数 $f(x)$ 的不定积分时, 得到的是 $f(x)$ 的一个原函数, 而不是全体原函数.

例 7　计算下列积分:

(1) $\int x\mathrm{e}^{x^2}\,\mathrm{d}x$; 　　　　(2) $\int_{0}^{4} \mathrm{e}^{\sqrt{x}}\,\mathrm{d}x$; 　　　　(3) $\int_{-\infty}^{+\infty} \dfrac{1}{1 + x^2}\,\mathrm{d}x$.

解　(1)

(2)

（3）

【基础练习 2 - 2】

1. 求极限：

（1）$\lim\limits_{x \to 0} \dfrac{\tan 3x - \sin 5x}{x}$ ；

（2）$\lim\limits_{x \to \infty} x \sin \dfrac{5}{x}$ ；

（3）$\lim\limits_{x \to \infty} \left(\dfrac{3x + 2}{3x + 1} \right)^{4x+7}$ ；

（4）$\lim\limits_{x \to 1} (1 + \ln x)^{\frac{2}{\ln x}}$.

2. 求导数与微分：

（1）$y = e^{-2x^3}$ ，求 y' ；

（2）$y = \tan x^3$ ，求 y'' ；

（3）$y = \sin^4 \dfrac{x}{2}$ ，求 $y'\left(\dfrac{\pi}{2} \right)$ ；

（4）$y = \ln(1 + x^2)$ ，求 $y''(0)$ ；

（5）隐函数 $e^y \cdot x - 5 + y^2 = e$ ，求 y' ；

（6）$y = x \sin 3x$ ，求 $\mathrm{d}y$.

3.

（1）求出函数 $y = 2x^3 - 3x^2 - 12x + 14$ 的极值；

（2）求出函数 $y = 2x^2 - x^4$ 的极值.

4. 求下列积分：

（1）$\displaystyle\int \dfrac{1}{\sqrt{1 - 3x}} \mathrm{d}x$ ；

（2）$\displaystyle\int \sin 5x \mathrm{d}x$ ；

（3）$\displaystyle\int_0^1 x e^{x^2} \mathrm{d}x$ ；

（4）$\displaystyle\int_1^e \dfrac{1 + \ln x}{x} \mathrm{d}x$ ；

（5）$\displaystyle\int_0^1 x \arctan x \mathrm{d}x$ ；

（6）$\displaystyle\int_0^1 \sqrt{x} e^{\sqrt{x}} \mathrm{d}x$ ；

（7）$\displaystyle\int_e^{+\infty} \dfrac{1}{x \ln^2 x} \mathrm{d}x$ ；

（8）$\displaystyle\int_{-\infty}^{+\infty} \dfrac{\mathrm{d}x}{1 + (x - 1)^2}$.

第一章　函数、极限与连续

习题册第一章
答案

练习一　函数

一、选择题

1. 设函数 $f(x) = \begin{cases} 1-x, & x \geqslant 0, \\ 2-x, & x < 0, \end{cases}$ 则 $f[f(3)] = $ （　　　）.

A. -1 　　　　　　　B. -2 　　　　　　　C. 3 　　　　　　　D. 4

2. 若 $f(2-x) = x^2 - x$，则 $f(x) = $ （　　　）.

A. $x^2 - x - 2$ 　　　B. $x^2 - x + 2$ 　　　C. $x^2 - 3x + 2$ 　　　D. $x^2 - 3x - 2$

3. 设函数 $f(x)$ 的定义域为 $(-\infty, +\infty)$，则函数 $f(x) + f(-x)$ 的图形关于（　　　）对称.

A. x 轴 　　　　　　　B. y 轴 　　　　　　　C. $y = x$ 　　　　　　　D. 坐标原点

4. $f(x) = \dfrac{x}{\sqrt{x-1}} + \ln(2x-6)$ 的定义域是 （　　　）.

A. $(1, +\infty)$ 　　　　　　　　　　　　B. $(3, +\infty)$

C. $[3, +\infty)$ 　　　　　　　　　　　　D. $(1, +\infty) \cup (3, +\infty)$

5. 设 $f(x) = \ln(1-x^2)$，$\varphi(x) = \cos x$，则 $f[\varphi(x)] = $ （　　　）.

A. $\sin^2 x$ 　　　　　　　　　　　　B. $e^{\sin^2 x}$

C. $\ln \sin^2 x$ 　　　　　　　　　　　D. $2\ln \sin x$

二、填空题

6. 设函数 $f(x) = \begin{cases} e^x, & x > 0, \\ x, & x \leqslant 0, \end{cases}$ 则 $f(-2) = $ _____.

7. 函数 $f(x) = \arcsin \dfrac{3x-1}{2}$ 的定义域是 _____.

8. 函数 $f(x) = \arctan x$ 的值域是 _____.

9. 函数 $f(x) = \cos(2x+1)$ 的最小正周期是 _____.

10. 函数 $f(x) = x^2 - 2x + 3$ 的单调递增区间是 _____.

三、解答题

11. 指出下列函数的复合过程：

（1）$y = \sqrt{1+x^2}$；

（2）$y = \cos^2 x$；

（3）$y = \ln \tan 2x$；

（4）$y = e^{\arcsin \frac{1}{x}}$.

四、应用题

12. 当某商品的销售价格为 100 元时，月销售量为 4 000 件，销售价格每提高 2 元，月销售量都会减少 50 件．在不考虑其他因素的情况下，试求：

（1）这种商品的月销售量关于销售价格的线性需求函数；

（2）当销售价格提高到多少时，这种商品会卖不出去？

13. 现将资金 10 000 元存入银行，若银行储蓄的年利率为 3.6%，问：

（1）按单利计算，5 年末的本利和是多少？

（2）按复利计算，5 年末的本利和又是多少？

14. 一辆轿车价值 80 万元，每年的折旧率为 16%（即其价值每年减少 16%）. 试问：

（1）10 年后它的剩余价值是多少？

（2）多少年后，轿车的价值变为原来的一半？

15. 当每千克鸡蛋的收购价格为 6 元时，某收购站每月能收购 6 000 千克鸡蛋. 若每千克鸡蛋的收购价格提高 0.1 元，则鸡蛋收购量可增加 400 千克，求鸡蛋的线性供给函数.

16. 设某种商品的线性供给函数和线性需求函数分别为 $S = -3 + 12p$，$Q = 25 - 2p$，求商品的均衡价格 P_0.

17. 某厂生产一种元器件，每日最多生产 100 件，每日的固定成本为 150 元，每生产一件产品的可变成本为 10 元，每件的售价是 20 元，试求：

（1）该厂日总成本函数、日总收入函数和日总利润函数；

（2）日产量为 50 件时的总成本和平均成本；

（3）该厂每日应至少生产多少件产品才不亏本？

练习二 极限的概念

一、选择题

1. 如果 $\lim\limits_{x \to x_0} f(x)$ 存在，则 $f(x)$ 在点 x_0 处（   ）.

A. 一定有定义

B. 一定无定义

C. 可以有定义，也可以无定义

D. 有定义且有 $f(x_0) = \lim\limits_{x \to x_0} f(x)$

2. 下列数列中极限不存在的是（   ）.

A. $\lim\limits_{n \to \infty} \left(1 + \dfrac{1}{n} \right)$

B. $\lim\limits_{n \to \infty} (-1)^n$

C. $\lim\limits_{n \to \infty} \left(1 - \dfrac{1}{n} \right)$

D. $\lim\limits_{n \to \infty} \left[1 + \dfrac{(-1)^n}{n} \right]$

3. 当 $x \to 0$ 时，以下变量是无穷小量的是（　　）.

A. $\cos \dfrac{1}{x}$　　　　　　B. $\dfrac{1}{x}$　　　　　　C. $x\sin\dfrac{1}{x}$　　　　　　D. $\ln(x+2)$

4. 当 $x \to 0$ 时，以下变量是无穷大量的是（　　）.

A. $\sqrt{x}$　　　　　　B. e^x　　　　　　C. $\arctan x$　　　　　　D. $\ln x$

5. 下列说法中正确的是（　　）.

A. 若函数 $f(x)$ 在点 x_0 处无定义，则函数 $f(x)$ 在点 x_0 处无极限

B. 若函数 $f(x)$ 在点 x_0 处左、右极限都存在，则函数 $f(x)$ 在点 x_0 处极限存在

C. 收敛数列是有界的

D. 无界函数一定是无穷大的

二、填空题

6. $\lim\limits_{x\to\infty}\dfrac{\sin x}{x}=$ _____；$\lim\limits_{x\to 0}x^2\cos\dfrac{1}{x}=$ _____.

7. $\lim\limits_{x\to-\infty}3^x=$ _____.

8. $\lim\limits_{x\to+\infty}\arctan x=$ _____.

9. $\lim\limits_{x\to 1}\ln x=$ _____.

10. $\lim\limits_{n\to\infty}\dfrac{2n+1}{n-1}=$ _____.

三、解答题

11. （1）设函数 $f(x)=\begin{cases}x, & x<0, \\ 2, & x=0, \\ x^2+1, & x>0,\end{cases}$　讨论 $\lim\limits_{x\to 0}f(x)$ 是否存在.

（2）设 $f(x)=\dfrac{|x|-x}{3x}$，讨论 $\lim\limits_{x\to 0}f(x)$ 是否存在.

四、应用题

12. 一放射性材料的衰减模型为 $N = 100e^{-0.026t}$（N 的单位为 mg，t 的单位为 s）.

（1）它最初有多少？

（2）衰减 10% 需要多长时间？

（3）分析 $t \to +\infty$ 时的衰减规律.

13. 某单位购置一批价格为 100 万元的设备，该设备每年的折旧费是当年价格的 $\frac{1}{10}$，那么随着时间的推移，这批设备的价格如何变化？

练习三　极限的四则运算法则

一、选择题

1. $\lim\limits_{x \to -1} \dfrac{x+1}{x^2+1} = ($　　$)$.

  A. $\dfrac{1}{2}$　　　　　B. 0　　　　　C. 2　　　　　D. 1

2. $\lim\limits_{x \to 1} \dfrac{x^2+1}{x-1} = ($　　$)$.

  A. -1　　　　　B. 0　　　　　C. ∞　　　　　D. 1

3. $\lim\limits_{x \to 1} \dfrac{x^2-1}{x-1} = ($　　$)$.

  A. 2　　　　　B. 0　　　　　C. 3　　　　　D. 1

4. $\lim\limits_{x\to\infty}\dfrac{2x+1}{3x-4} = $ (   ).

A. $-\dfrac{1}{4}$ B. 0   C. $\dfrac{2}{3}$ D. 1

5. $\lim\limits_{n\to\infty}\dfrac{(n+1)(n+2)(n+3)}{5n^3} = $ (   ).

A. ∞ B. 0   C. $\dfrac{1}{5}$ D. 1

二、填空题

6. $\lim\limits_{x\to-1}(2x^2+2x+1) = $ _____.

7. $\lim\limits_{x\to0}\dfrac{x-1}{2x^2+3} = $ _____.

8. $\lim\limits_{x\to\infty}\dfrac{x^3-4x+5}{3x^4+2x^2-1} = $ _____.

三、解答题

9. 求下列极限:

(1) $\lim\limits_{x\to2}\dfrac{x^2-x-2}{x^2-4}$;

(2) $\lim\limits_{x\to0}\dfrac{1-\sqrt{x+1}}{2x}$;

(3) $\lim\limits_{n\to\infty}\left(1+\dfrac{1}{3}+\dfrac{1}{3^2}+\cdots+\dfrac{1}{3^n}\right)$;

（4）$\lim\limits_{x \to 1}\left(\dfrac{1}{1-x} - \dfrac{3}{1-x^3}\right)$.

10. 已知 $\lim\limits_{x \to \infty}\left(\dfrac{x^2}{x+1} - ax - b\right) = 0$，求 a 和 b 的值.

练习四 两个重要极限

一、选择题

1. 下列等式中不正确的是（　　）.

A. $\lim\limits_{x \to 0}\dfrac{\sin x}{x} = 1$　　　　B. $\lim\limits_{x \to \infty}\dfrac{\sin x}{x} = 0$　　　C. $\lim\limits_{x \to 0}\dfrac{x}{\sin x} = 0$　　　D. $\lim\limits_{x \to \infty} x \sin \dfrac{1}{x} = 1$

2. 下列等式中正确的是（　　）.

A. $\lim\limits_{x \to 0}\left(1 + \dfrac{1}{x}\right)^x = e$　　　　　　　　B. $\lim\limits_{x \to \infty}\left(1 + \dfrac{1}{x}\right)^x = e$

C. $\lim\limits_{x \to \infty}\left(1 + \dfrac{1}{x}\right)^{-x} = -e$　　　　　　D. $\lim\limits_{x \to 0}(1 - x)^{\frac{1}{x}} = -e$

3. $\lim\limits_{x \to 0}\dfrac{\sin^2 x}{x^2} = $（　　）.

A. 0　　　　　　　　B. 1　　　　　　　C. 2　　　　　　　D. ∞

4. $\lim\limits_{x \to \infty}\left(1 - \dfrac{2}{x}\right)^x = $（　　）

A. e　　　　　　　　B. e^{-1}　　　　　　C. e^2　　　　　　D. e^{-2}

5. 若 $\lim\limits_{x \to 0}\dfrac{\sin(ax)}{3x} = 2$，则 $a = $（　　）.

A. 0　　　　　　　　B. 3　　　　　　　C. 4　　　　　　　D. 6

二、填空题

6. $\lim\limits_{x \to 0} \dfrac{\sin 2x}{\sin 3x} = $ _____.

7. $\lim\limits_{x \to 0} \dfrac{\sin 2x}{\tan x} = $ _____.

8. $\lim\limits_{x \to \pi} \dfrac{\sin 3(x - \pi)}{x - \pi} = $ _____.

9. $\lim\limits_{x \to \infty} \left(1 + \dfrac{3}{x} \right)^{5x - 4} = $ _____.

10. $\lim\limits_{x \to 0} (1 - 2x)^{\frac{3}{2x} + 1} = $ _____.

三、解答题

11. 求下列极限：

（1） $\lim\limits_{x \to 0} \dfrac{\sin 2x - \tan 5x}{x}$;

（2） $\lim\limits_{x \to 1} \dfrac{\sin(x^2 - 1)}{x - 1}$;

（3） $\lim\limits_{x \to 0} \dfrac{\tan x - \sin x}{x^3}$;

（4）$\lim\limits_{x \to 0}(1 + \sin x)^{\frac{1}{x}}$；

（5）$\lim\limits_{x \to \infty}\left(\dfrac{x - 1}{x + 1}\right)^{x}$；

（6）$\lim\limits_{x \to \frac{\pi}{2}}(\sin x)^{\frac{1}{\cos x^2}}$.

四、应用题

12. 某人投资 10 万元，年利率为 5%，计息期为 3 年，分别计算下列情况的本利和.

（1）单利计息；

（2）复利计息，一年结算 4 次；

（3）连续复利计息（即结算次数 $m \to \infty$）.

13. 设某项投资的年利率为 6%，问：现投资多少元，10 年末可得 120 000 元？分别求出每年结息 1 次、6 次及连续复利下的投资额.

练习五　无穷小的比较

一、选择题

1. 当 $x\to 0$ 时下列等价无穷小替换不正确的是 （　　）.

A. $\sin x \sim x$　　　B. $e^{2x-1} \sim 2x$　　　C. $\tan 3x \sim 3x$　　　D. $\ln(1-x) \sim x$

2. 当 $x\to 0$ 时，$1-\cos x$ 是 x^2 的 （　　）.

A. 高阶无穷小　　　　　　　　B. 低阶无穷小

C. 同阶但不等价无穷小　　　　D. 等价无穷小

3. 当 $x\to 1$ 时，与 $1-x$ 等价无穷小的是 （　　）.

A. $1-\sqrt[3]{x}$　　　B. $1-\sqrt{x}$　　　C. $2(1-\sqrt{x})$　　　D. $2(1-\sqrt[3]{x})$

4. 当 $x\to 0$ 时，$\frac{1}{2}\sin x\cos x$ 是 x 的 （　　）.

A. 高阶无穷小　　　　　　　　B. 低阶无穷小

C. 同阶但不等价无穷小　　　　D. 等价无穷小

二、填空题

5. 当 $x\to 0$ 时，ax^2 与 $\tan\frac{x^2}{4}$ 为等价无穷小，则 $a=$ ＿＿＿＿＿.

6. 当 $x\to 0$ 时，$2x-x^2$ 与 x^2-x^3 相比，＿＿＿＿＿是较高阶无穷小.

三、解答题

7. 求下列极限：

（1）$\lim\limits_{x\to 0}\dfrac{\ln(1-3x)}{\sin 2x}$;

（2）$\lim\limits_{x \to 0} \dfrac{e^{2x} - 1}{\tan 3x}$；

（3）$\lim\limits_{x \to 0} \dfrac{1 - \cos x}{\sqrt{1 + x^2} - 1}$；

（4）$\lim\limits_{x \to 0} \dfrac{x^2 \sin 3x}{\arcsin x^3}$.

练习六　函数的连续性

一、选择题

1. 函数 $f(x) = \dfrac{1}{\ln(x - 1)}$ 的连续区间是（　　　）.

A. $[1, 2) \cup (2, +\infty)$ 　　　　　　　B. $(1, 2) \cup (2, +\infty)$

C. $(1, +\infty)$ 　　　　　　　　　　D. $[1, +\infty)$

2. 设函数 $f(x) = \begin{cases} x^2 + 1, & x < 0, \\ x, & 0 \leqslant x \leqslant 1, \\ 2 - x, & 1 < x \leqslant 2, \end{cases}$ 则 $f(x)$ 在（　　　）

A. $x = 0$ 处间断，$x = 1$ 处连续　　　B. $x = 0$ 处连续，$x = 1$ 处间断

C. $x = 0$，$x = 1$ 处都间断　　　　D. $x = 0$，$x = 1$ 处都连续

3. 若函数 $f(x) = \begin{cases} \dfrac{\sin 5x}{x}, & x \neq 0, \\ a, & x = 0 \end{cases}$ 在点 $x = 0$ 处连续，则 $a = $（　　　）.

A. 5 　　　　　　　B. 1 　　　　　　　C. 2 　　　　　　　D. -1

4. 函数 $f(x)$ 在点 x_0 处连续的充要条件是 （　　　）.

A. $f(x_0)$ 存在

B. $\lim\limits_{x \to x_0} f(x) = f(x_0)$

C. $\lim\limits_{x \to x_0} f(x)$ 存在

D. $\lim\limits_{x \to x_0} f(x) = 0$

5. 函数 $f(x) = \dfrac{\sin x}{x} + \dfrac{\mathrm{e}^x}{x^2 - 3x + 2}$ 在 $(-\infty, +\infty)$ 内的间断点个数是 （　　　）.

A. 0 　　　　　　B. 1 　　　　　　C. 2 　　　　　　D. 3

二、填空题

6. 函数 $f(x) = \dfrac{1}{x-2}$ 的间断点是 _____ .

7. 函数 $f(x) = \begin{cases} x-1, & x>0, \\ \sin x, & x \leqslant 0 \end{cases}$ 的间断点是 _____ .

8. 若函数 $f(x) = \begin{cases} (1+2x)^{\frac{1}{x}}, & x<0, \\ x+k, & x \geqslant 0 \end{cases}$ 在点 $x=0$ 处连续，则 $k =$ _____ .

9. 若函数 $f(x) = \begin{cases} \dfrac{\sin 2x}{x}, & x<0, \\ a+x, & x \geqslant 0 \end{cases}$ 在点 $x=0$ 处连续，则 $a =$ _____ .

10. $\lim\limits_{x \to \frac{\pi}{2}} \dfrac{\sin x}{x} =$ _____ .

三、解答题

11. 设函数 $f(x) = \begin{cases} \dfrac{\ln(1+x)}{x}, & x>0, \\ k, & x=0, \\ 1+x\sin\dfrac{1}{x}, & x<0 \end{cases}$ 在 $(-\infty, +\infty)$ 内连续，求 k 的值.

自测题 1

一、单项选择题（每小题4分，共20分）

1. 函数 $y = \sqrt{4 - x^2} + \dfrac{1}{1 - x^2}$ 的定义域为（　　）.

A. $(-2, 2)$ B. $[-2, 2]$

C. $[-2, -1) \cup (-1, 2]$ D. $[-2, -1) \cup (-1, 1) \cup (1, 2]$

2. 当 $x \to 0$ 时，无穷小 $x^2 - \sin x$ 是 x 的（　　）.

A. 高阶无穷小 B. 低阶无穷小

C. 同阶但不等价无穷小 D. 等价无穷小

3. $\lim\limits_{x \to -1} (x + 2)^{\frac{1}{x+1}} = $（　　）.

A. e B. e^{-1}

C. 1 D. ∞

4. 函数 $f(x) = \dfrac{x - 2}{x^3 - x^2 - 2x}$ 的间断点是（　　）.

A. $x = 0$, $x = -1$ B. $x = 0$, $x = 2$

C. $x = 0$, $x = -1$, $x = 2$ D. $x = -1$, $x = 2$

5. 设 $f(x) = \dfrac{|x|}{x}$，则 $\lim\limits_{x \to 0} f(x) = $（　　）.

A. 0 B. 1

C. -1 D. 不存在

二、判断题（每小题3分，共15分）

6. 函数 $f(x)$ 在点 x_0 处连续是 $\lim\limits_{x \to x_0} f(x)$ 存在的充分条件.　　（　　）

7. 若 $\lim\limits_{x \to x_0^-} f(x) = \lim\limits_{x \to x_0^+} f(x) = A$，则 $f(x)$ 在点 x_0 处连续.　　（　　）

8. $\lim\limits_{x \to 1} \dfrac{1 - x}{x} = 0$.　　（　　）

9. 已知 a, b 为常数，若 $\lim\limits_{n \to \infty} \dfrac{an^2 + bn + 2}{2n - 1} = 3$，则 $a = 0$, $b = 6$.　　（　　）

10. 若函数 $f(x) = \begin{cases} x + 2, & x \leqslant 0, \\ x^2 + a, & 0 < x < 1, \\ bx, & x \geqslant 1 \end{cases}$ 在 $(-\infty, +\infty)$ 内连续，则 $a = 2$, $b = 3$.

（　　）

三、填空题（每小题4分，共20分）

11. $\lim\limits_{x \to 0} (e^{2x} + \sin x - 1) = $ _____.

12. $\lim\limits_{x \to \infty} \left(1 - \dfrac{2}{x}\right)^{3x} = $ _____.

13. 设 $f(x) = \dfrac{x}{1+x}$, 则 $f[f(x)] = $ _____.

14. 函数 $y = \ln \tan x$ 的复合过程为 _____.

15. $\lim\limits_{x \to \infty} \dfrac{1 - \cos x}{x} = $ _____.

四、计算题（每小题6分，共24分）

16. $\lim\limits_{x \to 1} \left(\dfrac{3}{1-x^3} - \dfrac{1}{1-x} \right)$.

17. $\lim\limits_{x \to 0} x \left(\sin \dfrac{1}{x^2} - \dfrac{1}{\sin 2x} \right)$.

18. $\lim\limits_{x \to \infty} \left(\dfrac{x+2}{x-1} \right)^x$.

19. $\lim\limits_{x \to 0^+} \dfrac{e^{-2x} - 1}{\ln(1 + \tan 2x)}$.

五、解答题（每小题 7 分，共 21 分）

20. 设函数 $f(x) = \begin{cases} 3x+2, & x \leqslant -1, \\ \dfrac{\ln(2+x)}{x+1}+a, & -1 < x < 0, \\ -2+x+b, & x \geqslant 0 \end{cases}$ 在 $(-\infty, +\infty)$ 内连续，求 a，b 的值．

21. 证明函数 $f(x) = x^3 + 2x^2 - 4x - 1$ 在 $(-\infty, +\infty)$ 内至少有三个零点．

22. 求函数 $f(x) = \dfrac{x}{\sin x}$ 的间断点，并对间断点进行分类．

第二章　一元函数微分学

习题册第二章
答案

练习一　导数的概念

一、选择题

1. 设 $\lim\limits_{x \to a} \dfrac{f(x) - f(a)}{x - a} = k$（常数），则 $k = $（　　）.

A. $f'(x)$ 　　　　　 B. $\dfrac{\mathrm{d}f(x)}{\mathrm{d}x}$ 　　　　　 C. $f'(a)$ 　　　　　 D. $f'(0)$

2. 设 $f(x) = \cos \dfrac{\pi}{5}$，则 $f'(x) = $（　　）.

A. $\sin \dfrac{\pi}{5}$ 　　　　　 B. $-\sin \dfrac{\pi}{5}$ 　　　　　 C. 1 　　　　　 D. 0

3. 设函数 $f(x) = \cos x$，则 $f'\left(\dfrac{\pi}{2}\right) = $（　　）.

A. $-\dfrac{1}{2}$ 　　　　　 B. -1 　　　　　 C. 1 　　　　　 D. 0

4. 设 $f(x) = \lg x$，则 $f'(x) = $（　　）.

A. $\dfrac{1}{x}$ 　　　　 B. $\dfrac{1}{x}\ln 10$ 　　　　 C. $\dfrac{1}{x\ln 10}$ 　　　　 D. $\dfrac{1}{x}\lg 10$

5. 设 $f(x)$ 在点 x_0 处连续，则以下结论中错误的是（　　）.

A. $f(x_0)$ 存在 　　　　　　　　　　　 B. $f(x)$ 在点 x_0 处可导

C. $\lim\limits_{x \to x_0} f(x)$ 存在 　　　　　　　 D. $\lim\limits_{x \to x_0} f(x) = f(x_0)$

二、填空题

6. 设 $f(x)$ 为可导函数，且 $f'(2) = 0$，则过点 $(2, f(2))$ 的切线方程为 _____.

7. 设质点运动方程为 $s = 4t^2$（米），则 $v(t) = $ _____.

8. 设 $f(x) = \ln 2x$，则 $[f(2)]' = $ _____.

9. 设 $f(x) = 2^x$，则 $f'(x) = $ _____.

10. 设 $f(x) = \dfrac{1}{x^3}$，则 $f'(x) = $ _____.

三、解答题

11. 求曲线 $f(x) = \ln x$ 在点 $(1, 0)$ 处的切线方程.

12. 求曲线 $f(x) = e^x$ 过原点的切线方程.

练习二　导数的四则运算

一、选择题

1. 设函数 $y = \sin x + 5$，则 $y' = ($ 　　$)$.

A. $-\cos x$ 　　　　B. $-\sin x + 5$ 　　　　C. $\cos x + 5$ 　　　　D. $\cos x$

2. 设曲线 $y = x^2 + x - 2$，已知该曲线在点 M 处的切线斜率为 3，则点 M 的坐标为（　　）.

A. $(0,1)$ 　　　　B. $(1,0)$ 　　　　C. $(0,0)$ 　　　　D. $(1,1)$

3. 设函数 $f(x) = e^x \ln x$，则 $f'(1) = ($ 　　$)$.

A. $-e$ 　　　　B. e 　　　　C. 1 　　　　D. 0

4. 设函数 $f(x) = x\arctan x$，则 $f'(0) = ($ 　　$)$.

A. -1 　　　　B. 2 　　　　C. 1 　　　　D. 0

5. 设函数 $f(x) = \dfrac{\ln x}{x}$，则 $f'(x) = ($ 　　$)$.

A. $\dfrac{1 - \ln x}{x}$ 　　　　B. $\dfrac{1}{x}$ 　　　　C. $\dfrac{1 - \ln x}{x^2}$ 　　　　D. $\dfrac{\ln x}{x}$

二、填空题

6. 设 $f(x) = ax^2 + bx + e^2$，且 $f'(1) = 0$，$f'(2) = 1$，则 $a = $ ＿＿＿＿＿＿.

7. 设 $f(x) = 3^x + x^3 + 3^3$，则 $f'(x) = $ ＿＿＿＿＿＿.

8. 设 $y = x^2 \cos e$，则 $y' = $ ＿＿＿＿＿＿.

9. 设曲线 $y = x^2 + x - 4$ 在点 M 处的切线与直线 $y = 4x - 1$ 平行，则点 M 的坐标为＿＿＿＿＿＿.

10. 设 $y = \sin x \cos x$，则 $y' = $ ＿＿＿＿＿＿.

三、解答题

11. 求下列函数的导数：

（1）$y = 5x^3 + 3\cos x - \log_3 5$；

（2）$y = x^2 \sin x e^x$；

（3）$y = \dfrac{x^2}{\ln x}$；

（4）$y = (x^2 + 1)(3x - 1)$.

四、应用题

12. 设某厂每天的总成本函数为 $C(q) = 1\,000 + 50q - 5q^2 + \dfrac{1}{8}q^3$（$C$ 单位：万元；q 单位：件），求日产量为 20 件时的边际成本和平均单位成本.

13. 设某厂某产品的总成本 C （单位：万元） 是产量 q （单位：吨） 的函数 $C(q)=100+16q-3q^2+q^3$，如果每吨的销售价格为 40 万元，试求利润函数及边际利润为零时的产量.

14. 设某商品的需求函数为 $Q=120-2p^2$，求：
（1）当 $p=6$ 时的需求弹性；
（2）当 $p=6$ 时，总收益对价格的弹性，若价格下降 1%，总收益如何变化？

15. 设某商品的总收益 R 是销售量 Q 的函数 $R=100Q-0.4Q^2$，求：
（1）销售量 $Q=50$ 个单位时总收益的边际收益；
（2）销售量 $Q=100$ 个单位时总收益对 Q 的弹性，并解释其经济意义.

练习三　复合函数求导

一、选择题

1. 设函数 $y = e^{2x} + 5$，则 $y' = $（　　　）.

A. e^{2x}　　　　　　B. $2e^{2x}$　　　　　　C. $2e^{2x} + 5$　　　　D. $2e^x + 5$

2. 设函数 $y = \cos 3x$，则 $y' = $（　　　）.

A. $3\sin 3x$　　　　B. $-3\sin 3x$　　　　C. $\sin 3x$　　　　D. $-\sin 3x$

3. $y = \ln \dfrac{1}{x} - \ln 2$，则 $y' = $（　　　）.

A. $x - \dfrac{1}{2}$　　　B. $-\dfrac{1}{x} - \dfrac{1}{2}$　　　C. x　　　D. $-\dfrac{1}{x}$

4. 设函数 $f(x) = \sin^2 x$，则 $f'(x) = $（　　　）.

A. $\sin 2x$　　　　B. $2\sin x$　　　　C. $2\cos x$　　　　D. $\cos^2 x$

5. 设函数 $f\left(\dfrac{1}{x}\right) = \arctan x$，则 $f'(x) = $（　　　）.

A. $\dfrac{1}{1+x^2}$　　　B. $\dfrac{x^2}{1+x^2}$　　　C. $-\dfrac{1}{1+x^2}$　　　D. $-\dfrac{x^2}{1+x^2}$

二、填空题

6. 设 $y = \sin x^2$，则 $y' = $ _____.

7. 设 $y = (x-3)^{12}$，则 $y' = $ _____.

8. 设 $y = \ln(1 + x^2)$，则 $y' = $ _____.

9. 设 $f(x) = e^{\cos x}$，则 $f'\left(\dfrac{\pi}{2}\right) = $ _____.

10. 设 $y = \sqrt{1 - x^2}$，则 $y' = $ _____.

三、解答题

11. 求下列函数的导数：

（1）$y = (\arcsin x)^4$；

（2）$y = \arctan e^{3x}$；

（3）$y = \ln \tan 2x$；

（4）$y = x^2 \sin \dfrac{1}{x}$.

四、应用题

12. 设一超市某食品每周的需求量 Q（单位：千克）是其价格 p（单位：元）的函数 $Q = \dfrac{1\,000}{(p+1)^2}$，求当价格 $p = 4$ 时，该商品的需求量和边际需求量.

13. 设某商品的需求函数为 $Q = e^{-\frac{p}{5}}$，求价格 $p = 3$，5，6 时的需求弹性，并说明它们的经济意义和相应的销售策略．

14. 根据统计分析，某品牌汽车的销售量 Q（单位：万辆）满足函数 $Q(t) = 30.96\sqrt{1 + 2.139t}$，其中 $0 \leqslant t \leqslant 10$（单位：年），$t = 0$ 对应 2010 年年底．如果按照这样的趋势发展，问：该品牌汽车在 2015 年销售量的增长速度是多少？

练习四　隐函数求导

一、选择题

1. 设 $\ln y = x^2$，则 $\left.\dfrac{\mathrm{d}y}{\mathrm{d}x}\right|_{x=1} = $（　　）.

A. $2y$ B. 2 C. $2\mathrm{e}$ D. $-2\mathrm{e}$

2. 设 $x^2 + y^2 = 1$，则 $\dfrac{\mathrm{d}y}{\mathrm{d}x} = $（　　）.

A. $\dfrac{x}{y}$ B. $\dfrac{x^2}{y^2}$ C. $-\dfrac{x}{y}$ D. $-\dfrac{x^2}{y^2}$

3. 设 $x = \mathrm{e}^y$，则 $\dfrac{\mathrm{d}y}{\mathrm{d}x} = $（　　）.

A. e^{-y} B. e^y C. $x\mathrm{e}^y$ D. $x\mathrm{e}^{-y}$

4. 设 $x^2 = \sin y$，则 $\dfrac{\mathrm{d}y}{\mathrm{d}x} = $（　　）.

A. $\dfrac{2x}{\sin y}$　　　　B. $\dfrac{2x}{\cos y}$　　　C. $\dfrac{x^2}{\sin y}$　　　D. $\dfrac{x^2}{\cos y}$

5. 设 $y = x^x$，则 $y' = ($ 　　　$)$.

A. $x \cdot x^{x-1}$　　　　B. $x^x \ln a$　　　C. $x^x(\ln x + 1)$　　D. $x^x(\ln x - 1)$

二、解答题

6. 求由下列方程确定的隐函数的导数：

（1）$xy + \ln y = 1$；

（2）$x\mathrm{e}^y + y^2 = \mathrm{e}$；

（3）$3y^2 - 4xy + 6x^2 = 18$；

（4）$y = \sin(x + y)$.

7. 设函数 $y = y(x)$ 由方程 $\ln(x^2 + y) = x^3 y + \sin x$ 确定，求 $\dfrac{\mathrm{d}y}{\mathrm{d}x}\bigg|_{x=0}$.

8. 求椭圆 $\dfrac{x^2}{4} + \dfrac{y^2}{3} = 1$ 上一点 $P\left(1, \dfrac{3}{2}\right)$ 处的切线方程.

练习五　高阶导数

一、选择题

1. 设函数 $y = x^4 + 2x^2 + 5$，则 $y'' = $（　　　）.

A. $4x^3 + 4x$ 　　　　B. $4x^3 + 4$ 　　　　C. $12x^2 + 4x$ 　　　　D. $12x^2 + 4$

2. 设函数 $y = \ln x$，则 $\dfrac{\mathrm{d}^2 y}{\mathrm{d}x^2} = $（　　　）.

A. $\dfrac{1}{x}$ 　　　　B. $-\dfrac{1}{x^2}$ 　　　　C. $-\dfrac{1}{x}$ 　　　　D. $\dfrac{1}{x^2}$

3. 设函数 $y = \mathrm{e}^{2x} + 5$，则 $y''' = $（　　　）.

A. e^{2x} 　　　　B. $2\mathrm{e}^{2x}$ 　　　　C. $4\mathrm{e}^{2x}$ 　　　　D. $8\mathrm{e}^{2x}$

4. 设函数 $y = \sin x$，则 $y^{(2\,023)} = $（　　　）.

A. $\cos x$ 　　　　B. $-\sin x$ 　　　　C. $-\cos x$ 　　　　D. $\sin x$

5. 已知 $y^{(n-2)} = x\cos x$，则 $y^{(n)} = $（　　　）.

A. $\cos x - x\sin x$ 　　　　　　B. $-\sin x$

C. $-2\sin x - x\cos x$ 　　　　　　D. $\sin x - x\cos x$

二、填空题

6. 设 $y = x^4$，则 $y^{(4)} = $ _____ .

7. 设 $y = \mathrm{e}^x$，则 $y^{(n)} = $ _____ .

8. 设 $y = x\mathrm{e}^{-x}$，则 $y'' = $ _____ .

9. 已知一质点的运动方程 $S = t^3$，则该质点运动的加速度 $a = $ _____ .

10. 设 $f(x) = \sin(1 - x)$，则 $f''(1) = $ _____ .

三、解答题

11. 求下列函数的二阶导数：

（1）$y = (1 + x^2)\arctan x$；

（2）$y = \ln(1 + x^2)$；

（3）$y = e^x \sin x$；

（4）$y = x^2 \ln x$.

练习六　洛必达法则

一、选择题

1. $\lim\limits_{x \to 0} \dfrac{\sin x - x}{x \sin x} = ($　　$)$.

    A. -1　　　　　　　　B. 1　　　　　　　　C. 0　　　　　　　　D. ∞

2. $\lim\limits_{x \to 0} \dfrac{\ln(1 + x)}{x^2} = ($　　$)$.

    A. -1　　　　　　　　B. 1　　　　　　　　C. 0　　　　　　　　D. ∞

3. $\lim\limits_{x \to 0} \dfrac{e^x + e^{-x} - 2}{x^2} = ($　　$)$.

A. -1　　　　　　B. 1　　　　　　C. 0　　　　　　D. 2

4. $\lim\limits_{x \to +\infty} x\left(\dfrac{\pi}{2} - \arctan x\right) = (\quad)$.

A. -1　　　　　　B. 1　　　　　　C. 0　　　　　　D. ∞

5. $\lim\limits_{x \to 0} \dfrac{\sqrt[3]{1+x}-1}{x} = (\quad)$.

A. $\dfrac{1}{3}$　　　　　B. 1　　　　　　C. 0　　　　　　D. ∞

二、解答题

6. 求下列极限：

（1）$\lim\limits_{x \to 1} \dfrac{1 - x + \ln x}{1 - x^3}$;

（2）$\lim\limits_{x \to 0} \dfrac{e^x - e^{-x}}{\sin x}$;

（3）$\lim\limits_{x \to \infty} \dfrac{\ln(1 + x^2)}{x}$;

(4) $\lim\limits_{x\to 0}\dfrac{x^3}{x-\sin x}$;

(5) $\lim\limits_{x\to 1}\dfrac{x^3-3x^2+2}{x^3-x^2-x+1}$;

(6) $\lim\limits_{x\to 1}\left(\dfrac{x}{x-1}-\dfrac{1}{\ln x}\right)$.

练习七　函数的单调性与极值

一、选择题

1. 下列函数在区间$(0,+\infty)$内单调减少的是（　　）.

A. $y=x$ 　　　　　　B. $y=\mathrm{e}^x$ 　　　　　　C. $y=\ln x$ 　　　　　　D. $y=\dfrac{1}{x}$

2. 函数$y=x^2+1$在区间$(-\infty,0)$内（　　）.

A. 单调增加 　　　　　　　　　　　B. 单调减少

C. 不增不减 　　　　　　　　　　　D. 有增有减

3. 函数$y=16x^2(x-1)$在区间$(0,1)$内（　　）.

A. 单调增加 　　　　　　　　　　　B. 单调减少

C. 不增不减 　　　　　　　　　　　D. 有增有减

4. 函数$f(x)=\dfrac{1}{2}(\mathrm{e}^x+\mathrm{e}^{-x})$的极小值点为（　　）.

A. 1 　　　　　　　　B. -1 　　　　　　　　C. 0 　　　　　　　　D. 不存在

5. 函数$f(x)=x^3-3x$的极大值为（　　）.

A. 2 　　　　　　　 B. －2 　　　　　　　 C. 0 　　　　　　　 D. 4

二、填空题

6. 函数 $y = 3(x-1)^2$ 的驻点是_____.

7. 设 $y = 2x^2 + ax + 3$ 在点 $x = 1$ 取得极小值，则 $a =$_____.

8. 函数 $y = \dfrac{x}{\ln x}$ 的单调增加区间是_____.

9. 函数 $y = x^3 - 12x$ 的极小值是_____.

10. 函数 $y = \ln(x^2 - 1)$ 在区间 $(1, +\infty)$ 内_____.

三、解答题

11. 求下列函数的单调区间和极值：

（1） $y = 2x^3 - 6x^2 - 18x - 13$；

（2） $y = x - e^x$；

（3） $y = 2x^2 - \ln x$；

（4） $y = 2 - (x-1)^{\frac{2}{3}}$.

练习八　函数的最值

一、填空题

1. 函数 $y = \dfrac{1}{3}x^3 - 3x^2 + 9x$ 在区间 $[0,4]$ 上的最大值点 $x =$ _____.

2. 函数 $y = x^5 - 5x^4 + 5x^3 + 1$ 在区间 $[-1,2]$ 上的最小值是 _____.

3. 函数 $y = \ln(x^2 + 1)$ 在区间 $[-1,2]$ 上的最大值是 _____.

二、解答题

4. 欲做一个底为正方形，容积为 108 立方厘米的长方体开口容器，哪种做法所用材料最省？

5. 制造容积为 16π 立方厘米的有盖圆柱形容器，问：底半径与高各为多少时可使用料最省？

6. 某厂每天生产某种产品 q 件的成本函数为 $C(q) = 0.5q^2 + 36q + 9\,800$（元），为使每件产品平均成本最低，每天产量应为多少？此时，每件产品平均成本为多少？

7. 某工厂生产 q 吨产品时所获得的利润（单位：万元）为 $L(q) = -\dfrac{1}{3}q^3 + 5q^2 + 11q - 40$，问：生产多少吨产品时获得的利润最大？

练习九　微分的概念

一、选择题

1. 设 $y = 2^x$，则 $\mathrm{d}y =$ （　　　）.

A. $x^{2x-1}\mathrm{d}x$ 　　　　 B. $2^{x-1}\mathrm{d}x$ 　　　　 C. $2^x\mathrm{d}x$ 　　　　 D. $2^x\ln 2\,\mathrm{d}x$

2. 下列等式中不成立的是 （　　　）.

A. $\mathrm{e}^x\mathrm{d}x = \mathrm{d}(\mathrm{e}^x)$ 　　　　　　　　 B. $-\sin x\mathrm{d}x = \mathrm{d}(\cos x)$

C. $\dfrac{1}{2\sqrt{x}}\mathrm{d}x = \mathrm{d}\sqrt{x}$ 　　　　　　 D. $\ln x\mathrm{d}x = \mathrm{d}\left(\dfrac{1}{x}\right)$

3. 设 $y = \sqrt{1-x^2}$，则 $\mathrm{d}y =$ （　　　）.

A. $\dfrac{1}{2\sqrt{1-x^2}}\mathrm{d}x$ 　　 B. $-\dfrac{x}{\sqrt{1-x^2}}\mathrm{d}x$ 　　 C. $\dfrac{x}{\sqrt{1-x^2}}\mathrm{d}x$ 　　 D. $\dfrac{-x}{2\sqrt{1-x^2}}\mathrm{d}x$

4. 设 $y = \ln\cos x$，则 $\mathrm{d}y =$ （　　　）.

A. $\dfrac{1}{\cos x}\mathrm{d}x$ 　　　　 B. $-\dfrac{1}{\cos x}\mathrm{d}x$ 　　　　 C. $-\tan x\mathrm{d}x$ 　　　　 D. $\tan x\mathrm{d}x$

5. 设 $y = \mathrm{e}^{\sqrt{x}}$，则 $\mathrm{d}y =$ （　　　）.

A. $\mathrm{e}^{\sqrt{x}}\mathrm{d}x$ 　　　　 B. $\dfrac{\mathrm{e}^{\sqrt{x}}}{2\sqrt{x}}\mathrm{d}x$ 　　　　 C. $\dfrac{\mathrm{e}^{\sqrt{x}}}{\sqrt{x}}\mathrm{d}x$ 　　　　 D. $2\sqrt{x}\mathrm{e}^{\sqrt{x}}\mathrm{d}x$

二、填空题

6. 设 $y = 2x^3$，则 $\mathrm{d}y\big|_{x=1} =$ _____.

7. 设 $y = x^2 + \mathrm{e}^{-x}$，则 $\mathrm{d}y\big|_{x=0} =$ _____.

8. d _____ $= \dfrac{1}{x}\mathrm{d}x$.

9. d _____ $= -\dfrac{1}{x^2}\mathrm{d}x$.

10. 设函数 $y = e^{\arctan\sqrt{x}}$，则 $dy =$ _____.

三、解答题

11. 求下列函数的微分：

（1） $y = \ln\left(\sin\dfrac{x}{2}\right)$；

（2） $y = e^x\cos(3-x)$.

12. 设函数 $y = y(x)$ 由方程 $e^{x+y} + \cos(xy) = 0$ 确定，求 dy.

自测题 2

一、单项选择题（每小题 4 分，共 40 分）

1. 设 $f'(x_0) = 2$，则 $\lim\limits_{h\to 0}\dfrac{f(x_0-h)-f(x_0)}{2h} = $ （   ）.

A. 1   B. 2   C. -1 D. -2

2. 设 $f(x) = x^2$，则 $\lim\limits_{x\to 1}\dfrac{f(x)-f(1)}{x-1} = $ （   ）.

A. 1   B. 2   C. 4   D. $2x$

3. 设函数 $f(x) = \dfrac{1}{\sqrt[3]{x^2}} - \dfrac{1}{x\sqrt{x}}$，则 $f'(1) = $ （   ）.

A. $-\dfrac{1}{6}$ B. $\dfrac{5}{6}$ C. $-\dfrac{7}{6}$ D. $\dfrac{7}{6}$

4. 设函数 $y = \cos^2 2x$，则 $y' = $ （   ）.

A. $-\sin 4x$ B. $-2\cos 4x$ C. $-2\sin 4x$ D. $\sin 4x$

5. 曲线 $y = \dfrac{1}{\sqrt{x+1}}$ 在点 $(0，1)$ 处的切线斜率为 （　　　）.

A. $-\dfrac{1}{2}$　　　　　　　　　　　　B. $\dfrac{1}{2}$

C. $-\dfrac{1}{2\sqrt{(x+1)^3}}$　　　　　　　　D. $\dfrac{1}{2\sqrt{(x+1)^3}}$

6. 函数 $f\left(\dfrac{1}{x}\right) = x$，则 $f'(x) = $ （　　　）.

A. $\dfrac{1}{x^2}$　　　　　B. $-\dfrac{1}{x^2}$　　　　　C. $\dfrac{1}{x}$　　　　　D. $-\dfrac{1}{x}$

7. 下列函数在 $(-\infty，+\infty)$ 内单调增加的是 （　　　）.

A. $\sin x$　　　　　B. e^x　　　　　C. x^2　　　　　D. $3-x$

8. 下列结论中正确的是 （　　　）.

A. x_0 是 $f(x)$ 的极值点，且 $f'(x_0)$ 存在，则必有 $f'(x_0) = 0$

B. x_0 是 $f(x)$ 的极值点，则 x_0 必是 $f(x)$ 的驻点

C. 若 $f'(x_0) = 0$，则 x_0 必是 $f(x)$ 的极值点

D. 使 $f'(x)$ 不存在的点 x_0，一定是 $f(x)$ 的极值点

9. 设函数 $y = x\sin x$，则 $y'' = $ （　　　）.

A. $\cos x - x\sin x$　　　　　　　　B. $\cos x - x\sin x$

C. $2\cos x - x\sin x$　　　　　　　　D. $2\sin x - x\cos x$

10. 若 $f(x)$ 在点 x_0 可导，则 $|f(x)|$ 在点 x_0 处 （　　　）.

A. 必可导　　　　　　　　　　　B. 不连续

C. 一定不可导　　　　　　　　　D. 连续但不一定可导

二、判断题 （每小题 3 分，共 15 分）

11. 若 $f(x-1) = x^2 - 1$，则 $f'(x) = 2x + 2$.　　　　　　　　（　　　）

12. 直线 l 与 x 轴平行，且与曲线 $y = x - \mathrm{e}^x$ 相切于点 $(0，-1)$.　（　　　）

13. 函数 $f(x) = \dfrac{1}{\ln x}$ 在区间 $[1,\mathrm{e}]$ 上不满足拉格朗日中值定理的条件.　（　　　）

14. 最值点一定是极值点.　　　　　　　　　　　　　　　　　（　　　）

15. 函数 $f(x) = \sqrt[3]{(x+1)^2}$ 没有极值.　　　　　　　　　　（　　　）

三、填空题 （每小题 3 分，共 15 分）

16. 设 $f(x) = \dfrac{x}{\mathrm{e}^x}$，则 $f'(0) = $ ＿＿＿＿＿＿＿.

17. 设 $f(x) = \mathrm{e}^{-x}$，则 $f''(x) = $ ＿＿＿＿＿＿＿＿＿.

18. 曲线 $f(x) = x^3 - x$ 在点 $(1，0)$ 处的切线方程为＿＿＿＿＿＿＿.

19. 函数 $y = x\ln x$ 的单调增加区间是＿＿＿＿＿＿＿.

20. 函数 $y = x^3 - 3x^2 + 3x - 10$ 在 $[0,2]$ 上的最大值为＿＿＿＿＿＿＿.

四、解答题（每小题 6 分，共 30 分）

21. 已知 $y = e^{\arcsin x}$，求 dy.

22. 求由方程 $xy + y^2 = e$ 确定的隐函数的导数.

23. 求 $\lim\limits_{x \to 0} \dfrac{\tan x - x}{x \sin^2 x}$.

24. 求函数 $y = x - \ln(x + 1)$ 的单调区间与极值.

25. 制造一个无盖的圆柱形容器，已知其容积为 $\dfrac{3}{2}\pi$ 立方米，用作底面的材料价格是 6 元/平方米，用作侧面的材料价格是 4 元/平方米，问：圆柱形容器的底半径和高各为多少时，其造价最低？

第三章　积分学及其应用

习题册第三章
答案

练习一　不定积分的概念和性质

一、判断题

1. x^2 是 $2x$ 的一个原函数.　　　　　　　　　　　　　　　（　　）

2. 任何一个函数都存在原函数.　　　　　　　　　　　　　　（　　）

3. 函数 $f(x)$ 的不定积分是其全体原函数.　　　　　　　　（　　）

4. 一函数的积分曲线上横坐标相同点的切线不一定平行.　（　　）

5. 函数 $y=\mathrm{e}^x$ 经过点 $M(1,\mathrm{e})$ 的积分曲线为 $y=\mathrm{e}^x$.　（　　）

二、选择题

6. 如果函数 $f(x)$ 存在原函数，则 $f(x)$ 的原函数一定有 （　　）.

A. 一个　　　　　　B. 两个　　　　　　C. 有限多个　　　　D. 无穷多个

7. 设 $F(x)$ 与 $G(x)$ 都是 $f(x)$ 的原函数，则必定有 （　　）.

A. $F(x)=G(x)$

B. $F(x)+G(x)=0$

C. $F(x)-G(x)=C$

D. $F(x)+G(x)=C$

8. 设 $f(x)$ 是可导函数，则 $\left(\displaystyle\int f(x)\,\mathrm{d}x\right)' =$ （　　）.

A. $f(x)$　　　　　B. $f(x)+C$　　　　C. $f'(x)$　　　　D. $f'(x)+C$

9. 设 $f(x)$ 的一个原函数为 x^3，则 $f'(x)=$ （　　）.

A. $3x^2$　　　　　B. $\dfrac{1}{4}x^4$　　　　C. $4x^4$　　　　D. $6x$

10. $\displaystyle\int \dfrac{1}{x}\,\mathrm{d}x=$ （　　）.

A. $\ln x + C$ B. $\dfrac{1}{x^2} + C$

C. $\ln |x| + C$ D. $-\dfrac{1}{x^2} + C$

三、填空题

11. 函数 $f(x) = \sin x$ 的全体原函数是_____．

12. x^2 的一个原函数是_____，而_____的一个原函数是 x^2．

13. $\displaystyle\int F'(x)\,\mathrm{d}x =$ _____．

14. $\displaystyle\int \mathrm{d}f(x) =$ _____．

15. $\mathrm{d}\displaystyle\int f(x)\,\mathrm{d}x =$ _____．

四、计算题

16. $\displaystyle\int (10^x + x^{10})\,\mathrm{d}x$．   17. $\displaystyle\int \dfrac{x^2 - x + \sqrt{x} - 1}{x}\,\mathrm{d}x$．

18. $\displaystyle\int \sin^2 \dfrac{x}{2}\,\mathrm{d}x$．   19. $\displaystyle\int \dfrac{(x+1)^2}{x(x^2+1)}\,\mathrm{d}x$．

20. $\displaystyle\int \left(e^x + \dfrac{1}{2}\cos x\right)\mathrm{d}x$．   21. $\displaystyle\int \dfrac{\cos 2x}{\sin^2 x \cos^2 x}\,\mathrm{d}x$．

五、应用题

22. 一曲线通过点 $\left(e^2, 3\right)$，且在任意一点处的切线斜率等于该点横坐标的倒数，求该曲线方程.

23. 生产某种产品 Q 单位的总成本 C 是 Q 的函数 $C(Q)$，固定成本 $\left[\text{即 }C(0)\right]$ 为 20 元，边际成本函数为 $C'(Q) = 2Q + 10$（单位：元），求总成本函数.

24. 设某厂生产 q 件产品的边际成本为 $6q^2 - 5q + 300$（单位：元），已知生产头两件产品的总成本为 600 元，求该产品的总成本函数.

25. 已知某产品的产量 Q 是时间 t 的函数 $Q(t)$，其变化率是时间 t 的函数 $Q'(t) = at + b$（a，b 是常数），且 $Q(0) = 0$，求 $Q(t)$.

26. 每天生产某种产品 q 单位时，固定成本为 20 元，边际成本（单位：元）函数为 $C'(q) = 0.4q + 2$.

(1) 求成本函数 $C(q)$；

(2) 如果这种产品销售价为 18 元/单位，设产品可以全部售出，求利润函数 $L(q)$；

(3) 当每天生产多少单位产品时，才能获得最大利润？

练习二　不定积分凑微分积分法

一、选择题

1. 下列等式中不成立的是（　　　）.

A. $e^x dx = d(e^x)$ 　　　　　　　　B. $-\sin x dx = d\cos x$

C. $\dfrac{1}{2\sqrt{x}} dx = d\sqrt{x}$ 　　　　　　D. $\ln x dx = d\dfrac{1}{x}$

2. $\displaystyle\int \cos(3 - 2x) dx = $（　　　）.

A. $-\dfrac{1}{2}\sin(3 - 2x) + C$ 　　　　B. $\dfrac{1}{2}\sin(3 - 2x) + C$

C. $-\sin(3 - 2x) + C$ 　　　　　　D. $\sin(3 - 2x) + C$

3. $\displaystyle\int \dfrac{dx}{\sqrt{1 - 9x^2}} = $（　　　）.

A. $\dfrac{1}{3}\arcsin 3x + C$ 　　　　　　B. $\arcsin 3x + C$

C. $\dfrac{1}{3}\arccos 3x + C$ 　　　　　　D. $\arccos 3x + C$

4. $\displaystyle\int e^x \sin e^x dx = $（　　　）.

A. $\sin e^x + C$ 　　　B. $-\cos e^x + C$ 　　　C. $\cos e^x + C$ 　　　D. $-\sin e^x + C$

5. $\displaystyle\int x f(x^2) f'(x^2) dx = $（　　　）.

A. $\dfrac{1}{2}f^2(x) + C$ B. $\dfrac{1}{2}f^2(x^2) + C$

C. $\dfrac{1}{4}f^2(x^2) + C$ D. $\dfrac{1}{4}f^2(x) + C$

二、填空题

6. 在下列等式右边的横线上填入适当的系数，使等式成立.

$dx = \underline{\hspace{1.5cm}} d(2x + 3)$; $e^{3x}dx = \underline{\hspace{1.5cm}} de^{3x}$;

$\dfrac{1}{x^2}dx = \underline{\hspace{1.5cm}} d\dfrac{1}{x}$; $\dfrac{1}{\sqrt{x}}dx = \underline{\hspace{1.5cm}} d\sqrt{x}$;

$x^2 dx = \underline{\hspace{1.5cm}} dx^3$; $\sin x dx = \underline{\hspace{1.5cm}} d\cos x$;

$\dfrac{1}{x}dx = \underline{\hspace{1.5cm}} d\ln|x|$; $\dfrac{1}{1 + x^2}dx = \underline{\hspace{1.5cm}} d3\arctan x$.

三、计算题

7. $\displaystyle\int \sqrt[3]{2 + 5x}\,dx$.   8. $\displaystyle\int \dfrac{1}{3 + 2x}\,dx$.

9. $\displaystyle\int 2xe^{x^2}\,dx$.   10. $\displaystyle\int x\sqrt{4 - x^2}\,dx$.

11. $\displaystyle\int \dfrac{x^2}{1 + x^3}\,dx$.   12. $\displaystyle\int \dfrac{1}{x^2}\cos\dfrac{1}{x}\,dx$.

13. $\displaystyle\int \dfrac{1}{1 + e^x}\,dx$.   14. $\displaystyle\int \dfrac{1}{x(1 + \ln x)}\,dx$.

15. $\int \cos x \sin^2 x \mathrm{d}x.$

16. $\int \sin^3 x \mathrm{d}x.$

17. $\int \dfrac{x + \arctan x}{1 + x^2} \mathrm{d}x.$

18. $\int \dfrac{1 + x}{\sqrt{4 - x^2}} \mathrm{d}x.$

练习三 不定积分换元积分法

用换元积分法计算下列积分：

1. $\int \dfrac{x}{\sqrt{x - 3}} \mathrm{d}x.$

2. $\int \dfrac{1}{1 + \sqrt{x}} \mathrm{d}x.$

3. $\int \dfrac{1}{x - \sqrt{x}} \mathrm{d}x.$

4. $\int \dfrac{1}{\sqrt{x}(1 + x)} \mathrm{d}x.$

5. $\int \dfrac{1}{\sqrt{x} + \sqrt[3]{x}} \mathrm{d}x.$

6. $\int \sqrt{1 - x^2} \mathrm{d}x.$

练习四　不定积分分部积分法

计算下列不定积分：

1. $\int x\ln x\,\mathrm{d}x$.

2. $\int \arctan x\,\mathrm{d}x$.

3. $\int x\cos x\,\mathrm{d}x$.

4. $\int x^2\mathrm{e}^x\,\mathrm{d}x$.

5. $\int \sin\sqrt{x}\,\mathrm{d}x$.

6. $\int \mathrm{e}^{\sqrt{x}}\,\mathrm{d}x$.

练习五　定积分的概念和性质

一、判断题

1. 定积分 $\displaystyle\int_a^b f(x)\,\mathrm{d}x$ 由被积函数 $f(x)$ 与积分区间 $[a,b]$ 确定.　　　（　　）

2. 定积分在几何上表示相应曲边梯形面积的代数和.　　　（　　）

3. $\displaystyle\int_0^1 \sqrt{x}\,\mathrm{d}x \geqslant \int_0^1 x\,\mathrm{d}x$.　　　（　　）

4. 定积分 $\displaystyle\int_a^b f(x)\,\mathrm{d}x$ 是一个确定的常数.　　　（　　）

二、选择题

5. 根据右图写出下列选择题的答案.

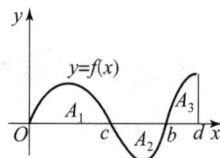

(1) $\displaystyle\int_0^b f(x)\,\mathrm{d}x = $ （　　　）.

A. $A_1 + A_2$

B. $A_1 - A_2$

C. $A_2 - A_1$

D. $A_1 - A_2 + A_3$

（2）$\int_c^d f(x)\,\mathrm{d}x = $（   ）.

A. $A_2 + A_3$ B. $A_2 - A_3$ C. $A_3 - A_2$ D. $A_1 - A_2 + A_3$

（3）$\int_0^d f(x)\,\mathrm{d}x = $（   ）.

A. $A_1 + A_2 + A_3$ B. $A_1 + A_2 - A_3$

C. $A_1 - A_2 + A_3$ D. $A_3 - A_1 + A_2$

6. 下列不等式中正确的是（   ）.

A. $\int_0^1 x^2\,\mathrm{d}x \leqslant \int_0^1 x^3\,\mathrm{d}x$ B. $\int_0^1 x^2\,\mathrm{d}x \geqslant \int_0^1 x^3\,\mathrm{d}x$

C. $\int_1^2 x^3\,\mathrm{d}x \leqslant \int_1^2 x^2\,\mathrm{d}x$ D. $\int_1^2 x\,\mathrm{d}x \geqslant \int_1^2 x^2\,\mathrm{d}x$

7. 设 $f(x)$ 在 $[a,b]$ 上连续，则 $\int_a^b f(x)\,\mathrm{d}x - \int_a^b f(t)\,\mathrm{d}t$ 的值为（   ）.

A. 大于零   B. 确定的常数

C. 等于零   D. 以上都不对

三、填空题

8. $\int_a^b 1\,\mathrm{d}x = $ _____ .

9. $\int_3^3 f(x)\,\mathrm{d}x = $ _____ .

10. $\int_a^b f(x)\,\mathrm{d}x + \int_b^a f(x)\,\mathrm{d}x = $ _____ .

11. $\int_0^1 f(x)\,\mathrm{d}x + \int_1^2 f(x)\,\mathrm{d}x + \int_2^0 f(x)\,\mathrm{d}x = $ _____ .

四、计算题

根据定积分的几何意义求下列定积分：

12. $\int_1^4 x\,\mathrm{d}x$.   13. $\int_0^4 (2-x)\,\mathrm{d}x$.   14. $\int_0^2 \sqrt{4-x^2}\,\mathrm{d}x$.

练习六　牛顿莱布尼茨公式和直接积分法

一、判断题

1. $\int_a^b k f(x)\,\mathrm{d}x = k \int_b^a f(x)\,\mathrm{d}x$ 只对非零常数成立.   （   ）

2. $\int_a^b [k_1 f_1(x) + k_2 f_2(x)] dx = k_1 \int_a^b f_1(x) dx + k_2 \int_a^b f_2(x) dx.$ 　　　　(　　)

3. $(\int_a^b f(x) dx)' = f(x).$ 　　　　　　　　　　　　　　　　　　(　　)

二、选择题

4. $\dfrac{d}{dx} \int_x^1 (1 - t^2) dt = ($ 　　 $).$

A. 0 　　　　　　　　　　　　　　　B. $1 - t^2$

C. $1 - x^2$ 　　　　　　　　　　　　D. $x^2 - 1$

5. $\int_0^{\pi} |\cos x| dx = ($ 　　 $).$

A. $-\int_0^{\pi} \cos x dx - \int_{\frac{\pi}{2}}^{\pi} \cos x dx$ 　　　　B. $-\int_0^{\pi} \cos x dx + \int_{\frac{\pi}{2}}^{\pi} \cos x dx$

C. $\int_0^{\frac{\pi}{2}} \cos x dx + \int_{\frac{\pi}{2}}^{\pi} \cos x dx$ 　　　　D. $\int_0^{\frac{\pi}{2}} \cos x dx - \int_{\frac{\pi}{2}}^{\pi} \cos x dx$

6. 设 $f(x)$ 连续，下列式子中不成立的是 (　　).

A. $\dfrac{d}{dx} \int_a^x f(x) dx = f(x)$ 　　　　　　B. $\dfrac{d}{dx} \int f(x) dx = f(x)$

C. $\dfrac{d}{dx} \int_a^b f(x) dx = f(x)$ 　　　　　　D. $\int f'(x) dx = f(x) + C$

7. 已知 $f(x) = \int_x^2 \sqrt{2 + t^2} dt$，则 $f'(1) = ($ 　　 $).$

A. $-\sqrt{3}$ 　　　　　　　　　　　　B. $\sqrt{3} - \sqrt{6}$

C. $\sqrt{6} - \sqrt{3}$ 　　　　　　　　　D. $\sqrt{3}$

8. $\lim\limits_{x \to 0} \dfrac{\int_0^x \cos t^2 dt}{x} = ($ 　　 $).$

A. ∞ 　　　　　B. -1 　　　　　C. 0 　　　　　D. 1

三、填空题

9. $\int_1^2 \dfrac{1}{x} dx = $ _____ .

10. 设 $F(x) = \int_x^a \sin t dt$，则 $F'\left(\dfrac{\pi}{2}\right) = $ _____ .

11. 设 $f(x)$ 的一个原函数为 $\sin x$，则定积分 $\int_a^b f(x) dx = $ _____ .

12. 函数 $F(x) = \int_0^x \sqrt{1 + t^2} dt$，则 $F'(1) = $ _____ .

13. 函数 $f(x) = \int_0^{x^2} \ln t dt$，则 $\dfrac{df(x)}{dx} = $ _____ .

四、计算题

14. 计算 $\displaystyle\int_1^{\sqrt{3}} \frac{1}{1+x^2}dx$.

15. 计算 $\displaystyle\int_1^2 \left(3x^2 - x + \frac{1}{x}\right)dx$.

16. 已知 $f(x) = \begin{cases} 1+x^2, & x<0, \\ e^x, & x\geq 0, \end{cases}$ 求 $\displaystyle\int_{-1}^1 f(x)\,dx$.

17. 计算 $\displaystyle\int_0^3 |2-x|\,dx$.

18. 若 $\displaystyle\int_1^a (2x+1)\,dx = 4$，求 a 的值.

练习七　定积分积分法

一、判断题

1. 设 $f(x)$ 在 $[-a, a]$ 上连续（$a > 0$），若 $f(x)$ 为偶函数，则 $\int_{-a}^{a} f(x)\,\mathrm{d}x = 2\int_{0}^{a} f(x)\,\mathrm{d}x.$ （　　）

2. $\int_{1}^{4} \dfrac{1}{1 + \sqrt{x}}\mathrm{d}x = \int_{1}^{2} \dfrac{2t}{1 + t}\mathrm{d}t.$ （　　）

二、选择题

3. 若 $\int_{0}^{1} \mathrm{e}^{x} f(\mathrm{e}^{x})\,\mathrm{d}x = \int_{a}^{b} f(u)\,\mathrm{d}u$，则（　　）.

A. $a = 1$，$b = \mathrm{e}$
B. $a = 0$，$b = 1$
C. $a = \mathrm{e}$，$b = 1$
D. $a = 1$，$b = 0$

4. 若 $\int_{1}^{e} \dfrac{1}{x} f(\ln x)\,\mathrm{d}x = \int_{a}^{b} f(u)\,\mathrm{d}u$，则（　　）.

A. $a = 0$，$b = 1$
B. $a = 0$，$b = \mathrm{e}$
C. $a = 1$，$b = 0$
D. $a = \mathrm{e}$，$b = 1$

5. 若 $\int_{1}^{4} \dfrac{1}{\sqrt{x}} f(\sqrt{x})\,\mathrm{d}x = 2\int_{a}^{b} f(u)\,\mathrm{d}u$，则（　　）.

A. $a = 1$，$b = 2$
B. $a = \dfrac{1}{2}$，$b = 1$
C. $a = 2$，$b = 1$
D. $a = 1$，$b = \dfrac{1}{2}$

6. $\int_{0}^{1} \sin 2x\,\mathrm{d}x = $（　　）.

A. $\sin 2$
B. $\dfrac{1}{2}\cos 2 - \dfrac{1}{2}$
C. $\dfrac{1}{2}\sin 2$
D. $-\dfrac{1}{2}\cos 2 + \dfrac{1}{2}$

7. $\int_{1}^{2} \sqrt[3]{2 - x}\,\mathrm{d}x = $（　　）.

A. $\dfrac{4}{3}$
B. $-\dfrac{4}{3}$
C. $-\dfrac{3}{4}$
D. $\dfrac{3}{4}$

三、填空题

8. $\int_{-3}^{3} \dfrac{x}{2 + x^2}\mathrm{d}x = $ ＿＿＿＿＿＿.

9. $\int_{-1}^{1} x\sqrt{1 - x^2}\,\mathrm{d}x = $ ＿＿＿＿＿＿.

四、计算题

10. 计算 $\int_0^1 (2x - 1)^{100} \mathrm{d}x$.

11. 计算 $\int_0^1 \dfrac{1}{\sqrt{3x + 1}} \mathrm{d}x$.

12. 计算 $\int_0^1 x \mathrm{e}^{x^2} \mathrm{d}x$.

13. 计算 $\int_e^{e^2} \dfrac{\ln x}{x} \mathrm{d}x$.

14. 计算 $\int_0^{\frac{\pi}{2}} \dfrac{\sin x}{1 + \cos^2 x} \mathrm{d}x$.

15. 计算 $\displaystyle\int_{1}^{5} x\sqrt{x-1}\,\mathrm{d}x$.

16. 计算 $\displaystyle\int_{-1}^{1} \frac{x}{\sqrt{5-4x}}\,\mathrm{d}x$.

17. 计算 $\displaystyle\int_{0}^{1} x^{2}\mathrm{e}^{x}\,\mathrm{d}x$.

18. 计算 $\displaystyle\int_{\frac{1}{e}}^{e} |\ln x|\,\mathrm{d}x$.

19. 计算 $\displaystyle\int_{1}^{e^{\pi}} \sin(\ln x)\,\mathrm{d}x$.

五、解答题

20. 已知 xe^x 为 $f(x)$ 的一个原函数，求 $\int_0^1 xf'(x)\,\mathrm{d}x$.

21. 一窗户的形状是由抛物线 $y = 1 - x^2$ 与 x 轴所围成的图形，求此图形的面积.

22. 求直线 $y = 2x$ 与直线 $y = x - 1$，$y = 1$ 所围成的平面图形的面积.

23. 求由抛物线 $y = x^2$ 与直线 $x = 2$ 及 x 轴所围成的图形分别绕 x 轴、y 轴旋转所得的旋转体的体积.

24. 设某产品的生产是连续进行的，总产量 Q 是时间 t 的函数. 如果总产量的变化率为 $Q'(t) = \dfrac{324}{t^2} \mathrm{e}^{-\frac{9}{t}}$ （单位：吨/日）. 求投产后从 $t=3$ 到 $t=30$ 这 28 天的总产量.

25. 已知某产品的销售量为 q 个单位时，边际收入为 $R'(q) = 100 - q$. 求：

（1）销售量为 10 个单位时的总收入（单位：元）；

（2）销售从 20 增加到 30 个单位时，总收入改变了多少？

练习八　广义积分

一、判断题

1. 广义积分 $\displaystyle\int_1^{+\infty} \dfrac{1}{\sqrt{x}} \mathrm{d}x$ 收敛.　　　　　　　　　　　（　　）

2. 广义积分 $\displaystyle\int_0^{+\infty} \sin x \mathrm{d}x$ 收敛.　　　　　　　　　　　（　　）

二、填空题

3. $\displaystyle\int_1^{+\infty} \dfrac{1}{x^4} \mathrm{d}x = $ _____.

4. $\displaystyle\int_0^{+\infty} \mathrm{e}^{-5x} \mathrm{d}x = $ _____.

5. $\displaystyle\int_{-\infty}^0 \dfrac{1}{1+x^2} \mathrm{d}x = $ _____.

三、计算题

6. 计算 $\displaystyle\int_{2}^{+\infty}\dfrac{1}{\sqrt{(x-1)^{3}}}\mathrm{d}x$.

7. 计算 $\displaystyle\int_{e}^{+\infty}\dfrac{1}{x\ln x}\mathrm{d}x$.

8. 计算 $\displaystyle\int_{1}^{+\infty}xe^{-x^{2}}\mathrm{d}x$.

自测题

一、判断题（每小题 3 分，共 15 分）

1. 定积分换元时，要换上、下限. （　　）

2. $\displaystyle\int_{0}^{1}(-\sqrt{1-x^{2}})\mathrm{d}x=-\dfrac{1}{4}$. （　　）

3. 定积分 $\displaystyle\int_{a}^{b}f(x)\mathrm{d}x$ 是曲边梯形的面积. （　　）

4. 函数 $f(x)$ 的积分曲线族中，所有曲线横坐标相同的点处的切线相互平行.
　　　　　　　　　　　　　　　　　　　　　　　　（　　）

5. $\displaystyle\int\dfrac{1}{x}\mathrm{d}x=\ln|x|$. （　　）

二、选择题（每小题 3 分，共 15 分）

6. $\left(\displaystyle\int x^{3}\mathrm{d}x\right)'=($　　$)$.

A. x^{3}　　　　　　　　　　　　　　B. $x^{3}+C$

C. $-x^{3}$　　　　　　　　　　　　　D. $-x^{3}+C$

7. $\dfrac{\mathrm{d}}{\mathrm{d}x}\displaystyle\int_{0}^{x}(1-t^{2})\mathrm{d}t=($　　$)$.

A. 0 　　　　　　　　　　　B. $1 - t^2$

C. $1 - x^2$ 　　　　　　　　　D. $x^2 - 1$

8. 已知 $\int_{-1}^{2} f(x)\,dx = -2$, $\int_{2}^{5} f(x)\,dx = 3$, 则 $\int_{-1}^{5} f(x)\,dx = ($　　　$)$.

A. -1 　　　　　　　　　　B. 0

C. 1 　　　　　　　　　　　D. 5

9. 若 $\int f(x)\,dx = 2\sin\dfrac{x}{2} + C$, 则 $f(x) = ($　　　$)$.

A. $\cos\dfrac{x}{2} + C$ 　　　　　　　　B. $\cos\dfrac{x}{2}$

C. $2\cos\dfrac{x}{2} + C$ 　　　　　　　D. 以上都不对

10. $\int_{-\infty}^{+\infty} \dfrac{1}{1 + x^2}\,dx = ($　　　$)$.

A. π 　　　　　　　　　　B. $\dfrac{\pi}{2}$

C. 0 　　　　　　　　　　　D. 2π

三、填空题 (每小题 3 分, 共 15 分)

11. $d\left(\int f(x)\,dx\right) = $ _____.

12. $\left[\int_{0}^{1} (1 + x + x^2)\,dx\right]' = $ _____.

13. $\int_{1}^{1} \ln x\,dx = $ _____.

14. $\int_{0}^{1} \sqrt{1 - x^2}\,dx = $ _____.

15. $\int_{-1}^{1} x^3 \sqrt{1 - x^2}\,dx = $ _____.

四、计算题 (每小题 5 分, 共 25 分)

16. 计算 $\int_{0}^{2} |x - 1|\,dx$.

17. 计算 $\int x\sin x^2 \mathrm{d}x$.

18. 计算 $\int \dfrac{\ln^2 x}{x}\mathrm{d}x$.

19. 计算 $\int_1^4 \dfrac{1}{\sqrt{x}(1+x)}\mathrm{d}x$.

20. 计算 $\int_1^2 \mathrm{e}^{\sqrt{x-1}}\mathrm{d}x$.

五、解答题 （每小题 10 分，共 30 分）

21. 求由曲线 $y = x^2$，$y = \dfrac{1}{x}$ 与直线 $x = 4$ 所围平面图形的面积，以及该平面图形绕 x 轴旋转一周而成的旋转体的体积.

22. 生产某种产品的边际收入函数为 $R'(q) = 158 - 7q$，边际成本函数为 $C'(q) = 0.3q^2 - q + 15.2$，其中 q 为产量（单位：百台），固定成本为 15 万元，求：

  （1）该产品的总收入函数、总成本函数和总利润函数；

  （2）产量为多少时利润最大？最大利润是多少？

  （3）在总利润最大的产量基础上再生产 2 百台，总利润将有什么变化？

23. 求函数 $f(x) = \int_0^x t(t-4)\,\mathrm{d}t$ 在 $[-1, 5]$ 上的最大值和最小值.

综合测试题一

综合测试题一
答案

一、填空题（每小题 2 分，共 20 分）

1. 函数 $y = \dfrac{1}{x+1}$ 的间断点是 _____ .

2. $\lim\limits_{x \to 0}(1-x)^{\frac{2}{x}+3} =$ _____ .

3. $\lim\limits_{x \to 0}\dfrac{\tan 3x}{\sin 6x} =$ _____ .

4. $\displaystyle\int_{-1}^{0} f(x)\,\mathrm{d}x + \int_{0}^{-1} f(t)\,\mathrm{d}t + \int_{1}^{1} f(u)\,\mathrm{d}u + \int_{1}^{2}\mathrm{d}x =$ _____ .

5. $\left(\displaystyle\int_{0}^{x^2}\dfrac{1}{1+t^2}\,\mathrm{d}t\right)' =$ _____ .

6. 设 $y = \ln x + \mathrm{e}^x$，则 $\mathrm{d}y\big|_{x=0} =$ _____ .

7. 设函数 $f(x) = x^n$，则 $f^{(n)}(x) =$ _____ .

8. 设需求函数 $Q = 14.5 - 1.5p$，供给函数 $S = -7.5 + 4p$，则均衡价格 p_0 为 _____ .

9. $\displaystyle\int_{-5}^{5}\dfrac{x^3}{2+x^2}\,\mathrm{d}x =$ _____ .

10. $\displaystyle\int_{-3}^{3}\sqrt{9-x^2}\,\mathrm{d}x =$ _____ .

二、判断题（错的打"×"，对的打"√"，每小题 2 分，共 20 分）

1. 数列 $\left\{\dfrac{1}{2^n}\right\}$ 收敛于 0. （   ）

2. 若 $f(x)$ 在 (a,b) 内恒有 $f''(x) < 0$，则 $f(x)$ 在 (a,b) 内是下凹的. （   ）

3. 函数 $f(x)$ 的积分曲线族中，所有曲线横坐标相同的点处的切线相互平行.

（   ）

4. $\int (e^x - 3\sin x + 4) dx = e^x - 3\cos x + C.$ （　　）

5. $\int \dfrac{1}{x^2} dx = \ln | x^2 | + C.$ （　　）

6. $\lim\limits_{x\to 0} x\cos \dfrac{1}{x} = 0.$ （　　）

7. $\int_0^1 \sqrt{x} dx \geqslant \int_0^1 x^2 dx.$ （　　）

8. 函数 $f(x) = \begin{cases} \dfrac{x^2 - 4}{x + 2}, & x \neq -2, \\ 4, & x = -2 \end{cases}$ 在点 $x = -2$ 处连续. （　　）

9. 广义积分 $\int_0^{+\infty} e^{-2x} dx$ 是发散的. （　　）

10. $\int \dfrac{x}{1 + x^2} dx = \dfrac{1}{2} \int \dfrac{1}{1 + x^2} dx^2 = \dfrac{1}{2}\arctan x + C.$ （　　）

三、选择题（每小题 3 分，共 15 分）

1. 下列关于 Mathematica 中正弦函数的写法，正确的是（　　）.

A. sin x　　　　B. Sin x　　　　C. Sin[x]　　　　D. sin[x]

2. $\int_0^{\pi} | \cos x | dx = （　　）.$

A. $-\int_0^{\frac{\pi}{2}} \cos x dx - \int_{\frac{\pi}{2}}^{\pi} \cos x dx$　　　　B. $-\int_0^{\frac{\pi}{2}} \cos x dx + \int_{\frac{\pi}{2}}^{\pi} \cos x dx$

C. $\int_0^{\frac{\pi}{2}} \cos x dx - \int_{\frac{\pi}{2}}^{\pi} \cos x dx$　　　　D. $\int_0^{\frac{\pi}{2}} \cos x dx + \int_{\frac{\pi}{2}}^{\pi} \cos x dx$

3. 函数 $y = \ln \cos x$ 的导数 $\dfrac{dy}{dx}$ 是（　　）.

A. $\dfrac{1}{\cos x}$　　　　B. $-\dfrac{1}{x}\sin x$　　　　C. $\tan x$　　　　D. $-\tan x$

4. 设某商品的需求函数为 $Q = 3\,000e^{-0.02p}$，需求弹性 $y = \ln x$，则 $y''(1) = （　　）.$

A. 2　　　　B. -2　　　　C. 2%　　　　D. -2%

5. 曲线 $y = x^2$ 在点 $(1, 1)$ 处的切线方程是（　　）.

A. $y - 1 = 2(x - 1)$　　　　B. $y - 1 = \dfrac{1}{2}(x - 1)$

C. $y - 1 = -2(x - 1)$　　　　D. $y - 1 = -\dfrac{1}{2}(x - 1)$

四、计算题（每小题5分，共20分）

1. 求极限 $\lim\limits_{x \to +\infty} x\left(\dfrac{\pi}{2} - \arctan x\right)$.

2. 设方程 $xe^y - 5 + y^2 = 0$ 所确定的隐函数为 $y = y(x)$，求 y'.

3. 计算 $\displaystyle\int_0^3 x\sqrt{x+1}\,\mathrm{d}x$.

4. 计算 $\displaystyle\int x\ln x\,\mathrm{d}x$.

五、解答题（第1题8分，第2题7分，共15分）

1. 求函数 $f(x) = x - \dfrac{3}{2}\sqrt[3]{x^2}$ 的单调区间与极值.

2. 某城市公园的形状是由抛物线 $y = x^2$ 与直线 $y = 1$ 所围成的，求此公园的面积.

六、应用题（共 10 分）

生产某种产品 q 单位时的成本函数为 $C(q) = 5q + 200$，边际收入函数为 $R'(q) = 10 - 0.02q$，求：

（1）该产品的边际成本；

（2）该产品的收入函数；

（3）该产品的总利润函数；

（4）达到最大利润时的产量及最大利润.

综合测试题二

综合测试题二
答案

一、填空题（每小题2分，共20分）

1. 函数 $y = \dfrac{\sin 3x}{x}$ 的间断点是 _____.

2. $\lim\limits_{x \to 0}(1 - 2x)^{\frac{1}{x} + 1} =$ _____.

3. $\lim\limits_{x \to 0} \dfrac{\sin 3x}{\tan 6x} =$ _____.

4. $\displaystyle\int_{10}^{10} f(x)\,\mathrm{d}x =$ _____.

5. $\displaystyle\int_{-4}^{0} f(x)\,\mathrm{d}x + \int_{0}^{-4} f(t)\,\mathrm{d}t + \int_{3}^{2}\mathrm{d}x =$ _____.

6. 设 $y = x^2 + 2^x$，则 $\mathrm{d}y \big|_{x=1} =$ _____.

7. 设函数 $f(x) = \mathrm{e}^x$，则 $f^{(20)}(x) =$ _____.

8. 设需求函数 $Q = 10 - 2p$，供给函数 $S = p - 2$，则均衡价格 p_0 为 _____.

9. $\displaystyle\int_{-\pi}^{\pi} \dfrac{x}{1 + \sin^2 x}\mathrm{d}x =$ _____.

10. $\displaystyle\int_{-2}^{2} \sqrt{4 - x^2}\,\mathrm{d}x =$ _____.

二、判断题（错的打"×"，对的打"√"，每小题2分，共20分）

1. 数列 $\left\{\dfrac{1}{n}\right\}$ 发散. （　　）

2. 曲线 $y = \sqrt[3]{x}$ 的拐点为 $(0, 0)$. （　　）

3. 函数 $f(x)$ 的积分曲线族中，所有曲线横坐标相同的点处的切线相互垂直. （　　）

4. $(\ln \cos x)' = \dfrac{1}{\cos x}$. （　　）

5. $\displaystyle\int \dfrac{1}{1 + x^2}\mathrm{d}x = \ln(1 + x^2) + C$. （　　）

6. $\lim\limits_{x \to 0} x \cos \dfrac{1}{x} = 0$. （　　）

7. $\displaystyle\int_{1}^{2} x\,\mathrm{d}x \leqslant \int_{1}^{2} x^2\,\mathrm{d}x$. （　　）

8. 函数 $f(x) = \begin{cases} 2 + x^2, & x \leqslant 0, \\ \dfrac{\sin x}{x}, & x > 0 \end{cases}$ 在点 $x = 0$ 处连续.　　　（　　）

9. 广义积分 $\displaystyle\int_1^{+\infty} \dfrac{1}{x^3}\mathrm{d}x$ 是发散的.　　　（　　）

10. $\displaystyle\int \dfrac{x}{1+x^2}\mathrm{d}x = \dfrac{1}{2}\int \dfrac{1}{1+x^2}\mathrm{d}x^2 = \dfrac{1}{2}\ln|1+x^2| + C.$ 　（　　）

三、选择题（每小题 3 分，共 15 分）

1. 下列关于 Mathematica 中 ln x 函数的写法，正确的是（　　）.

A. Ln[x]　　　　　　　　　　　B. Ln[x]

C. Log[x]　　　　　　　　　　　D. log[x]

2. $\displaystyle\int_0^{\frac{\pi}{2}} \left| \sin x - \dfrac{1}{2} \right| \mathrm{d}x = $（　　）.

A. $\displaystyle\int_0^{\frac{\pi}{6}} \left(\sin x - \dfrac{1}{2} \right)\mathrm{d}x + \int_{\frac{\pi}{6}}^{\frac{\pi}{2}} \left(\dfrac{1}{2} - \sin x \right)\mathrm{d}x$

B. $\displaystyle\int_0^{\frac{\pi}{6}} \left(\dfrac{1}{2} - \sin x \right)\mathrm{d}x + \int_{\frac{\pi}{6}}^{\frac{\pi}{2}} \left(\sin x - \dfrac{1}{2} \right)\mathrm{d}x$

C. $\displaystyle\int_0^{\frac{\pi}{3}} \left(\sin x - \dfrac{1}{2} \right)\mathrm{d}x + \int_{\frac{\pi}{3}}^{\frac{\pi}{2}} \left(\dfrac{1}{2} - \sin x \right)\mathrm{d}x$

D. $\displaystyle\int_0^{\frac{\pi}{3}} \left(\dfrac{1}{2} - \sin x \right)\mathrm{d}x + \int_{\frac{\pi}{3}}^{\frac{\pi}{2}} \left(\sin x - \dfrac{1}{2} \right)\mathrm{d}x$

3. 已知函数 $f(x)$ 二阶可导，且 $f'(0) = 0$，$f''(0) = -4$，则下列说法中正确的是（　　）.

A. $f(0)$ 是极大值　　　　　　　B. $f(0)$ 是极小值

C. $(0, f(0))$ 是拐点　　　　　　D. $f(0)$ 不是极值

4. 设某商品的需求函数为 $Q = 100(6 - p)$，则需求弹性 $E_d(3) = $（　　）.

A. 1　　　　　B. -1　　　　　C. 1%　　　　　D. -1%

5. 曲线 $y = \sin x$ 在点 $\left(\dfrac{\pi}{6}, \dfrac{1}{2} \right)$ 处的切线的斜率为（　　）.

A. $k = \dfrac{1}{2}$　　　　　　　　　　B. $k = -\dfrac{1}{2}$

C. $k = -\dfrac{\sqrt{3}}{2}$　　　　　　　　D. $\displaystyle\lim_{x \to 0} \dfrac{1 - \cos x}{x^2}$

四、计算题（每小题5分，共20分）

1. 求极限 $\lim\limits_{x \to 0} \dfrac{1 - \cos x}{x^2}$.

2. 已知 $y = (1 + x^2)\arctan x$，求 y''.

3. 计算 $\displaystyle\int_0^3 \dfrac{x}{\sqrt{x+1}}\mathrm{d}x$.

4. 计算 $\displaystyle\int x\mathrm{e}^x\mathrm{d}x$.

五、解答题（第1题8分，第2题7分，共15分）

1. 求函数 $f(x) = x^3 - 3x^2 - 9x + 1$ 的单调区间与极值.

2. 求由曲线 $y = x$，$y = \dfrac{1}{x}$ 与直线 $x = 2$ 所围平面图形的面积.

六、应用题（共 10 分）

生产某种产品的边际收入函数为 $R'(Q) = 32$，总成本函数为 $C(Q) = 0.3Q^2 + 20Q + 80$，其中 Q 为产量，求：

（1）该产品的总收入函数；

（2）该产品的边际成本；

（3）产量为多少时利润最大？最大利润是多少？

综合测试题三

综合测试题三
答案

一、填空题（每小题 2 分，共 20 分）

1. $\lim\limits_{x \to 4} \dfrac{e^x + \cos(4-x)}{\sqrt{x}-3} =$ _____.

2. $\lim\limits_{x \to \infty} \left(1 + \dfrac{1}{5x}\right)^{4x+3} =$ _____.

3. 设 $f(x) = x^2(2 + \sqrt{x})$，则 $f'(x) =$ _____.

4. 设 $y = 2^x + x^2$，则 $\mathrm{d}y\big|_{x=0} =$ _____.

5. $\displaystyle\int \tan x \, \mathrm{d}x =$ _____.

6. $\displaystyle\int_{-2}^{2} \dfrac{x}{2+x^2} \mathrm{d}x =$ _____.

7. $\displaystyle\int_{-1}^{1} \sqrt{1-x^2} \, \mathrm{d}x =$ _____.

8. 飞机起飞的一段时间内，设飞机运动的路程 s（单位：米）与时间 t（单位：秒）的关系满足 $s = t^3 - \sqrt{t}$，则当 $t = 4$ 秒时，飞机的加速度是 _____.

9. 设某商品的需求函数为 $(\cos x)' = -\sin x$，则需求弹性 $E_d(3) =$ _____.

10. 水从储藏箱的底部以速度 $v(t) = 200 - 4t$（单位：升/秒）流出，其中 $0 \leqslant t \leqslant 50$，则在前 10 秒流出的总量 $L(10) =$ _____.

二、选择题（每小题 3 分，共 21 分）

1. 数列 $\left\{(-1)^n\left(1 + \dfrac{1}{n}\right)\right\}$（　　）.

A. 收敛于 -1 　　　B. 收敛于 1 　　　C. 收敛于 0 　　　D. 发散

2. 函数 $y = x^2$ 的间断点是（　　）.

A. $x = 2$ 　　　B. $x = -2$ 　　　C. $x = 4$ 　　　D. $x = 0$

3. 曲线 $y = x^3$ 在点（1，1）处的切线方程是（　　）.

A. $y - 1 = 3(x-1)$ 　　　　　B. $y - 1 = \dfrac{1}{3}(x-1)$

C. $y - 1 = -3(x-1)$ 　　　　D. $y - 1 = -\dfrac{1}{3}(x-1)$

4. 函数 $y = \ln \sin x$ 的导数是（　　）.

A. $\dfrac{\mathrm{d}y}{\mathrm{d}x} = \tan x$ 　　　　　　B. $\dfrac{\mathrm{d}y}{\mathrm{d}x} = -\tan x$

C. $\dfrac{\mathrm{d}y}{\mathrm{d}x} = \cot x$ 　　　　　　　　　　D. $\dfrac{\mathrm{d}y}{\mathrm{d}x} = -\cot x$

5. 广义积分 $\displaystyle\int_0^{+\infty} \mathrm{e}^{-2x}\,\mathrm{d}x$（　　）.

A. 收敛于 $\dfrac{1}{2}$ 　　　　　　　　　　B. 收敛于 $-\dfrac{1}{2}$

C. 发散 　　　　　　　　　　　　　　D. 收敛于 0

6. 已知某商品的需求函数和供给函数分别为 $Q = 14.5 - 1.5p$，$S = -7.5 + 4p$. 则该商品的均衡价格（　　）.

A. $p_0 = 3$ 　　　　B. $p_0 = 4$ 　　　　C. $p_0 = 5$ 　　　　D. $p_0 = 6$

7. 下列极限中可以使用洛必达法则的是（　　）.

A. $\displaystyle\lim_{x\to 0}\dfrac{\sin 2x}{x}$ 　　　　　　　　　　B. $\displaystyle\lim_{x\to\infty}\dfrac{\cos x}{x}$

C. $\displaystyle\lim_{x\to\infty}\dfrac{\sin x}{x}$ 　　　　　　　　　　D. $\displaystyle\lim_{x\to 0}\dfrac{\cos x}{x}$

三、判断题（每小题 2 分，共 8 分）

1. 在 Mathematica 系统中，命令 Limit[ln[x] , x→1] 是正确的. 　　　（　　）

2. 设函数 $\displaystyle\int \cos x\,\mathrm{d}x = \sin x + C$ 的一个原函数是 $(\sin x)' = \cos x$，则 $\displaystyle\int \dfrac{\mathrm{d}x}{\sqrt{1-x^2}} =$
$\arcsin x + C = 2.$ 　　　（　　）

3. 设 $(a^x)' = a^x \ln a$ 在 $[2, 3]$ 上连续，则 $\displaystyle\int_2^3 f(x)\,\mathrm{d}x + \int_3^2 f(t)\,\mathrm{d}t + \int_2^2 f(u)\,\mathrm{d}u +$
$\displaystyle\int_{-1}^2 \mathrm{d}x = 3.$ 　　　（　　）

4. $\displaystyle\int \ln x\,\mathrm{d}x = x\ln x - x.$ 　　　（　　）

四、计算题（每小题 5 分，共 25 分）

1. $\displaystyle\lim_{x\to 1}\dfrac{x^3 - 3x^2 + 2}{x^3 - x^2 - x + 1}.$

2. 求函数 $y = x^2 \sin \dfrac{1}{x}$ 在点 $x = 1$ 处的导数 $\dfrac{\mathrm{d}y}{\mathrm{d}x}\bigg|_{x=1}$.

3. 求 $\displaystyle\int_{-1}^{1} f(x)\,\mathrm{d}x$，其中 $f(x) = \begin{cases} 1 + x^2, & x < 0, \\ \mathrm{e}^x, & x \geqslant 0. \end{cases}$

4. 计算 $(\log x_a)' = \dfrac{1}{x} \log_a \mathrm{e} = \dfrac{1}{x \ln a}$.

5. 计算 $\displaystyle\int_{e^{-1}}^{e} |\ln x|\,\mathrm{d}x$.

五、解答题（每小题 8 分，共 16 分）

1. 求曲线 c 的凹向区间与拐点.

2. 【公园的大小】为了充分利用土地进一步美化城市，城市的某街边公园的形状设计成由曲线 $y = e^x$，$y = e^{-x}$ 与直线 $x = 1$ 所围成的平面图形，求它的面积.

六、应用题（共 10 分）

每天生产某种产品 Q 单位时，固定成本为 20 元，边际成本函数为 $C'(Q) = 0.4Q + 2$（元/单位），求：

（1）成本函数 $C(Q)$；

（2）如这种产品销售价格为 18 元/单位，且产品可以全部售出，求利润函数 $L(Q)$；

（3）每天生产多少单位产品时，才能获得最大的利润？

综合测试题四

综合测试题四
答案

一、填空题（每小题 2 分，共 20 分）

1. 函数 $y = \dfrac{1}{x}$ 的间断点是 $x =$ _____.

2. $\lim\limits_{x \to \infty} \left(1 + \dfrac{5}{x}\right)^{4x+3} =$ _____.

3. $\lim\limits_{x \to 0} \dfrac{\sin 7x}{\tan 6x} =$ _____.

4. 设 $y = x^3 - x$，则 $y' =$ _____.

5. $\displaystyle\int_2^2 x \mathrm{d}x =$ _____.

6. 若 $f(x)$ 在 (a,b) 内恒有 $f''(x) < 0$，则 $f(x)$ 在 (a,b) 内是 _____ 函数（填"凹"或"凸"）.

7. 设 $f(x)$ 在 $[2,3]$ 上连续，则 $\displaystyle\int_2^3 f(x)\mathrm{d}x + \int_3^2 f(t)\mathrm{d}t + \int_1^2 \mathrm{d}x =$ _____.

8. 设某商品的需求函数为 $Q = 100(6 - p)$，则需求弹性 $E_{\mathrm{d}}(4) =$ _____.

9. $\left(\displaystyle\int_0^x \dfrac{1}{1 + t^2} \mathrm{d}t\right)' =$ _____.

10. $\displaystyle\int \sqrt{7x - 6}\,\mathrm{d}x =$ _____.

二、判断题（每小题 2 分，共 20 分）

1. 数列 $\left\{\dfrac{1}{n}\right\}$ 收敛于 0.　　　　　　　　　　　　　　　（　　）

2. 函数在某点连续则在该点一定可导.　　　　　　　　　　　　（　　）

3. 如果在区间 $[a,b]$ 上，恒有 $f(x) \geqslant 0$，则 $\displaystyle\int_a^b f(x)\mathrm{d}x \geqslant 0$.　　（　　）

4. $\displaystyle\int (\mathrm{e}^x - 3\sin x)\mathrm{d}x = \mathrm{e}^x - 3\cos x + C$.　　　　　　　　（　　）

5. $\displaystyle\int \dfrac{1}{x^2}\mathrm{d}x = \ln|x^2| + C$.　　　　　　　　　　　　　（　　）

6. $\lim\limits_{x \to \infty} \dfrac{\sin x}{x} = 0$.　　　　　　　　　　　　　　　　（　　）

7. $(x^2 \mathrm{e}^x)' = (x^2)' \cdot (\mathrm{e}^x)' = 2x \cdot \mathrm{e}^x$.　　　　　　　　　（　　）

8. 函数 $f(x)$ 的积分曲线族中，所有曲线横坐标相同的点处的切线相互平行.

　　　　　　　　　　　　　　　　　　　　　　　　　　　（　　）

9. $f(x) = x - \arctan x$ 在其定义域上是单调递增的. （　　）

10. $\lim\limits_{x \to 0}\dfrac{e^x - 1}{x^2 - x} = \lim\limits_{x \to 0}\dfrac{e^x}{2x - 1} = \lim\limits_{x \to 0}\dfrac{e^x}{2} = \dfrac{1}{2}$. （　　）

三、选择题（每小题 3 分，共 30 分）

1. 下列关于 Mathematica 中正弦函数的写法，正确的是（　　）.

A. sin x　　　　　　B. Sin x　　　　　　C. Sin[x]　　　　　D. sin[x]

2. 下列 Mathematical 的命令中，表示求 $f'(x)$ 的是（　　）.

A. D[f, { x, 2 }]　　B. D[f, x]　　　　C. Dt[f]　　　　D. Dt[f, { x, 2 }]

3. 下列 Mathematica 的命令中，表示求 $\lim\limits_{x \to 0^+}\dfrac{1}{x}$ 的是（　　）.

A. Limit[1/x, x→0, Direction→1]　　　　B. Limit[1/x, x→0$^+$]

C. Limit[1/x, x→0, Direction→ −1]　　　D. Limit[1/x, x→0]

4. 设 $f(x) = \begin{cases} (1 + kx)^{\frac{1}{x} + 1}, & x < 0, \\ e, & x \geqslant 0 \end{cases}$ 在点 $x = 0$ 处连续，则 $k =$（　　）.

A. 1　　　　　　　　B. 0　　　　　　　　C. −1　　　　　　　D. e

5. 设函数 $y = 3^x + e^2$，则 $\mathrm{d}y =$（　　）.

A. $3^x \ln 3$　　　　　　　　　　　　　B. $3^x \ln 3 + e^2$

C. $(3^x \ln 3 + e^2)\mathrm{d}x$　　　　　　　D. $3^x \ln 3\,\mathrm{d}x$

6. 下列不等式中正确的是（　　）.

A. $\displaystyle\int_0^1 x\mathrm{d}x \leqslant \int_0^1 x^2\mathrm{d}x$　　　　　　B. $\displaystyle\int_0^1 e^x\mathrm{d}x \leqslant \int_0^1 e^{x^2}\mathrm{d}x$

C. $\displaystyle\int_0^{\frac{\pi}{2}} \sin x\mathrm{d}x \leqslant \int_0^{\frac{\pi}{2}} x\mathrm{d}x$　　　　D. $\displaystyle\int_0^{\frac{\pi}{2}} \cos x\mathrm{d}x \leqslant \int_0^{\frac{\pi}{2}} \cos^2 x\mathrm{d}x$

7. 设函数 $f(x) = e^x$，则 $f^{(n)}(x) =$（　　）.

A. ne^x　　　　　　B. $n!\ e^x$　　　　　C. e^{-x}　　　　　D. e^x

8. $\displaystyle\int_0^1 \dfrac{\mathrm{d}x}{1 + \sqrt{x}} =$（　　）.

A. $2 - 2\ln 2$　　　　B. $2 + 2\ln 2$　　　C. $8 - 2\ln 2$　　　D. $8 + 2\ln 2$

9. $\displaystyle\int_0^2 |1 - x|\mathrm{d}x =$（　　）.

A. $-\displaystyle\int_0^1 (1 - x)\mathrm{d}x - \int_1^2 (1 - x)\mathrm{d}x$　　　B. $\displaystyle\int_0^1 (1 - x)\mathrm{d}x - \int_1^2 (1 - x)\mathrm{d}x$

C. $\displaystyle\int_0^1 (1 - x)\mathrm{d}x + \int_1^2 (1 - x)\mathrm{d}x$　　　D. $-\displaystyle\int_0^1 (1 - x)\mathrm{d}x + \int_1^2 (1 - x)\mathrm{d}x$

10. 设某产品产量为 q 时的总成本函数为 $C(q) = 1\,000 + 7q + 50\sqrt{q}$，则当产量为 100 时的边际成本 $C'(100) =$（　　）.

A. 7.5 B. 8.5 C. 9.5 D. 6.5

四、计算题（每小题5分，共10分）

1. 设 $y = \sin(x^2 + 3x)$，求 y'.

2. 计算定积分 $\int_1^e \ln x \, dx$.

五、解答题（每小题6分，共12分）

1. 求函数 $f(x) = 2x^2 - x^4$ 的单调区间与极值.

2. 充分利用土地进一步美化城市，某城市公园的形状是由抛物线 $y = x^2$ 与直线 $y = 2x + 3$ 所围成的，求此公园的面积.

六、应用题 (共 8 分)

某厂生产某产品 Q 单位时，固定成本为 1 000 元，边际成本为 $C'(Q) = 0.02Q + 10$（元/单位）. 若产品销售价为 30 元/单位，且产品全部售出，求利润函数及每天生产多少单位产品时，才能获得最大利润？